商务馆对外汉语教学专题研究书系（第二辑）
总主编　赵金铭
审　订　世界汉语教学学会

汉语作为第二语言教学的课程研究

主编　李晓琪

2019年·北京

总主编 赵金铭

主　编 李晓琪

编　者 李晓琪　章　欣

作　者（按音序排列）

安　然	蔡云凌	常志斌	陈　宏
胡炯梅	李　泉	李　韵	李海燕
李先银	李向农	李晓琪	刘　荣
刘立新	刘丽宁	刘晓雨	马燕华
孟　国	钱茜露	单韵鸣	沈庶英
史艳岚	孙春颖	孙德金	田　艳
万　莹	魏耕耘	魏海平	徐　娟
徐　蔚	杨　薇	杨吉春	叶婷婷
张　菡	张　黎	张宝林	郑博仁
周延松			

目 录

总　序 …………………………………………………………… 1
综　述 …………………………………………………………… 1

第一章　汉语作为第二语言教学的课程设置研究 ………… 1
　　第一节　国内留学生非学历教育课程设置分析 ………… 1
　　第二节　国内留学生汉语言专业学历教育的课程问题 … 7
　　第三节　美国公立学校汉语课程设置 …………………… 16
　　第四节　马来西亚高校汉语教学课程设置 ……………… 30
　　第五节　国内外汉语教学课程模式比较研究 …………… 47
　　第六节　信息技术与对外汉语课程整合 ………………… 73

第二章　不同课程的特点研究 ……………………………… 87
　　第一节　"综合课"的性质与特点 ………………………… 87
　　第二节　"初级汉语实况听力"课程的特点 …………… 102
　　第三节　"汉语新词新语"课程的定位 ………………… 115
　　第四节　"汉语语法知识课"的教学模式 ……………… 127
　　第五节　预科教育的课程目标与课程体系 ……………… 143
　　第六节　预科汉语模块化教学模式研究 ………………… 152
　　第七节　短期来华"任务—全浸式"教学模式探索 …… 168
　　第八节　短期来华"汉语—文化"双目标项目的模式研究 … 178

第三章　专门用途汉语课程研究 … 196
第一节　经贸汉语综合课的定位 … 196
第二节　商务汉语口语交际课的教学方法 … 206
第三节　科技汉语的课程设置 … 219
第四节　中医汉语的课程定位 … 235
第五节　汉语文化课程设置 … 247
第六节　汉语书法课程教学实践 … 262
第七节　报刊阅读课的教学策略 … 275
第八节　对外汉语专业翻译课的特点 … 282

第四章　汉语国际教育专业课程研究 … 291
第一节　汉语国际教育硕士培养目标 … 291
第二节　汉语国际教育硕士培养模式 … 306
第三节　汉语国际教育硕士课程设置的思考 … 315
第四节　国内外师资培养课程设置比较研究 … 340
第五节　研究生"对外汉语实践课堂"的组织与实施 … 357
第六节　对外汉语本科课程设置比较研究 … 370
第七节　对外汉语专业"现代汉语"的课程特点 … 383

总 序

赵 金 铭

对外汉语教学专题研究书系是商务印书馆出版的同名书系的延续。主要收录 2005—2016 年期间，有关学术期刊、集刊、高校学报等所发表的有关对外汉语教学研究论文，涉及学科各分支研究领域。内容全面，质量上乘，搜罗宏富。对观点不同的文章，两方皆收。本书系是对近 10 年对外汉语教学研究成果的汇总与全面展示，希望能为学界提供近 10 年来本学科研究的总体全貌。

近 10 年的对外汉语教学与研究，呈现蓬勃发展的局面，与此同时，各研究分支也出现一些发展不平衡现象。总体看来，孔子学院教学、汉语师资培训、文化与文化教学、专业硕士课程教学等方面，已经成为研究热门，研究成果数量颇丰，但论文质量尚有待提升。由于主管部门的导向，作为第二语言汉语教学的汉语本体研究与汉语教学研究，在一定程度上被淡化。语音、词汇及其教学研究成果较少，语法、汉字及其教学研究成果稍多，汉字教学研究讨论尤为热烈。新汉语水平考试研究还不够成熟，课程与标准和大纲研究略显薄弱。值得提及的是，教学方法研究与教学模式研究、汉语作为第二语言习得研究、现代教育技术研究及其在教学中的应用研究，发展迅速，方兴未艾，成果尤为突出。本书系就是对这10年研究状况的展示与总结。

近10年来，汉语国际教育大发展的主要标志是：开展汉语教学的国别更加广泛；学汉语的人数呈大规模增长；汉语教学类型和层次多样化；汉语教师、教材、教法研究日益深入，汉语教学本土化程度不断加深；汉语教学正被越来越多的国家纳入其国民教育体系。其中，世界范围内孔子学院的建立既是国际汉语教育事业大发展的重要标志，也是进一步促进国际汉语教学持续发展的一个重要平台，吸引了世界各地众多的汉语学习者。来华外国留学生汉语教学与海外汉语教学，共同打造出汉语教学蓬勃发展的局面。

大发展带来学科研究范围的扩大和研究领域的拓展。本书系共计24册，与此前的22册书系的卷目设计略有不同。

本书系不再设《对外汉语课堂教学技巧研究》，增设《汉语作为第二语言教学的教学方法研究》和《汉语作为第二语言教学的教学模式研究》两册。汉语作为第二语言教学，既与世界第二语言教学有共同点，也因汉语、汉字的特点，而具有不同于其他语言作为第二语言教学的特色。这就要求对外汉语教学要讲求符合汉语实际的教学方法。几十年以来，对外汉语教学在继承传统和不断吸取各种教学法长处的基础上，结合汉语、汉字特点，以结构和功能相结合为主的教学方法为业内广泛采用，被称为汉语综合教学法。博采众长，为我所用，不独法一家，是其突出特点。这既是对外汉语教学的传统，在教学实践中也证明是符合对外汉语教学实际的有效的教学方法。与此同时，近年来任务型教学模式风行一时，各种各样的教法也各展风采。后方法论被介绍进来后，已不再追求最佳教学法与最有效教学模式，教学法与教学模式研究呈现多样化与多元性发展态势。

进入新世纪后，对外汉语教学学科理论研究的一个重要进展是开拓了第二语言习得理论与实际问题的研究，从重视研究教师怎样教汉语，转向研究学习者如何学习汉语，这是一种研究理念的改变，这种研究近10年来呈现上升趋势。研究除了《汉语第二语言学习者语言系统研究》《汉语作为第二语言的学习者研究》，本书系基于研究领域的扩大，增设了《基于认知视角的汉语第二语言习得研究》和《多视角的汉语第二语言习得研究》，从多个角度开辟了汉语学习研究的新局面。

教育部在2012年取消原本科专业目录里的"对外汉语"，设"汉语国际教育"二级学科。此后，"汉语国际教育"作为在世界范围内开展汉语作为第二语言教学的名称被广泛使用，学科名称的变化，为对外汉语教学带来了无限的机遇与巨大的挑战。随着海外汉语学习者人数的与日俱增，大量汉语教师和汉语教学志愿教师被派往海外，新的矛盾暴露，新的问题随之产生。缺少适应海外汉语教学需求的合格的汉语教师，缺乏适合海外汉语学习者使用的汉语教材，原有的汉语教学方法又难以适应海外汉语教学实际，这三者成为制约提高对外汉语教学质量、提升对外汉语教学水平的瓶颈。

面对世界汉语教学呈现出来的这些现象，在进行深入研究、寻求解决办法的同时，也产生了一种急于求成的情绪，急于解决当前的问题。故而研究所谓"三教"问题，一时成为热门话题。围绕教师、教材和教法问题，结合实际情况，出现一大批对具体问题进行研究的论文。与此同时，在主管部门的导引下，轻视理论研究，淡化学科建设，舍本逐末，视基础理论研究为多余，成为一时倾向。由于没有在根本问题上做深入的理论探讨，将过多的精力用于技法的提升，以至于在社会上对汉语作为一个学科产生了不同认识，某种程度上干扰了学科建设。本书系《汉语作为第二语言教学的学科理论研究》和《汉语作为第二语言教学的教学理论研究》两册集中反映了学科建设与教学理论问题，显示学界对基本理论建设的重视。

2007年国务院学位办设立"汉语国际教育硕士专业学位"，目前已有200余所高等院校招收和培养汉语国际教育专业硕士。10多年来，数千名汉语教师和志愿者在世界各地教授汉语、传播中国文化，这支师资队伍正在共同为向世界推广汉语做出贡献。

一种倾向掩盖着另一种倾向。社会上看轻汉语作为第二语言教学的观点，依然存在。这就是将教授外国人汉语看成一种轻而易举的事，这是一种带有普遍性的错误认知。这种认知导致对汉语作为第二语言教学科学性认识不足。一些人单凭一股热情和使命感，进入了汉语国际教育的教师队伍。一些人在知识储备和教学技能方面并未做好充分的准备，便匆匆走向教坛。故而如何对来自不同专业、知识结构多层次、语言文化背景多有差别的学习者，进行汉语作为第二语言教学的专业培养和培训，如何安排课程内容，将其培养成一个合格的汉语教师，就成为当前迫切需要解决的问题。本书系增设的《汉语作为第二语言教学的教师发展研究》《汉语作为第二语言标准与大纲研究》以及《汉语作为第二语言教学的课程研究》，都专门探讨这些有关问题。

自1985年以来，实行近20年的汉语水平考试（HSK），已构成了一个水平由低到高的较为完整的系统，汉语水平考试（HSK）的实施大大促进了汉语教学的科学化和规范化。废除HSK后，研发的"新HSK"，目前正在改进与完善之中。有关考试研究，最近10年来，虽然关于测试理论和技术等方面的研究仍然有一些成果出现，但和以往相比，研究成果的数量有所下降，理论和技术方面尚缺乏明显的突破。汉语测试的新进展主要表现在新测验的开发、新技术的应用和对重大理论问题的探讨等方面。《汉语作为第二语言测试研究》体现了汉语测试的研究现状与新进展。

十几年来，汉语作为第二语言教学史的研究越来越多，也越来越深入。既有宏观的综合性研究，又有微观的个案考察。宏观研究中，从学科建设的角度探讨汉语教学史的研究。重视对外汉语教学历史的发掘与研究，因为这是对外汉语教学学科建设中不可缺少的一部分。宏观研究还包括对某一历史阶段和某一国家或地区汉语教学历史的回顾与描述。微观研究则更关注具体国家和地区的汉语教学历史、现状与发展。为此本书系增设《汉语作为第二语言教学史研究》，以飨读者。

本书系在汉语本体及其教学研究、汉语技能教学研究、文化教学与跨文化交际研究、教育技术研究和教育资源研究等方面，也都将近10年的成果进行汇总，勾勒出研究的大致脉络与发展轨迹，也同时可见其研究的短板，可为今后的深入研究引领方向。

　　本书系由商务印书馆策划，从确定选题，到组织主编队伍，以及在筛选文章、整理分类的过程中，商务印书馆总编辑周洪波先生给予了精心指导，在此深表谢意。

　　本书系由多所大学本专业同人共同合作，大家同心协力，和衷共济，在各册主编初选的基础上，经过全体主编会的多次集体讨论，认真比较，权衡轻重，突出研究特色，注重研究创新，最终确定入选篇章。即便如此，也还可能因水平所及评述失当，容或有漏选或误选之处，对书中的疏漏和失误，敬请读者不吝指教，以便再版时予以修正。

综 述

课程是实施学校教育的重要载体和有效途径。作为学校教育的一种类型，汉语作为第二语言教学必然要围绕课程进行科学理性的研究，这是学科建设的基本任务。1997年，汉语作为第二语言教学领域第一本专门聚焦课程研究的论著《对外汉语教学课程研究》（李杨主编，北京语言文化大学出版社）出版，标志着汉语课程研究迈入了一个新的阶段。进入21世纪以来，特别是2006年至2016年这十余年，众多学者和一线教师在课程研究的许多领域都取得了很大的进展，推动了汉语教学质量的提升与汉语国际教育硕士的培养。本书对近十多年来该领域的研究成果进行梳理，从数百篇相关文献中选取了有代表性的文章29篇，编为四章，以期有所侧重地向读者展现这一领域的研究新进展。

一、课程设置研究

课程设置作为教学设计的一个重要部分，"是实现教学目标、分解教学内容的主要途径，任何一种具体的教学形式都有自己一套独立的课程设置"[①]。20世纪七八十年代，经过汉语教师在实践中的不断摸索与调整，国内高校基本形成了针对不同教学类型（如汉语言专业教学、预备教学、短期教学等）的课程设置计划[②]。随着汉语国际推广的蓬勃展开、学科建设的理论自觉，以及信息技术的快速发展，课程设置研究开始发生一系列的变化：从经验型的调查统计，逐步转向运用教育学相关理论，开始理性思考存在的问题；从分析目的语环境的汉语课程设置，逐步转向关注非目的语环境下汉语作为外语的课程体系；从讨论传统课堂形式的课程设置问题，逐步转向探索课程与信息技术的有机融合。这些转变，为学界深入了解不同课程之间的组织关系、汲取不同课程设置模式的经验、合理构建信息时代的汉语作为第二语言教学课程体系具有积极的促进作用。

概览十余年的研究，成果主要表现在以下四个方面：

（一）调查统计与理性反思国内汉语课程设置

刘荣等（2013）[③]通过调查国内40所高校的汉语课程内容、等级与教材使用现状，梳理出来华留学生非学历教育的课程设置概貌：按技能设课是整个语言教学系统的基础；以语言技能课程为中心，同时开设语言知识课、中国文化知识课与应试备考类课程，基本能够适应不同层次、不同背景来华学习者的多元需求。这种基于统计数据的考察分析，为进一步优化课程设置、细化课程规范提供了稳固可靠的实践依据。

[①] 赵金铭主编《对外汉语教学概论》，北京：商务印书馆，2004年。
[②] 李杨主编《对外汉语教学课程研究》，北京：北京语言文化大学出版社，1997年。
[③] 见第一章第一节。

学历教育方面，针对汉语言专业的课程设置（包含语言和文化两大类课程，语言课程又分为语言技能课程和语言知识课程），孙德金（2015）[①]运用经典的课程编制理论，从纵向、横向课程关系的角度，指出了上述课程系统设计粗疏、缺乏紧密的系统联结、课程协调配合不到位等问题。从教育学的课程理论观照留学生汉语言专业的课程设置，拓展了汉语课程研究的理论视域，有助于推进该专业的建设。

（二）实地考察不同国家汉语课程设置

在汉语国际化的进程中，海外汉语教学的课程设置也开始纳入学者们的视野，成为课程设置领域新的研究课题，成果涉及北美、亚洲、非洲等地区不同层次的汉语教学。针对中小学的汉语教学，钱茜露（2011）[②]以巴尔的摩市为例，介绍了美国公立学校在"5C"外语教学标准指导下的汉语课程设置情况；对于高等院校的汉语课程，李侠（2010）[③]、叶婷婷（2012）[④]、阮光兴（2015）[⑤]分别探讨了韩国、马来西亚与越南三国的课程设置以及存在的问题。这些研究为深入了解世界各地的汉语发展程度、更有针对性地推广汉语奠定了坚固的基础。

（三）对比分析国内外课程设置模式

除了实地考察、介绍展示当地的课程情况之外，对比分析

[①] 见第一章第二节。
[②] 见第一章第三节。
[③] 李侠《韩国大学中文专业课程设置现况及分析——以大邱市及周边五所大学为例》，《吉林省教育学院学报》2010年第5期。
[④] 见第一章第四节。
[⑤] 阮光兴《越南高校汉语教学现状调查与研究》，苏州大学博士学位论文，2015年。

国内外课程模式的不同也是课程设置研究的一个亮点。马燕华（2013）[①]通过比较课程大纲以及代表性教材，发现国内外汉语课程设计模式分别代表了课程组织的两大典型类型：国内课程体系突出横向组织关系，以课程之间的均衡性为主要特征；国外课程表现为纵向组织类型，以课程内容的顺序性为主要特征。

对于这一差异形成的原因，马燕华指出这与汉语教学课程地位、大纲研制目的及大纲研制成员的构成有关。我们认为，除此以外，教学目标的不同也是一个重要因素。国内汉语教学以培养学习者的语言交际能力为目标，与之密切相关的语言技能和语言知识是教学的主要内容，因此课程设置必然注重"语言技能训练课"和"语言文化知识课"两大板块之间的横向关系，强调不同课程的均衡与协调。而国外的汉语教学多以"了解和研究中国"为目的，重在培养学生"自主运用汉语获得信息的能力"[②]，一个教学班通常只设置一门汉语综合课，鉴于此，课程设置自然重视不同等级课程内容的连续性，讲究教学内容的螺旋式上升。

（四）探索分析信息技术与课程的整合

面临计算机、网络等科技不断进步的新形势，利用现代教育技术指导汉语作为第二语言教学活动，探讨信息技术与课程的整合，成为汉语教学发展的新视点。徐娟等（2007）[③]的论文是这一时期该问题研究的代表作。该文宏观分析了根据汉语水平、整合层次、语言技能和学习方式四种不同分类途径构建的整合模式，

---

① 见第一章第五节。
② 刘川平《不同背景中文本科教学的差异与借鉴——基于中英两所大学的考察》，《海外华文教育》2009年第1期。
③ 见第一章第六节。

并提出了着眼于学生兴趣、交际情境、疑难重点、技能操练、文化知识、思维培养等内容的整合策略，从理论上讨论了信息技术与汉语课程的整合。这有助于在实践中有计划、有步骤地推进信息技术与汉语课程结构、课程内容、课程资源以及课程实施的有机融合，实现汉语作为第二语言教学的现代化与信息化。

总之，近十余年来课程设置的研究领域不断拓展，取得了一定的成果。不过需要看到的是，各方面的发展不甚均衡。有关学历教育的课程设置，经历了数十年的实践积累之后，已经深入理性省察的层面；而对信息技术与汉语课程的整合，还处于整合模式与策略的宏观讨论阶段，尚未贯彻到具体的实践中。针对不同教学机构（如培训结构、国际学校）、不同教学对象（如华裔学生、非华裔学生；小学生、中学生、成人）的课程设置研究，也仍有深入的空间。

此外，新的课程编制模式还有待探索。在讨论国内外课程设置时，学者们往往从教学目标入手开展研究（钱茜露，2011；叶婷婷，2012；马燕华，2013；孙德金，2015），这从一个侧面体现出国内外汉语课程设置的共识：在明确教学目标的基础上，选择课程内容、编排课程体系；换句话说，确定目标是课程设置的首要环节。此研究范式与教育学领域泰勒提出的课程编制"目标模式"相一致[①]。然而，随着教育学研究的不断深入，以"目标模式"为代表的强调静态、自上而下的线性模式开始受到质疑，取而代之的是课程设置的动态模式：有学者主张语言课程设置可以从任

---

① 孟志坚《课程研究论》，《中国电大教育》1992年第10期。

何一个环节开始,设置结果通过评估和反馈不断调整改进[①]。教育学在语言课程设置方面的新认识、新观点,对汉语课程设置具有重要的启示作用。我们应该借鉴新的理念,从课程实施、评估反馈等不同角度考量汉语教学的课程设置,以进一步顺应学习者和学习环境的需求,更为科学合理地构建汉语作为第二语言教学的课程体系。

二、不同课程的特点研究

对具体课程特点的讨论,是汉语作为第二语言教学课程研究的主体。十多年来学界取得了颇为丰硕的成果,笔者收集到的文献有四百余篇,内容涉及语言技能课程、语言要素课程、预科汉语课程、短期汉语课程等不同类型。其中,既有对现有课程性质特点的再认识,也有基于教学实践的课程创新;既有从课程实操角度对语言要素教学原则的细化与落实,也有从教学模式层面对预科与短期课程内容与体系的整体规划。这些或理论深入,或实践创新,或具体细致,或全面综合的研究成果,着眼于课程性质与定位、教学内容与教学模式、教学方法与教材编写等诸多方面,有助于我们全面把握具体课程的性质特点与实际教学过程,为检验课程设置方案的合理性提供重要依据。下面就几种主要的课程类型的研究状况做一些概略介绍。

(一)语言技能课程

上一部分提到,语言技能训练课是来华留学生汉语课程的重

---

① 彭梅、冯瑷《国外外语课程设置研究对我国大学英语教学的启示》,《外语电化教学》2014 年第 4 期。

要板块（刘荣等，2013；孙德金，2015；马燕华，2013），因而受到学界的高度重视。例如祁玲、张春梅（2008）[①]对写作课堂教学模式的展示，孔令跃（2013）[②]对高级汉语口语课的研究，郝云龙（2013）[③]对留学生阅读课现状的分析，等等。这些文章继承了以往研究的传统，主要从教学原则、策略与方法等角度，考察语言技能课程的特点。关于该领域研究的新进展，本书收录了李泉（2010）和孟国（2009）两篇文章。

李泉（2010）[④]关于"综合课"性质与特点的讨论，具有一定的理论色彩。在几十年的汉语教学实践中，综合课"全面进行语言知识、语用知识和文化知识的教学，全面进行各项语言技能和语言交际技能的训练"[⑤]，被视为是联系语言技能课和知识课的"过渡课"[⑥]。李文打破了学界对综合课的这一定位，在梳理前人观点以及课程规范文件的基础上，从课程设置、课程层级、课程任务、课程模式等宏观视角，明确指出综合课的根本性质是综合技能训练课，在分技能设课的教学模式中，它是一门核心课、主干课。

[①] 祁玲、张春梅《汉语写作课互动教学模式探析》，《现代语文》（教学研究版）2008年第1期。
[②] 孔令跃《高级汉语口语教学：问题、研究与对策》，《汉语学习》2013年第5期。
[③] 郝云龙《对外汉语阅读教学的现状及其对策》，《首都师范大学学报》（社会科学版）2013年第S1期。
[④] 见第二章第一节。
[⑤] 吕必松《汉语教学中技能训练的系统性问题》，《语言文字应用》1997年第3期。
[⑥] 岑玉珍《汉语言专业本科生的培养及精读课的任务》，见中国对外汉语教学学会北京分会《中国对外汉语教学学会北京分会第二届学术讨论会论文集》，北京：北京语言文化大学出版社，2001年。

孟国（2009）[①]基于长期从事中高级实况听力教学的实践经验，创造性地提出了开设"初级汉语实况听力"课程的构想。该文不仅从第二语言教学特点、语言交际能力理论、语言习得理论等层面论证了这门新课的重要性，而且从实践角度分析了相应教材的编写原则，以及教学内容在语言与文化方面的特点。

上述理论研究的深入与实践研究的创新，体现出语言技能课程研究向纵深发展、日趋成熟的特点。

（二）语言要素课程

面向留学生开设的语音、词汇、语法方面的课程，不同于语言技能课中的随堂语言要素教学，在课程定位、教学模式等方面具有鲜明的特点。学者们的研究也就此展开。常志斌（2007）[②]剖析了"汉语新词新语"课的定位：既是一门语言理论课，又具有技能课的属性，因而建议在教学内容上应该重视新词语理论知识的讲解，在教学方法上则要有针对性、有侧重地关注新词语的技能训练。张宝林（2008）[③]针对"语法知识课"的教学目的，提出了"用法主导的教学模式"：教学内容由词类和句法、虚词、语段三分天下；教学方法以归纳法为主，并与演绎法恰当结合；教材要简明扼要、通俗易懂、便于使用。

这些围绕具体课程实施展开的讨论，将宏观抽象的语言要素教学目标、教学原则等理论问题，转化为课程内容、教学方法、教学模式等具体的实践课题，为一线教师提供了明确的教学思路和可供参考的做法，对语言要素教学的长足发展起到了积极的

---

① 见第二章第二节。
② 见第二章第三节。
③ 见第二章第四节。

作用。

（三）预科汉语课程

从 1950 年的清华大学东欧交换生中国语文专修班开始，预科教育一直是汉语作为第二语言教学的重要门类，其分科式的课程体系在 20 世纪 80 年代初已基本形成[①]。近年来，专门围绕预科课程的研究数量不是很丰富，主要牵涉两个方面。一是针对学生的需求，及其升入本科后的学习瓶颈，调整课程体系的部分内容，为不同学期、不同水平、不同专业的学生设置不同的课程[②]。二是基于教学对象、教学要求的特殊性，探求适合预科汉语教学的教学模式，如程乐乐、翟汛（2012）[③]对汉语预科强化教学模式的介绍；李向农、万莹（2013）[④]针对预科课程设置、教材建设、课堂教学与教学形式，提出建立"模块化教学模式"的构想。

以上研究是合理设置预科课程体系、科学完善预科教学模式的初步成果，是准确、客观评估预科教学效果的基础工作。相信通过广大研究者和汉语教师不断的钻研与探索，这些课题将从理论到实践进一步提高。

（四）短期汉语课程

短期教学具有时间的灵活性和学习的高效性等特点，深受不同背景汉语学习者的欢迎，短期来华汉语进修项目因此发展迅速。讨论这类课程的特点规律、教学模式，成为十年来学界热议的课

---

① 孙德金《对外汉语教学课程论》，北京：商务印书馆，2014 年。
② 见第二章第五节。
③ 程乐乐、翟汛《论汉语预科强化教学模式》，《高等函授学报》（哲学社会科学版）2012 年第 6 期。
④ 见第二章第六节。

题之一。刘荣等(2012)①介绍了美国孔子学院在华实施的"任务—全浸式"短期教学模式,李先银、魏耕耘(2016)②分析了短期来华"深接触"的"汉语—文化"双目标项目的模式化构建。这些特点迥异的教学模式,实践了任务型教学法、社会文化理论等不同的教学理论,为其他短期来华汉语项目提供了具有示范意义的模式支持。

以上是对四种类型的课程特点的研究概述,学者们围绕实际教学中的众多课程,主要运用质性研究方法,对课程定位、教学内容、教学方法、教学模式等内容展开讨论,形成了丰富的汉语课程实践成果,把课程特点的定性研究推向深入。但不能回避的是,定量研究,特别是基于实地调查、课程实验的量化分析,对于讨论具体课程的教学方法、教学模式的效果,无疑也具有很高的应用价值。为此,加强定性研究与定量研究的结合,将有效提升汉语课程研究的信度与效度。

另外,如果站在教育学课程论的角度审视汉语课程特点的研究,可以将其归入"课程实施"的范畴。所谓课程实施,是将某项课程计划付诸实践的具体过程③,即在真实的教学过程中,考察具体课程内容的合理性、教学模式的有效性等。课程论认为,课程实施研究的一个重要意义是对学习结果以及影响学习结果的可能的决定因素做出解释④。表现在汉语作为第二语言教学方面,就是关注学生的课堂学习过程、从课程的角度对学生偏误进行解

---

① 见第二章第七节。
② 见第二章第八节。
③ 张华《课程与教学论》,上海:上海教育出版社,2000年。
④ 孙德金《对外汉语教学课程论》,北京:商务印书馆,2014年。

释。目前，相关研究还不多见。加强此方面的探索，有助于深化对课程自身合理性、有效性的了解，提高对课程与学生学习结果之间关系的认识，推动汉语作为第二语言的习得研究。

三、专门用途汉语课程研究

专门用途汉语，指的是用于某种专业领域、特定范围和固定场合的汉语[①]。它并不限于跟学科密切相关的专业汉语，如科技汉语、中医汉语；还包括特定业务、特定场合、特定环境中的汉语，如与商务活动密切相关的商务（经贸）汉语；出现在跨文化语言生活领域、翻译领域或报刊环境中的汉语等。近些年来，学者们对这些专门用途汉语课程的分析，在研究思路上较为集中，多从教学过程的角度（如教学目标、教学内容、教学方法等）解析课程的特点；研究方法上愈加多元，以定性研究为主，辅以统计、调查等定量研究，增加了结论的科学性与可信度，促进了专门用途汉语教学的深入发展。主要表现在以下几方面：

（一）商务汉语课程研究

随着中国经济的持续高速发展，外国人对商务汉语的需求越来越强烈。着眼于商务汉语不同课型的课程进行讨论，成为专门用途汉语教学课程研究的主要内容。在搜集到的近九十篇文献中，研究主要围绕两个问题展开：

第一，讨论商务（经贸）汉语课程的定位。刘巍（2010）[②]

---

① 李泉《论专门用途汉语教学》，《语言文字应用》2011年第3期。
② 刘巍《ESP理论与商务汉语课程定位》，《湖北经济学院学报》（人文社会科学版）2010年第7期。

借鉴专门用途英语教学（English for Specific Purposes，简称ESP）的理念，考察了商务汉语课的性质与功能定位、教学目标定位，以及在对外汉语课程体系中的定位；研究显示，该课是以汉语语言知识为纲，以商务知识为目的的语言课，在对外汉语课程体系中处于基础和中心地位。沈庶英（2006）[①]从六个角度详细分析了经贸汉语综合课的定位问题，指出该课既是语言课，又是经贸专业课的准备课，教学目标是使学习者在语言能力综合提高的同时，基本掌握经贸活动的语体特点，大致熟悉中国的经济生活背景与商业文化。上述研究尽管对象不尽相同，但对课程定位的认识却是统一的：作为语言课程，商务（经贸）汉语课程不能忽视学生语言能力与语言交际能力的培养。

第二，从教学方法、教学策略的角度观照具体课程的实施情况。顾伟列、方颖（2009）[②]、关道雄、费飞（2010）[③]概括地讨论了任务型教学法在商务汉语课程中的应用；张黎（2011）[④]将交际策略教学法引入商务口语交际课，强调教学内容应以交际策略为纲，教学方法包括话语分析和交际策略训练两大部分，以实现学习者在特定的商务交际活动中恰当地运用交际策略，充分、准确、得体地完成交际的教学目标。汲取不同的教学理念，指导商务汉语课程的开展，将极大地推动商务汉语教学实践从经验型向科学型发展。

[①] 见第三章第一节。
[②] 顾伟列、方颖《商务汉语任务型语言教学法初探》，《云南师范大学学报》（对外汉语教学与研究版）2009年第2期。
[③] 关道雄、费飞《商务汉语教学中的任务类型及设计》，《国际汉语教育》2010年第1期。
[④] 见第三章第二节。

（二）专业汉语课程研究

20世纪80年代中后期，以科技汉语、中医汉语为代表的专业汉语研究曾经有过较大发展，但近年来热度有所减退，课程研究数量不甚丰富，内容多停留在对课程定位的认识上。单韵鸣、安然（2009）[①]在调查国内科技汉语课程现状的基础上，主张将科技汉语定位为必修课，设置在预科阶段的两个学期：第一学期以具有趣味性的科普文章为主，教师是具备深厚汉语言功底和丰富理工知识的复合型人才；第二学期采用"汉语教师＋理工科老师"的搭配，教学内容向精专的专业文章过渡。周延松（2015）[②]分析了中医汉语课多个维度的定位，提炼出该课的教学目标为：通过对中医药文本的听读与表达训练，使学习者积累一定量的中医药专业词汇，熟悉中医药文本的特殊表达句式，了解有关的中医文化背景和知识，从而更为深入地理解中医药学。

明确各门专业汉语课程的定位，阐明课程的性质，有利于更有效地指导课堂教学。

（三）文化课程研究

文化教学自20世纪80年代起逐渐受到学界的重视，有关文化因素、跨文化交际的理论研究不断深入，极大地推进了文化教学实践的发展。近十多年来，文化课程研究突破了以往重视"经验性陈述"的不足[③]，开始运用定性与定量结合的研究方法，或利用现代技术手段设计具体课程。

---

① 见第三章第三节。
② 见第三章第四节。
③ 李晓琪主编《对外汉语文化教学研究》，北京：商务印书馆，2006年。

胡炯梅(2014)①结合定性研究(访谈)与定量研究(问卷调查)方法,在分析文化课现状与课程设置影响因素的基础上,为不同层次的新疆高校留学生(非学历生、本科生、研究生)拟设了各具特色的交际文化课、知识文化课和社团活动课。郑博仁(2012)②尝试将现代信息技术引入文化体验课"书法课程"的设计中,建议推广以现代教育技术为主的教学方法,利用多媒体教学系统双向互动的功能,开展学生自主学习和师生间的交流。这些在研究方法或研究手段方面的新进展,促进了来华留学生文化课设置与实施的日益完善。

除此之外,学界还对固定出现在某一场合的汉语教学展开了教学策略或课程定位层面的讨论。报刊阅读课的教学内容既有报刊文章中常用的词语句式,还包括一些文化方面的知识,为此,教师可以依据图示理论,采取专门的教学策略,注重学生阅读能力的培养③。对外汉语专业翻译课是专业翻译教学的初级课程,以培养基础翻译人才为目标;在这种近乎专业汉语课程的定位下,教学内容应以翻译技巧为纲、注重翻译实践④。

总而言之,关于专门用途汉语课程的研究,尽管在某些领域(如文化课程探索)有所突破,但总体上看,研究课题还有待进一步开拓。怎样利用现代信息技术开展商务汉语、专业汉语教学?如何通过调查分析、课程实验等实证研究促进课程的实施?如何开展非目的语环境的课程建设?针对这些问题的研究尚显薄弱,

---

① 见第三章第五节。
② 见第三章第六节。
③ 见第三章第七节。
④ 见第三章第八节。

还有进一步提升的空间。

结合"不同课程的特点研究"与"专门用途汉语课程研究"两个领域的研究成果,可以发现,汉语作为第二语言教学界对课程的考察,多从教学过程的视角展开,通过描述教学目标、教学内容、教学方法等内容,以确定具体课程的性质或定位。这样的研究范式在一定程度上反映了学界对课程与教学关系的认识:教学过程是课程的表现形式,课程是教学过程的体现。这一观点在课程论中被称为"相互交叉模式",即课程与教学之间相互重叠。依据教育学的相关研究,对于课程与教学关系的分析还有另外三种模式:一是二元独立模式,认为课程与教学是两个相对独立的研究领域;二是同心包含模式,表现为教学包含课程的"大教学论"和课程包含教学的"大课程论"两个变式;三是循环联系模式,既承认课程与教学各自的独立存在,又认为它们之间是循环联系的,比如教学可以独立进行,但它是课程实施的部分[1]。这几种模式究竟哪一种更能客观真实地反映课程与教学之间的关系,目前在教育学领域见仁见智、尚无定论。如果广大汉语教师与研究者能够突破对课程与教学关系固有的观点,尝试从具体课程实施的角度验证不同认识模式的合理性,甚至创新观点,不仅能够提升对汉语作为第二语言教学的课程本质的认识,更将推动课程论的理论发展。

---

[1] 刘启迪《课程理论发展与实践发展——全国第五次课程学术研讨会综述》,《课程·教材·教法》2006 年第 10 期。

四、汉语国际教育专业课程研究

2007年，国务院学位委员会办公室设立了24所试点院校招收汉语国际教育硕士专业学位研究生（MTCSOL），并发布了《汉语国际教育硕士专业学位研究生指导性培养方案》（简称《培养方案》）。截至2016年，培养院校已增至107所。面对MTCSOL蓬勃发展的态势，合理搭建课程体系、科学组织课程实践，是保证人才培养质量的重要因素。近年来的相关研究，既注重对培养目标、培养模式等课程建设理论问题的思考，又强调对课程设置、课程实施等具体实践课题的研究；既向外拓展，从国外相关专业的课程体系中汲取经验、取长补短；又向内省思，在实践的基础上不断总结具体课程的教学内容与教学方法。以下不同角度的研究共同推进了汉语国际教育专业的课程发展。

（一）汉语国际教育硕士的培养目标研究

《培养方案》对汉语国际教育硕士培养目标的规定是：培养具有熟练的汉语作为第二语言教学技能和良好的跨文化交际能力，适应汉语国际推广工作，胜任多种教学任务的高层次、应用型、复合型专门人才[1]。李泉（2009）[2]认为，上述目标具有很强的专业性、针对性、科学性、国际性和外向型特点，在理论上是科学可行的。在实践中，为了实现上述培养目标，杨薇（2013）[3]提出建立中外合作培养模式的构想，一方面借鉴英语作为第二语言教学的理论和经验，实现第二语言教学与习得类课程的中外院

---

[1] 参见 http://mtcsol.chinesecio.com/article/70。
[2] 见第四章第一节。
[3] 见第四章第二节。

校课程对接；另一方面在国外建立长期稳固的实践基地，拓展学生视野，同时促进国外本土教师的培养。

对培养目标的理论解读、对培养模式的实践探索，有利于深化学界对汉语国际教育硕士专业的认识、助推培养方案的科学实施。

（二）汉语国际教育硕士课程设置研究

《培养方案》将汉语国际教育硕士的课程设置为核心课程、拓展课程和训练课程三部分。学者们通过对比国外相关专业的课程内容，对上述课程体系进行反思，提出了若干建议。

李晓琪等（2010）[①]考察了美国10所大学"英语第二语言教学专业"硕士课程设置近10年的变化，结合"汉语国际教育专业硕士"同类课程、北大—韩国梨花女子大学"汉语国际教育"硕士双学位课程进行比较，指出MTCSOL的课程体系以汉语教学类课程为主，突出了学科的应用型特点，符合国际上较成熟的二语师资培养课程发展轨迹，应该予以坚持；国外课程体系对二语习得与教学理论类课程、语言学类课程的重视，也值得我们学习。

田艳（2012）[②]比较、分析了英国的英语国际教育专业硕士课程体系和汉语国际教育硕士核心课程之后，主张MTCSOL的专业课程设置应进一步扩大课程的选择范围，注重知识的交叉性和渗透性，适当增加研究方法、语言学、国际主题等方面的课程。

上述研究中基于量化数据的建议，体现了英语作为第二语言

---

① 见第四章第四节。
② 见第四章第三节。

师资培养课程的发展成果与丰富经验，对汉语国际教育硕士的课程设置有极其重要的启示作用。

（三）汉语国际教育硕士课程实施探索

在《培养方案》的培养目标、课程设置的指导下，广大一线教师针对汉语国际教育硕士的具体课程展开了积极的探索，包括制定教学方案、确定教学内容、编排教学流程、开展教学反思，这些源于课程实施过程的经验总结，为实现学位课程的规范化夯实了基础。李海燕等（2011）[①]针对《培养方案》强调提升课堂教学实践能力的要求，创新性地开设了"对外汉语教学实践课堂"课程。该文具体介绍了此课程的操作流程，分享了课程组织的经验，并对硕士培养模式提出了若干建议。詹颂（2013）[②]按照《培养方案》在中国文化课的课程设置方面的要求，结合教学实践，探讨了MTCSOL外国留学生两门文化课（"中华文化专题""中华文化经典"）的教学内容与教学方法。

另外，学界对对外汉语专业本科的课程也展开了一定的研究，如杨吉春（2010）[③]、孙春颖（2006）[④]。

笔者认为，培养目标、课程设置、课程实施三方面的研究是环环相扣的，只有培养目标科学明确、课程设置优化合理，课程实施才能规范有效，才能促进汉语国际教育专业的深入发展，培养合格的汉语作为第二语言教学师资。值得肯定的是，研究者们

---

① 见第四章第五节。
② 詹颂《论汉语国际教育硕士专业学位外国留学生中国文化课的课程设置与教学》，《首都师范大学学报》（社会科学版）2013年第S1期。
③ 见第四章第六节。
④ 见第四章第七节。

自觉地将研究视野转向国际,在参考国外相关学科成功经验的基础上,对《培养方案》的课程设置展开了省思;广大一线教师也创新性地尝试具体课程的组织操作,积累了宝贵的经验,这对规范 MTCSOL 课程建设、保证教学质量、落实培养目标都具有积极的作用。

但需要清醒地看到,作为新生事物,汉语国际教育硕士的课程建设还处于不断发展的过程中。在不同的教学环境(如网络教学环境、中小学教学环境)下,如何细化"高层次、应用型、复合型专门人才"的培养目标内涵?网络汉语教师、中小学汉语教师应具备哪些素质?国外相关学科的课程设置理念怎样与专业硕士的培养过程有机结合?如何规范一线教师对具体课程的实施与操作?怎样才能编写出与汉语国际教育硕士课程相配套的系列精品教材?对这些课题的深入讨论,将有助于完善汉语国际教育专业的课程体系,将相关研究引向深入。

五、汉语作为第二语言教学的课程研究展望

(一)当前研究存在的问题

综观上述成果,可以看出,汉语作为第二语言教学的课程研究基本已经搭建起了以课程设置和课程实施为主要内容的研究框架。在这一框架下,学者们或借鉴国外第二语言教学的相关成果,或从理性思考、教学实践出发,对汉语教学的课程体系、具体课程的特点、专门用途的汉语教学以及汉语国际教育专业硕士培养进行了有益的探究,促进了课程研究的整体发展。但看到成绩的同时,我们也应该注意到存在的问题:

1. 研究深度有待进一步加强

十余年来有关汉语课程设置、课程实施的研究,可以说成果非常丰富,但有些方面还需要继续深入。关于具体课程特点的讨论,一线教师有许多心得和经验,但以理论为指导,对其进行归纳和总结的并不是很多。汉语国际教育硕士的课程设置、课程组织等方面也还有广阔的发展空间。

除此之外,随着现代科技的迅猛发展,语言教育进入了"互联网+"时代,汉语课程与现代化信息技术的整合也日益迫切。对于信息技术与汉语课程融合的模式与策略,不能仅仅停留在宏观的分析讨论上,还需要落实到针对不同教学对象的课程设置、教学实践中;在课程实施环节借力现代化教育手段,并不是将课程内容转化为多媒体课件那么简单,而是需要从更为全面、系统的视角思考技术与课程目标、课程定位、课程内容、教学方式、学习方式、师生互动方式之间的联系;在人才培养方面,更要综合考量汉语教师在信息时代应具备的素质,从各个层面推进汉语作为第二语言教学课程的信息化发展。

2. 研究视野有待进一步开拓

课程是教育学的基本概念,课程研究是教育理论中一个十分重要的学术领域。20世纪初,教育学界就开始了对课程的研究。时至今日,课程作为一个独立的研究领域,已在国内外教育学界取得了丰硕的成果,并基本形成了以课程本质(包括课程与教学的关系)、课程编制与组织(即课程设置)、课程实施、课程评价为主要内容的研究格局[①]。然而，有关课程与教学关系、课程实施等内容的讨论成果尚未引起汉语作为第二语言教学界的足够重视，课程编制模式、课程评价等方面的最新进展还未落实到汉语课程的研究与实践中。这在一定程度上影响了对汉语课程本质的认识、影响了汉语课程实践活动的水平。因此，汉语教学界应该逐步拓宽研究视野，有意识地借鉴教育学等相关领域的研究成果，形成具有学科特色的研究局面。

3. 研究方法有待进一步改进

从近十多年的研究成果看，定性研究在汉语作为第二语言教学的课程研究中已经占有一定的地位。许多研究论文，特别是从宏观角度讨论课程设置的现状、讨论某一课程教学模式的研究，都依赖定性研究的方法展开，在描述现存问题的基础上，给予一定的观点阐释。但不能忽视的是，许多研究，特别是针对具体课程实施情况的讨论，还缺乏教学实验、调查统计等定量研究成果，这在一定程度上影响了研究的信度。

（二）研究展望

可以预见，随着学界在汉语课程研究深度、研究视野、研究方法三个方面的突破，汉语作为第二语言教学的课程研究一定会在以下几个方面得到更为深入的发展：

1. 课程设置研究

面对教学对象的多样化、教学需求的多样化、教学目标的多样化、教学时间的多样化，单纯以语言技能设课的课程设置模式

---

① 孟志坚《课程研究论》，《中国电大教育》1992年第10期。张华《课程与教学论》，上海：上海教育出版社，2000年。

受到挑战。为了与汉语作为第二语言教学蓬勃发展的新形势相匹配，需要多方位、多角度地探讨课程体系的建设问题。从教学机构看，高校课程设置与培训机构、国际学校的课程设置有什么不同？不同国家教育体系下的汉语课程设置有哪些特点？针对华裔和非华裔、中小学生与成人等不同教学对象，在课程设置方面应该有哪些不同？网络视频教学模式下的汉语课程应该如何编制？对这些问题的深入探讨，必将促使汉语课程内容更加满足汉语国际推广的需要，形成多元化的汉语作为第二语言教学的课程体系，为从理论层面探讨课程设置模式奠定坚实的基础。

2. 课程实施研究

前文提到，针对具体课程特点的研究，可以归入课程实施的范畴。但必须承认，汉语教学界对教育学领域的课程实施内涵、相关理论还缺乏深入的了解，对课程实施的程序与方法还不熟悉。这在一定程度上影响了我们对课程操作过程、课程主体、课程结果的认识。课程实施的内涵非常宽泛，它是把课程计划中抽象的课程转化为教学实践的过程，包括课程目标解读、教学材料编写、教学方法选用、课堂教学开展等多个环节。目前学者们主要从教学模式的角度探讨课程特点，这只是课程实施研究的一个方面。在强化这方面的实践研究基础上，以下问题也有望引起研究者们的兴趣，如制约课程实施的因素有哪些？课程实施的主体（教师与学生）对课程实施有什么影响？课程实施与学生的习得过程之间有哪些具体的联系？

3. 课程评价研究

课程评价研究也是教育学领域对课程的重要研究内容。在汉语作为第二语言教学界，尽管对已实施课程进行评估是各教学机构在教学周期结束时的惯常做法,但常常糅合于对教师职业态度、业务水平的评估内容中,专门针对课程展开评估的研究还不多见。广义地看,课程评估并不限于对课堂教学的评价,它涉及课程开发的全过程,包括对课程设计、实施和效果的评价。着眼于汉语作为第二语言教学的课程评价研究,首先需要建立有效的评价标准,既要科学评价课程对提高学生语言能力的效果,也要全面测评课程实施过程的各个环节,如课程设置能否满足学生的需求、能否实现教学目标,教学计划是否合理,教学方法、教材选用是否恰当等;既要讨论站在学生视角的评价标准,也要关注教师、学校视角的评价标准建设。其次,充分重视教师在课程评价过程中的作用,制订具有可操作性的评价机制,引导教师在课程实施过程中不断进行自我评价,提升自身的课程组织、实施与教学能力。

# 第一章

汉语作为第二语言教学的课程设置研究

第一节　国内留学生非学历教育课程设置分析[①]

近年来,我国对外汉语教学事业蓬勃发展,向世界开启了认识中华文化和当代中国的窗口。据统计,2011年全年在华学习的外国留学人员总数首次突破29万,他们分别来自于世界194个国家和地区,在全国660所高等院校、科研院所和其他教学机构中学习。来华留学生总人数、生源国家和地区数、我国接收留学生单位数及中国政府奖学金生人数这四项,均创中华人民共和国成立以来的新高。那么,我国高校对外汉语教学现有的课程设置是否能满足众多学习者的多元需求,是否需要进一步优化和提升?我们选取了国内40所开设对外汉语课程(非学历)的高等院校进行调查和分析,对当前高校对外汉语教学的课程设置现状进行了梳理。

一、对外汉语教学课程内容设置现状

我们将汉语课程分为四大类:语言技能课(包括综合技能课、

---

①　本节摘自刘荣、徐蔚、魏海平《我国高校对外汉语教学的课程设置分析》,《中国高等教育》2013年第Z1期。

精读课、单项技能课、专门课程）；语言知识课（即语音、语法、词汇、汉字知识课）；中国文化知识课（包括中国基本国情、中国文化知识等）；应试备考类课程。

语言技能课设置情况。在调查的高校中，所有学校都开设了以教授汉语综合知识和提高汉语综合能力的"Ⅰ类—主干课程"。虽然在课程名称上有所不同，但实质内容都属于语言精读课程，以全面综合的目的语语音、词汇、语法、句式、篇章等方面为主要教学内容。此类课程是整个语言教学系统中的基础和主干，其他专项技能或特殊用途的课程都需要以精读类课程为纲。"Ⅱ类—单项技能课程"是指与听、说、读、写四项基本技能相关的课程。大多数教学单位在设置技能课时将听、说两项技能，尤其是口语操练作为重点，阅读和写作的比例也比较均衡。围绕这几项基本技能，衍生出了诸如报刊阅读、视听说等更为细化的技能课程。而开设培养汉字读写能力课程的教学单位却不太普遍。"Ⅲ类—专门课程"是指在教授基本语言知识和技能的基础上，根据学习者的特殊需求、教学内容的特殊范围而专门设置的针对某一专门话题的课程。这类专门课程不仅讲授语言知识、操练语言技能，还围绕具有专业性、专门性的话题来设计教学内容，如生存汉语、商务汉语、旅游汉语、医药汉语、少儿汉语、法律汉语、媒体汉语等。

语言知识类课程情况。由于师资、硬件、生源分布不均等各种条件的限制，国内大多数高校没有将非学历和学历教育的留学生分开教学，而是将这两类学生混编到相同的班级，统一授课。大多数高校的进修生和学历生在主干课程和语言技能课程上是同步的，而专门课程和程度较高、学术性较强的语言知识类课程对进修生常常采用选修的策略。不少高校开设了与汉语或中国历史文化相关的知识类课程。与语言技能类课程不同的是，这类课程绝大多数以选修课的形式出现，如汉语语法、汉语词汇、汉语修辞、古代汉语、汉外翻译等。学生可以根据自己的兴趣和意愿来选课，这充分考虑了学生的需求。

中国文化知识类课程情况。有的高校专门开设了选修或必修的文化类课程，有的高校则采取文化讲座或专题的形式。通过调查可以看出，概述介绍性的文化课程是大多数教学机构乐于采用的形式，开设此类课程的高校占15.2%。在单项文化形式中，书法、绘画和武术所占比例最高，从一个侧面可反映出这几项文化艺术形式在留学生当中比较受欢迎。

应试备考类课程情况。随着近年来国际上"汉语热"的兴起和汉语国际推广步伐的不断加快，越来越多的来华留学生产生了参加汉语水平考试的需求。HSK（汉语水平考试）作为最具权威性的汉语水平考试，成为应试备考类课程的主要对象。在我们的调查对象中，有55%的高校开设了专门针对HSK考试的辅导课程。辅导内容包括各个考试等级的听力、口语、阅读、写作、语法等方面的训练。

二、对外汉语教学课程等级设置现状

课程等级的设置对大纲设计规格、学生分级测试内容、课程时长的安排等多方面因素有着重要的影响。不同教学单位对课程等级的划分也会根据其教学目标、教学对象、教学内容和师资、生源等多方面因素而不同。

主干课程等级设置。在调查高校中，所有高校都以精读类主干课程为中心，其他专项技能课程围绕主干课程来安排等级。目前，主要存在三种等级划分模式：第一种模式，用字母排序列出等级，由低到高，如将汉语精读课程分为A—J级。第二种模式，分为入门（起点/预科）、初级、（准中级）、中级、（提高级）、高级的不同等级。第三种模式，划分初级、中级、高级三个主干等级，再在每个等级内部划分更细的等级，如初级1、初级2、初级3，或初级上、初级下。有27所大学采取第三种等级划分模式，所占比例最高。

单项技能课程等级设置。大多数高校的单项技能课程都直接在主干精读课程的分级基础上划分等级。各个单项技能课与主干课程的等级是一一对应的。比如接近90%的高校从初级到高级全部安排了口语课，剩余的少数高校只在初级和中级安排了口语课，高级不再设置。但并非所有的等级都开设完全一样的单项技能课程。根据学生的习得程度和课程本身的特点，有的单项技能课只在初级阶段出现，如汉字读写；有的在中高级阶段出现，如报刊阅读、新闻听力课。

其他课程等级设置。在高校开设较多的商务汉语课程里面，等级划分主要有两种情况。一种是独立于主干课程和单项技能课程等级系统之外的专门商务汉语系统，如上海财经大学、华东师范大学开设的商务汉语班，这类课程独立于主干课程之外，大致分为初、中、高级商务汉语。第二种是附着于主干课程之上，随着学生综合汉语技能的增长根据需求加入商务汉语课程，等级依照主干课程的分级，多为选修课，比如华中师范大学高级阶段选修课"经贸汉语"。调查发现，文化课的分级也不完全依照主干课程等级。以讲座或专题形式进行的文化类课程，有兴趣的学生均可参加或选修，如武术、茶艺、烹饪、戏曲或影视欣赏等文化项目。而学习延续性较强的如中国文化、成语、书法、绘画等项目则多安排在各个阶段的选修课当中，如四川大学的中高级选修课"中国文化"。

三、我国高校对外汉语教学教材使用现状

教材是课程设置中一个非常重要的环节，教材与教学计划和教学大纲构成教学内容的有机组成部分。我国对外汉语教材建设从结构法教材时期到功能与结构相结合的教材时期，涌现出了一批优秀的语言教材，经典教材也在根据教学的需求而不断更新改进。《汉语教程》《发展汉语》《博雅汉语》等系列教材在高校的使用频率较高。

单项技能课围绕主干课程划分等级的教学单位，在教材选用上也大多依照同样的原则。例如，使用《汉语教程》作为综合课程的教材，那么单项技能课程也会选择同系列的《汉语口语教程》《汉语听力教程》《汉语阅读教程》等作为单项技能课的教材。这种做法比较普遍，对于学生和教师来说能更系统地将相关联的语言知识和技能训练有机结合起来。另外一种情况，是主干课程和单项技能课程的教材分离，根据不同等级的需求来选择教材。如北京大学汉语进修预科课程的教材。除了技能类课程，专门课程的教材也值得关注，在我们的调查中，使用比较广泛的专门类教材有《新丝路商务汉语》《实用医学汉语（语言篇）》等。

由于专门课程、应试课程和文化类课程的特殊性，许多学校选择自己编写教材，有的自编教材已进入比较成熟的阶段，并得

到广泛使用。但大部分自编教材还是各高校教师根据教学目标和学生的具体情况而编写的适合内部使用的教材。

四、我国高校对外汉语教学课程设置特点

在地域差异特点方面，由于经济发展的不平衡和地理位置的影响，来华留学生在数量和国别上也呈现不平衡的分布。北京、上海、广东等地区的来华留学生数量居全国前列，学生的国别覆盖范围较广。东北、云南等地区的留学生群体，国籍比较集中，受地理位置因素影响较大，如云南地区的留学生大多来自接壤或相邻的东南亚地区，东北地区的留学生大多来自韩国、日本。不同地域在方言、民俗和文化上都存在差异，在不同地区学习的留学生往往对语言的应用、对中国的社会和文化会有不一样的感受。这些地域差异在课程设置上也都有所体现。

值得注意的是，课堂上学到的标准语与当地方言使用环境如何有效结合，引发了学习者的兴趣。调查中我们发现，方言与普通话差异较小的北方方言地区，尤其是京津地区很少开设专门的方言课程。而南方许多地区往往开设了专门的方言课供学生选修。比如中山大学、暨南大学开设的"广东话/粤语"课程。另外，还有不少学校在文化课设置上充分考虑了当地的文化特色，如兰州大学开设的"丝绸之路文化"课程，四川外国语学院的"巴蜀文化""川菜烹饪"课，体现了浓厚的地域色彩。

除了地域差异，不同的高校由于自身的学校类别和学术背景等差别，也会给对外汉语课程设置带来一定影响。综合性、文史师范财经类和理工农医类高校，根据自身的办学特色和学术背景

而对课程设置有所倾向。如：上海财经大学根据其在财经商务方面的学术优势开设了系统的商务汉语班；中国传媒大学开设了"汉语正音课"和"声调辩证"。

总之，通过调查分析我们看出，作为对外汉语教学学科建设的重要环节，经过多年发展，对外汉语教学课程设置呈现出日益系统化、成熟化的趋势，基本能适应不同层次、不同背景来华学习者的多元需求，也为整个对外汉语教学事业和总体学科建设的进一步发展奠定了坚实的基础。当然，国内高校对外汉语教学课程设置上还有进一步优化和发展的空间，在加强相关理论研究的同时，还需进一步设定科学细化的课程设置规范，让每一门课程都有系统科学的大纲可以遵循，从而使教学活动目标化、系统化，让教学活动有据可依、有的放矢。通过对教学效果的考核来进一步评价课程设置是否得当，并从中找到课程设置的规律，促进对外汉语教学事业的发展。

第二节 国内留学生汉语言专业学历教育的课程问题[①]

对来华留学生的汉语教育按照目的、目标的不同可分为两类，一是包括短期强化（速成）教育、长期进修教育在内的非学历教育，

---

① 本节摘自孙德金《来华留学生汉语言专业学历教育中的两个问题》，《国际汉语教学研究》2015年第4期。

二是汉语言专业学历教育。自 1950 年对外汉语教学事业起步就存在的汉语预科教育，尽管其教学对象的身份是来华攻读各类学位的学历生，但在接受汉语预科教育阶段，其教育类型是非学历教育。因此，就汉语教育的性质和特点而言，汉语预科教育也属于速成强化教育。本文重点谈谈汉语言专业学历教育中需要重视的两个问题。

一、来华留学生汉语言专业教育在汉语作为第二语言教学事业和学科中的地位问题

来华留学生汉语言专业教育起步于 1975 年[①]，当时教育部批准北京语言大学（时为北京语言学院，以下简称"北语"）试办"现代汉语专业"，学制 3 年。1978 年正式设立该专业，学制定为 4 年，北语为此设立现代汉语系——二系，7 个教研室，100 余位教师[②]。1993 年更名为"汉语言专业"。该专业历史一般从 1978 年算起，迄今已近 40 年。该专业是在对外汉语教学事业经过长期发展，积累了丰富的教育和学术资源的背景下，顺应现实教育需求，水到渠成创立的。这一教育类型的诞生和发展，对于汉语作为第二语言教学事业和学科来说具有十分重要的意义。

就事业而言，衡量汉语作为第二语言教学发展水平，固然有量的标准，看教学规模和学生数量，但更重要的是质的标准，即教育教学质量的高低和高水平学生培养数量的多寡。高水平汉语

---

① 20 世纪 60 年代，曾办过一届翻译专业。
② 李杨《中高级对外汉语教学论》，北京：北京大学出版社，1993 年。

人才的培养，仅靠基础汉语教学显然是不可能完成的。尽管基础汉语教学最能体现第二语言教学的特点和规律，而这一阶段的教学往往多属于非专业学历教育。我们看北京语言大学汉语言专业早期的课程结构[①]，都是不包括一年级，只有二、三、四年级的课程，实际上视一年级为预备教育阶段（预科）。在谈及对外汉语教学的理论和实践问题时，基点往往都是以语言技能和语言交际技能为核心的语言教学，而忽略以构建完整知识结构和能力结构为目标的汉语言专业教育，这可能是很多业内同人的思维定式。这一情形对于汉语作为第二语言教学事业的发展是不利的。试想，如果仅仅拥有数量庞大的只是具有初步的汉语能力的学习者群体，所谓的"汉语走向世界"就可能是层次较低的传播。只有不断扩大高水平的、能够使用汉语进行各种交际活动（书面的和口头的）的学习者群体的数量，才能真正实现汉语国际传播的理想。汉语言专业教育规模和质量的提升，恐怕是这项事业的必由之路。

再从学科的角度看，长期局限于基础阶段的汉语教学，客观上已经严重影响了学科的深化。一个基本的现实是，基础汉语教学受关注度较高，中高级汉语教学研究则较为薄弱。如果不考虑少数汉语高级进修生，中高级汉语教学实际就是指汉语言专业教育中的汉语教学。20世纪90年代，施光亨先生就呼唤中高级汉语教学的"航标"[②]，20来年过去了，总体状况并没有大的改善。近些年来，"教学模式"成为业内热词，但仔细来看，多半都是对基础阶段汉语教学模式的探讨，鲜有中高级阶段教学模式的研

---

① 李杨《中高级对外汉语教学论》，北京：北京大学出版社，1993年。
② 施光亨《中高级汉语教学呼唤"航标"》，《语言教学与研究》1990年第4期。

究。具备了基本的听、说、读、写能力后，如何才能成功跨越"高原期"，进入更高的能力层次，这是需要很好地加以研究的重要课题。多年来，同人们多认识到这个问题，但缺乏实质性的研究，自然也就遑论改进的对策。事实上，很多重要的理论问题和实践问题都没能很好地加以研究。比如，中级汉语和高级汉语的操作性课程目标如何界定？实现目标的途径和方法到底应该是怎样的？中级阶段以上是否还需要结构大纲？语言能力发展和文化知识增长之间究竟应该是怎样的耦合关系？等等。这些问题目前都没有答案。汉语作为第二语言教学学科当然需要研究这些问题，给出答案，并据以改善教学。汉语言专业教育的过程是完整的，涵盖初、中、高不同的能力和知识发展阶段，要想全面认识第二语言能力发展的全过程，即从零能力到接近母语者能力，光靠基础阶段的研究肯定是不行的。汉语言专业教育足以满足研究的需要。多年来，我们一直希望能够建立样本足够的纵向追踪型的中介语语料库，并据此开展汉语作为第二语言能力发展的研究，很遗憾，迄今尚未得以实现。以上是从作为知识体系的学科的角度来认识汉语言专业教育对学科的意义。从高等学校专业、学科建设的角度看，汉语言专业教育同样会实质性地影响汉语作为第二语言教学学科的生存和发展。不管我们是否接受，一个残酷的事实是，带有培训性质的非学历教育在高等教育学科体系中是没有地位的，这是不少对外汉语教学机构在高校中处于边缘尴尬地位的主要原因，学科建设往往和这类机构无关。长远来看，汉语作为第二语言教学学科要想在高校教育体系中占有一席之地，并得到发展，只有依靠汉语言专业教育。

二、来华留学生汉语言专业建设中的课程问题

任何一种教育教学活动都离不开课程。我们这里说的课程不是狭义的"语文课"一类的具体课程，而是教育学的两大分支——课程论和教学论——中课程论所涉及的宏观课程，是要从经典的课程编制理论（泰勒的课程原理①）的角度观照留学生汉语言专业建设的相关问题。我们注意到，几乎所有讨论该专业建设中与课程相关问题的文章，基本都是在"课程设置"的层面上进行讨论，即，应该开设哪些课程，哪些应该是必修课、选修课。设课理据的分析往往是浅层的、非系统的。这一研究现状的根本原因是学界尚未真正在研究中落实汉语作为第二语言教学的交叉学科属性，缺乏教育学的理论自觉，没有将汉语言专业教育作为一个复杂的系统，并运用教育学理论来加以科学认识。从教育学的课程理论角度看，汉语言专业教育在目标、内容、组织、实施、评价等方面都不同程度地存在问题。限于篇幅，这里重点谈目标和组织问题。

（一）目标问题

教育目标是一切教育活动的核心。教育目标是一个层级体系，有总的专业目标，有实现专业目标的不同类型课程的目标（比如汉语言专业主要包含两大类课程：语言课程和文化课程，语言课程又包括语言技能课程和语言知识课程），每类课程又包含许多具体课程，每门课程有其具体课程目标，课程目标又有下位的子

---

① 〔美〕拉尔夫·泰勒《课程与教学的基本原理》（1949），施良方译，瞿葆奎校，北京：人民教育出版社，1994年。

目标(比如"中级汉语"课中的语言知识目标和语言技能目标等)。从总的专业目标看,汉语言专业从设立之初到现在,培养目标经历了变化的过程,兹不展开介绍。

存在的问题有二:一是目标的确定带有一定的主观倾向,缺乏科学的确定目标的程序和规范。目标的确定要以哲学、心理学、社会学、语言学等为理论基础,需要通过对学生的研究、对社会的研究以及对学科专家建议的征询来综合考量。在汉语言专业建设过程中,北语和其他一些高校曾对学生做过需求调查,作为专业和专业方向建设的依据,这无疑是很重要的。但仅有对学生的研究还不够,还需要另外两个方面的研究,目标的确定才会可靠。这方面的问题在不同层次的目标确定上都有表现。比如该专业中的语言知识类课程[①],目标到底是什么?是构建学生的语言知识结构还是帮助学生完善语言能力结构,或者兼而有之?需要通过研究加以明确。二是目标的确定过于笼统,不够具体明确。这一问题同样在不同层次的目标中都有表现。前面提到,专业设立之初,曾将培养目标定为能够从事翻译、汉语教学工作,并具有研究能力。这应该是具体的、明确的,培养对象能做什么是清楚的。后来则是朝着宽泛化、模糊化方向发展。2002年国家汉办颁布的《高等学校外国留学生汉语言专业教学大纲》将该专业的目标定为"培养适应现代国际社会需要、具备良好综合素质、全面发展的汉语专门人才",虽然做了四个方面的业务能力要求的描述,但仍然比较笼统。以专业方向(比如经贸方向、翻译方向、汉语

---

① 孙德金《对外汉语专业教育中语言知识课的定位问题》,《语言教学与研究》1999年第1期。

教学方向等）明确具体目标固然是解决之道，但仍需在目标的具体化上再做努力。在各类、各门课程的目标确定上，问题尤为突出。例如"中级汉语"这门二年级综合课，课程目标的描述基本止于克拉斯沃尔（Krathwohl）所说的三种水平的教育目标的总体目标（global objectives）[①]，而行为目标（behavioral objectives）和教学指导目标（guidance objectives）都没有。这种情况普遍存在于该专业的各类、各门课程中。目标的笼统化导致教学内容的选择和组织带有一定的随意性和盲目性，无论是过程评价还是结果评价，都难以实现与目标的匹配和契合。目标问题上其实还存在着一个不足，就是目标描述较为随意，应当按照教育目标理论中有关目标描述的原则来加以描述。

（二）组织问题

目标决定内容的选择和组织。上述目标方面存在的问题也自然影响了教学内容的选择和组织。一个专业要由一系列具有内在逻辑关联的课类、课程支撑起来，构成课程体系或称课程系统。每类（门）课程在整个系统中占据何种位置？各类（门）课程之间具有何种关系？在课程的质和量上应有怎样的安排？等等，都属于课程组织需要研究的重大问题。课程组织的"灵魂"当然是课程目标，目标不明确，必然影响组织。经过近40年的建设，尽管在目标等问题上还存在着上述的问题，但在课程体系以及与课程配套的教材建设等方面取得了有目共睹的成就。北京语言大学出版社自20世纪90年代末陆续出版的四大类70余部"对外

[①] 克拉斯沃尔（Krathwohl），教育目标分类学的主要创立者之一，见孙德金《对外汉语教学课程论》，北京：商务印书馆，2014年。

汉语本科系列教材"在该专业建设中发挥了重要作用。今天我们谈汉语言专业建设，无疑是要在已有成就的基础上向前发展，这就需要对已有的专业基础（理论的和实践的）进行理性的学理分析，找准问题，明确改进方向。其中很重要的一点就是课程组织的系统性问题，亟须研究和改进。以往的对外汉语教学课程研究中，极少有人关注课程结构问题，仅见刘英林、李景蕙（1987）一篇[①]，还是对基础汉语课程结构的研究，中高级汉语教学的课程结构的研究目前没有看到。而这是一个影响全局的关键问题。客观地讲，从北语的汉语言专业情况（截至2003年）[②]看，课程组织方面还有不小的改进空间。

　　首先，从纵向的课程关系看，无论是语言技能综合课（初级汉语、中级汉语、高级汉语），还是语言知识课和文化知识课，都存在着系统设计粗疏的问题。以语言技能综合课为例，中级汉语课虽然考虑了向下与初级汉语衔接的问题，但因为管理体制等方面的因素[③]，并没有真正进行严格地、系统地衔接，一些从一年级上来的二年级学生在上这门课时感觉吃力，实际就是"坡度过陡"。同样，三、四年级的高级汉语阶段在课程（教材）设计时，也并没有全面系统地对与中级汉语衔接的问题进行研究，只是大致考虑了衔接问题。正是因为三段各管一段，缺乏紧密的系统连接，因此表面上看具有纵向的发展关系，实际上无论是在三个阶

---

　　① 刘英林、李景蕙《试论对外汉语基础课程（教材）结构》，《世界汉语教学》1987年第2期。
　　② 笔者1993—2003年在北京语言大学汉语学院工作，熟悉该专业的情况。
　　③ 当年的汉语学院管理体制是，基础汉语教学属于基础汉语系，负责一年级的教学，中、高级汉语教学属于专业汉语系，负责二、三、四年级的教学。

段的目标界定上还是在教学内容的选择和组织上,都不能说是严格意义上的系统。例如从内容来看,有些语言点本应在初级阶段就完成,却放到了高级阶段,反之亦然;有些语言点应当在高级阶段解决,却在中级阶段出现了。

其次,从横向的课程关系看,各类(门)课程之间的协调配合关系也没有设计得很到位。例如每一年级的各类(门)课程之间到底该如何以该阶段的教育目标为核心在内容选择和组织上进行合理配置?以笔者所了解的情况看,并没有进行科学的严格设计,仍然是一种大致的考虑。其结果是,有些文化知识课程因为受到包括词汇量在内的语言水平的限制,教学障碍众多,进度缓慢,实际上就是文化课程的语言难度过大,和该阶段的语言课程之间不匹配。这就是前面提到的如何在语言能力课程和文化知识课程之间形成良好的耦合关系的问题,解决不好,必然会出现上述问题。

解决课程组织的问题,必须靠完善的"顶层设计",这应该是汉语言专业建设的当务之急。

汉语言专业学历教育是一个复杂的系统工程,牵涉的问题非常多,需要处理的各种关系也很多,比如知识与能力乃至素养的关系、语言与文化的关系、理论与实践的关系,等等。本节所谈的只是其中非常有限的部分,意在提出问题,引发思考,推进该专业的建设。

第三节 美国公立学校汉语课程设置[①]

近几年汉语[②]学习热潮正在美国的公立学校中兴起。目前中国国家汉办为了尽快在美国培养一批符合公立学校要求的汉语教师，已经在多个大学开设了汉语教师培训课程。据笔者了解，这些大学包括密歇根州立大学（Michigan State University）、马里兰大学（University of Maryland，College Park）、陶森大学（Towson University）以及纽约州立大学（New York State University）。甚至很多社区大学也随着这股风潮纷纷设立汉语教师培训课程。之所以要在美国本土大学开设这样的课程，是因为从中国引入的汉语教师并不符合美国公立学校的要求。因此，美国教育部门对来自中国的汉语教师进行再培训以达到各个公立学校的要求。事实上，美国学校对汉语教师的首要要求就是要熟悉美国学校的课程设置，同时了解公立学校课堂及学生的特点，掌握美国公立学校课堂的教学方法，并熟知各州教育部所规定的教学要求和教学目标。这是在中国接受教育和培训的教师难以达到的。

如何使来自中国的汉语教师了解美国公立学校的要求呢？首先需要从了解公立学校的汉语课程设置开始。公立学校为什么设置汉语作为学生可修读的外语课之一？如何对不同年龄、不同水平的学生分层次教学？汉语教师如何使汉语教学达到美国各州教

[①] 本节摘自钱茜露《美国公立学校汉语课程设置——以巴尔的摩市公立学校为例》，《世界汉语教学》2011年第1期。

[②] 在美国，Chinese通常被翻译为"中文"，随着中国国家汉办对汉语的推广，也开始使用"汉语"一词。这里使用"汉语"作为Chinese的统称。

育部对外语教学的要求呢？目前美国公立学校的汉语教师存在着疑问。就巴尔的摩地区的公立学校而言，很多公立学校以前都没有设置汉语作为学生可以选修的外语。但随着中国经济和中美关系的快速发展，许多公立学校准备开设或已开设汉语课，面临着需要大量符合要求的汉语教师的问题。这些教师不仅要熟悉中英文，而且还要掌握两国的文化，了解美国当地学校的教育环境。这就是为什么目前许多公立学校宁可聘用修读过汉语、去中国参加过汉语培训的美国人，而不聘用母语是汉语但不熟悉英语和美国文化的中国人作为学校的汉语教师。

母语是汉语的中国人不如本土会讲汉语的美国人了解美国学校外语课的状况。外语教师最需要具备的就是与学生交流沟通的能力，以及在相应的课堂中使用合适的教学法的能力。而这些能力都需要建立在对整个美国公立学校体制的广泛了解的基础之上。本研究的主要目的就是通过对美国巴尔的摩公立学校教育体制及其外语课程设置的介绍，为去美国教授汉语的中国教师提供了解美国教学要求和课堂背景的资料，同时也阐明无论是在哪个国家的汉语课堂中，汉语教师都需要充分了解当地教育体系的概况以及学生的主要特点，然后再根据不同的课堂背景进行相应的汉语教学。

一、美国公立学校汉语选修情况

美国公立学校的教育被简称为 K-12 教育，K-12 是指整个公立学校的学制基本历时为 12 年，从幼儿园一直到高中第 12 年级。一般公立学校的外语课是在中学课程里开设，尤其是在高中（从 9 年级一直到 12 年级）最为普遍。通常外语系都会从教育部批准的可选择的外语语种中选出 4 至 5 种供学生选修。实际上,设置汉语课的目的就是让没有汉语背景的学生对汉语及其文化有一个总体概括的了解。Hutchinson & Waters(1987)就已分析过汉语作为外语的课堂设置背景(参见表 1)[①]。

表 1　美国学校汉语作为外语学习的课堂背景

课堂背景	教学目标	教学方法	学生特点、兴趣范围	族群	汉语流利度
学术目的	在特定领域阅读文献	语法教学法	文学、历史、哲学、政治、科学	非中国人	高级
职业需要	与工作有关的交际能力	视频教学、交际教学	记者、商业、医学	非中国人、第二代华裔	中级或高级
总体了解	介绍语言和文化	近似母语教学	在高中、大专院校和夜校学得的基础中文	非中国人	基础
文化需要	增加学生的文化传承知识	近似母语教学	中国传统故事、书写方法	第二代华裔	基础或中级（口语较好）
娱乐需要	愉快教学	通过录音磁带、网络、视频和课文自主学习	自我提高、好奇	非中国人、第二代华裔	基础

注：来源于 Hutchinson & Waters(1987)（引自 Linnell,2011）[②]

---

① Hutchinson, T. & A. Waters, *English for Specific Purposes*. Cambridge: Cambridge University Press, 1987.

② Linnell, J. D., Chinese as a second /foreign language teaching and research: Changing classroom contexts and teacher choices, *Language Teaching Research*, 2001 (5).

表 1 详细说明了设立汉语作为外语课程的教学目标、教学方法及学生的特点。美国公立学校的汉语课就属于表 1 中的第三类"总体了解",即学生学习汉语是为了对汉语和中国文化有一个总体的了解。针对学生概括性了解汉语和中国文化需求的课程越来越受到美国中小学生的欢迎。学生可通过有针对性的外语学习最后达到学校对学生外语课程修读的要求。

由于中国经济的快速发展及其政治地位在世界范围内的提升,越来越多的美国学生开始愿意选修汉语。有关报告表明公立学校选修汉语的学生人数已经到达 2 万到 2 万 4 千左右。根据美国外语教学委员会(ACTFL[①])统计,差不多有 3 万到 5 万的 K-12 公立学校学生选修汉语[②]。这还不包括在中文学校、大学机构等其他开设汉语课的教育机构中修读汉语的学生。因此,从数据上看,在美国选修汉语的学生人数并不少,而且有增长的趋势。

这种情况对汉语教师的教学水平将会有更高的要求,同时汉语教学也将面临巨大的挑战。第一个挑战就是汉语教师对当地社会政治背景和执教学校的课堂背景缺乏了解。语言习得研究领域的学者认为外语教师对社会政治背景和课堂背景的了解直接影响学生对语言的学习[③]。第二个挑战就是汉语教师缺乏大量的用于教学的资源,例如规范的教学材料、考试题型、评分标准以及有效的教师培训课程。因此,为了使汉语在美国公立学校得到更好

[①] American Council on the Teaching of Foreign Language,简称 ACTFL。

[②] 此资料来源于 2007 年 3 月 16 日在 Stateline.org 上由 Pauline Vu 写的文章"More U.S. schools pin fortune on Chinese"。

[③] Long, M., Second language acquisition: Breaking the siege. Paper presented at Plenary address, 3rd *Pacific Second Language Research Forum*. Tokyo: Gakuin University, 1998.

的推广,汉语教师需从了解美国教育部对外语课程制定的"5C"标准开始。

二、"5C"外语教学标准与汉语课程设置

从 1993 年开始,美国教育部门开始对外语教学制定了一个全国性的标准。美国外语教学委员会(ACTFL)于 1996 年介绍了一个全国性的针对外语教学的标准,称之为"外语教学标准:为 21 世纪做准备(Standards for Foreign Language Education: Preparing for the 21st Century)"。到了 1999 年,在 1996 年公布的标准基础上又扩展了针对 K-12 教育体系中的七种外语教学标准,其中就包括了汉语 K-12 标准。也就是说,汉语教师在美国学校教授汉语,无论是教案设计、课堂教学还是课程考试,都必须涵盖标准中的所有方面。根据这个标准的具体内容,同时结合美国公立学校的教学情况,下面说明如何把这五个标准和汉语课程设置与教学相结合:

(一)交际标准(Communication)

这个标准强调人与人之间的交际(interpersonal)、解释说明性的交际(interpretive)和表达演示性的交际(presentational)。设立交际标准的主要目的就是让学生学会使用除英语以外的语言与别人交流。那么,大部分公立学校的普通汉语课程都是围绕这个标准而设立的。学生的学习目的就是要使用汉语与来自中国的朋友进行交流。

(二)文化标准(Cultures)

此标准主要要求学生具有对其他文化的理解和诠释的能力。

学生需要了解其他文化的产品、习俗以及视角。事实上，文化学习和语言学习之间的联系是非常紧密的。学生在学习语言的同时也需要学习文化。因此，汉语教师在选择教学内容的时候就需要有目的地选择具有文化内涵的内容以供学生学习。

（三）联系标准（Connections）

此标准要求学生能使用外语学习其他领域的知识。笔者认为学习语言的最主要的目的就是可以使用这门语言进行基础知识或者专业知识的学习。那么，如何让学生既可以学习外语又可以学习基础知识或者专业知识呢？下文介绍的汉语融入性课程就是为符合这个标准而设立的。

（四）对比标准（Comparisons）

这个标准要求学生通过将自己的母语、文化和目标语、目标国文化进行对比，掌握学习外语的能力。笔者于2010年8月在浙江大学举办的第一届汉语作为第二语言研究国际研讨会上已经提出文化对比可以作为一种有效的针对初学者或者中级水平学习者的汉语教学法。将自身文化、语言和中国文化、汉语作对比可以使汉语学习变得容易，所以汉语教师可以在课堂中使用文化对比法，让学生通过自身已有的知识文化来学习汉语和中国文化。

（五）社区标准（Communities）

设立此标准是为了让学生学会在外语课堂及其他场合里使用外语，并使学生个人能力有所提高。汉语教师可以根据这个标准增加汉语教学的资源，如带领学生参观在美国的中国人的社区，去中国超市购物，或者去中国餐馆用餐。在经常使用汉语的社区中学习可以让学生更容易接受汉语课程，同时较容易习得汉语以及了解中国文化。

目前，汉语教师应该使用"5C"作为课程设置的指导方针。虽然"5C"标准已提出多年，但是要真正将其完全应用于目前公立学校的汉语教学中仍需一段时间。

三、美国公立学校的汉语课程及教材使用状况

（一）分层次普通汉语课程（Four-level Chinese regular program）——以西方女子高中[①]的汉语课程为例

美国公立高中最常见的汉语课程通常分为从易到难的四个层次，不是一个年级一个层次，而是根据学生的汉语水平划分。因此，在一个层次的班级中，可能会有来自各个年级不同年龄层次的学生，事实上这也增加了教师在课堂中进行教学的难度。以巴尔的摩市西方女子高中为例，选修汉语课的学生人数总共为134人，其中汉语一级有33人，汉语二级有53人，汉语三级有30人，汉语四级有18人。从数据看，到了汉语二级以后选修汉语的学生人数随着程度的升高而减少。这主要是因为每个新学年都会根据上一年的考试成绩决定学生是否能进入高一层次继续学习，所以学生也会由于考试没通过而不能继续后续的汉语学习，或者有些学生认为汉语学习过难而放弃了继续学习。但是，这样的汉语课程最主要的问题是没有规范的教材和统一的考试标准。虽然汉

---

① 巴尔的摩市西方女中，英文名 Western High School（http://www.westernhighschool.org/）。此高中开设汉语课已有二十多年历史，也是实行汉语分层次教学最为完善的一所学校。

办一直都在推广《跟我学汉语》①这套教材,然而西方女中的汉语教师认为,这套教材针对第一和第二层次还比较适用,但到了第三和第四层次这套教材的内容就过难了。所以到目前为止,很多汉语教师还在使用多套教材,同时根据需要把这些教材整合在一起,这显然增加了汉语教师的教学工作量。西方女中的汉语课就同时使用三套教材:《中文听说读写》②、《跟我学汉语》和《汉语交流》③。可是多套教材一起使用造成了没有统一的考试内容和考试形式,汉语教师只能根据平时所教的内容编写考卷。事实上多数公立高中的汉语考试不仅形式各异,而且内容也不同。

(二)高等汉语课程(Immersion Advanced Placement Course,简称 AP 课程)

由于分层次汉语教学的设置并不是非常完善,并且根据美国大学教育委员会(the College Board)调查又有2400所学校表示对开设汉语 AP 课程和设置 AP 考试感兴趣④,于是大学教育委员会于2003年6月批准增加汉语和其他三门外语(意大利语、日语、俄语)的 AP 课程。AP 课程的主要内容设置如下:

1. AP 汉语及文化课程相当于普通四个学期的专科水平的课程,这样的汉语强化课程每个学期占6个学分,非强化课程占3个学

---

① 陈绂、朱志平主编《跟我学汉语》,北京:人民教育出版社,2003/2007年。
② Yao, Tao-chung & Yuehua Liu, *Integrated Chinese (Second Edition)*. Boston: Cheng & Tsui Company, 2005.
③ Ning, C., *Communicating in Chinese (An Interactive Approach to Beginning Chinese)*. Yale Unversity: Far Eastern Publications, 1994.
④ 此信息来源于2006年4月19日大学教育委员会(the College Board)发布的一篇报道:"China National Office for Teaching Chinese as a Second Language and the College Board Announce New Chinese Language and Culture Initiative: New Agreement will Build Chinese Language Programs in U. S. Schools."

分。并且修读的学分可以纳入之后大学课程要求修读的学分里。

2. AP 汉语考试是专门针对在初高中修读汉语课程的学生，如非华裔学生。然而鉴于有些学校并没有开设这门课程或者有些学生是在家学习、无法修读汉语，所以考试委员会也允许没有修读过汉语课程的学生参加 AP 考试。

3. AP 课程和考试的设置都是为了提高学生在听、说、读、写四个方面的语言和文化习得能力，同时建立在"5C"原则之上教会学生使用三种交际模式：人际间交流（interpersonal）、理解诠释（interpretive）、表达演示（presentational），通过真实的语料向学生介绍中国的传统文化。

4. AP 课程主要使用目的语教学，所以在 AP 汉语课堂里教师主要使用汉语教学。

5. 汉字的简体形式和繁体形式的教学和考试采用分开独立的方式进行。

在 AP 课程教学和考试根据上述内容真正开始实行之后，据 2007 年 5 月的统计，共有 3261 名学生参加了首次 AP 考试[①]。AP 考试按照两个方面对学生进行测试，一个方面是测试听和读的能力，另一个方面是测试写和说的能力。详细考试内容见表 2。

---

① Chi, T. R., AP Chinese Language and Culture, Pedagogical Implications and Applications. In Michael E. Everson & Y. Xiao (ed.), *Teaching Chinese as a Foreign Language, Theories and Application*, Boston: Cheng & Tsui Company, 2009.

表2 AP考试主要测试内容 [1]

	测试时间	测试内容
听力部分	10分钟	根据对话内容回答问题（10—15题），根据通知、对话、使用说明书、留言以及报告等形式的内容回答问题
阅读部分	60分钟	阅读和回答与广告、专业文章、邮件、信件、留言、宣传册、标语以及故事相关的问题
写作部分	15分钟 30分钟 15分钟 6分钟	按照4幅图片进行故事叙述 写一封私人信件 写一封邮件回复 写一个电话留言
说的部分	5分钟 7分钟 7分钟	用对话形式回答6个问题 做一个关于中国文化内容的演讲 为一个特定的事件做一个计划演讲

AP课程还可以通过ACTFL考试来测试学生的汉语水平。ACTFL考试从功能知识、文化背景知识、课本内容知识以及语言应用的准确性四个方面检测学生的习得情况，同时把学生的汉语水平划分成四个等级：初级（Novice）、中级（Intermediate）、高级（Advanced）、优等（Superior）。ACTFL考试的最终目的就是检测学生是否会通过上文提及的三种交际模式使用汉语进行有效的实际交流，并且同时适用于测试初级、中级水平的修读汉语K–12的学生。考试的主要内容涉及理解能力、表达能力、语言控制能力、语言使用能力、交际策略的使用能力以及对文化的

---

[1] 测试样题和学生的答案详见AP汉语语言和文化考试标准（大学教育委员会，2007/2008）的网站：http://apcental.collegeboard.com/apc/Pageflows/user-management/login/fromEPL.do。

理解能力。

事实上，AP课程对各个层次的汉语教学都有深远的影响。无论学生处于哪个层次，汉语教师都可以在"5C"的标准上根据AP考试和ACTFL考试的要求进行课程内容和考试内容的设计。可以说AP课程对于美国公立学校的汉语教学来说是比较适用的，但由于这个课程刚出台几年，大部分的公立学校还没有开始采用这样的课程形式进行汉语教学。以巴尔的摩市为例，还没有一所公立学校的汉语课采用AP课程形式，主要原因在于虽然AP课程设置得非常理想，但美国大部分大专院校还没有开始和AP课程真正接轨。所以，AP课程要真正在美国学校得到推行，仍然需要靠所有汉语教师的共同努力。

（三）融入式课程——以巴尔的摩国际学校为例

上述两种课程设置主要适用于初高中学生，那么小学生要学习汉语有什么课程可以选择呢？加州和华盛顿地区很多特许学校（Charter School）都已经开设了一种融合外语于普通教学中的课程（Immersion Program），这种融入式课程适用于年龄较小的孩子。语言融入课程是一种教学方法，学生通过目标语（媒介语）学习教学大纲中规定的学习内容。通过这种方法，学生不仅可以学得知识，而且还可以熟练掌握媒介语。在全部语言融入课程中，学生可以通过目标语学习各种知识，如阅读知识、写作知识、数学知识、社会科学知识。而部分语言融入课程在同样的原则上让学生通过目标语学习部分教学大纲中的知识。在融入式教学过程中，语言起到的学习其他知识的媒介作用要比纯粹的外语学习重要。巴尔的摩市公立学校内就出现了一所专门以外语完全融入课程为特色的公立特许学校：巴尔的摩国际学校（简称BIA）。而另一个区的波托马克小学（简称 PES）则采用了部分融入的方法。特许学校属于公立学校的一种，可以得到教育部的资助和补贴。除了要达到公立学校普通课程的设置标准外，学校可以自由地设置主题课程。BIA 的主题课程就是外语，课程包括法语、俄语、西班牙语和汉语。到目前为止，汉语课程的设置从幼儿园到三年级总共四个年级，每个年级一个汉语班，每个班级大致有 20 名学生。BIA 对外语教学的一条硬性规定是所有教师必须使用目标语作为课程的教学语言，也就是说，在教育部所规定的学生要学习的普通课程中，除英语外，其他的课程如数学、社会科学都要用汉语来教学（见表3）。与高中的汉语选修课相比，这样的融合课程让学生融入汉语语境中，而且学生年龄较小，因此汉语的学习速度相对较快。BIA 的汉语课目前所使用的教材主要是《快乐儿童华语》[①]，这套教材使用彩色印刷，有许多有趣的游戏和好听的歌曲，增加了学生的学习兴趣。

表3 美国小学融入式课程语言的使用

课程	全部融入式课程（BIA）使用的语言	部分融入式课程（PES）使用的语言
数学	汉语	汉语
科学	汉语	汉语
社会学习	汉语	英语
阅读/语言文学	英语	英语

虽然年龄偏小的学生在这个课程里学习外语的能力较强，但

---

① 虞丽翔《快乐儿童华语》（*My First Chinese Reader*），香港：大华风采有限公司，2007年。

汉语教师仍然需要注意学生的特点。这个课程并不是非常适合那些语言能力发展较为缓慢的学生，因为学生在兼顾母语学习的同时还要学习外语，这样就增加了语言学习的强度。所以这种外语融入式课程在学生的入学标准上要有专门的设计，以达到汉语教学的最佳效果。

四、结语

现正值美国公立学校推行汉语教学的大好时机，在众多公立学校准备设置汉语作为外语课程供学生选择的同时，汉语教学需要在这个特定的环境中率先解决自身存在的问题。首要问题就是缺乏高质量的汉语教师。目前初级的汉语教师需要适应美国公立学校外语课的教学环境，学习如何与不同性格特征的美国学生在课堂上进行交流，并且掌握美国公立学校的教育体制对外语教学的基本要求。汉语教师还需要掌握布置教室和设计教案的能力，不但要学习如何制作教学材料，还要学会根据不同的教学内容采用不同的教学方法。只有通过对以上提及的方面进行充分的学习准备，汉语教师才能适应如今多样化的课堂[1]。其次，由于没有后续的教师培训项目，导致汉语教师缺乏与教学有关的知识。实际上，外语教师最需要的持续性培训就是学习关于语言学习理论

---

[1] Pica, T., Second language teaching and research relationships: A North American view. *Language Teaching Research*, 1997(1).

和第二语言教学法相结合的系统化的知识[1][2][3][4]。

正在从事教学工作的汉语教师也需要在教学质量上有所提高。有了一定教学经验的汉语教师仍需要多参加关于汉语教学方面的会议以及网络上教师之间的讨论,多读相关的报纸杂志以提高自身的汉语教学能力[5]。一直以来全美只有一家较有影响力的关于汉语教学的杂志《美国中文教师学会学报》(*CLTA Journal*),同时美国中文教师学会还有一年一次的定期会议以供研究者与汉语教学工作者相互之间进行交流学习。随着全美汉语教学工作的推广,各州都开始设立各自的汉语教师委员会。就马里兰州而言,2009年刚成立了马里兰州汉语教师委员会,同时定期在马里兰大学召开交流会议。这都说明越来越多的汉语教学工作者已经开始意识到相互交流、相互学习对提高汉语教学质量的重要性。

再一个问题就是教材问题。什么样的教材才真正适合美国学生?Pica(1997)[6]说,教材应该由教学工作者和编写者一起合

---

[1] Lightbown, P. & N. Spada, *How Languages Are Learned*, Oxford: Oxford University Press, 1995.

[2] Mitchell, R. & C. Martin, Rote learning, creativity and 'understanding' in classroom foreign language teaching, *Language Teaching Research*, 1997(1).

[3] Pica, T., Second language teaching and research relationships: A North American view. *Language Teaching Research*, 1997(1).

[4] Ellis, R., SLA and language pedagogy. *Studies in Second Language Acquisition*, 1997(19).

[5] Linnell, J. D., Chinese as a second /foreign language teaching and research: Changing classroom contexts and teacher choices, *Language Teaching Research*, 2001(5).

[6] Pica, T., Second language teaching and research relationships: A North American view. *Language Teaching Research*, 1997(1).

作编写。Everson（1996）[①] 认为，学习目标语和学生自身的文化背景相结合（L2/C1）的阅读材料是最适合初级水平学生用来学习外语的。Linnell（2001）[②] 认为合适的教学材料需要涵盖与学生需求相关的材料，比如汉语媒介语、语法需求分析、交际类型的阅读内容以及跨文化交际的误区等方面都可以编入汉语的教学材料中以供教师使用。

今后，如果能在汉语教学研究领域再多一些关于学生真正的学习需求、不同教学体制下的汉语课程设置、汉语教师自身的教学经验及教学法的总结等类型的研究，那么汉语教学的质量将得到更大的提高，同时汉语课程也将被更多的国家、更多的学校所接受。

第四节　马来西亚高校汉语教学课程设置[③]

本研究对马来西亚四所公立大学的汉语作为外语教学（以下统称汉语教学）的课程设置进行调查与分析，希望以此视角来探讨马来西亚高校汉语教学的发展现状及存在的问题。选择这

---

① Everson, M. E., Exploiting background knowledge in the development of Chinese pedagogical reading materials. In S. McGinnis (ed.) *Chinese Pedagogy: An Emerging Field,* Ohio: Foreign Language Publications & Services, 1996.

② Linnell, J. D., Chinese as a second /foreign language teaching and research: Changing classroom contexts and teacher choices, *Language Teaching Research*, 2001(5).

③ 本节摘自叶婷婷《马来西亚四所高校汉语教学课程设置调查研究》，《国际汉语教育》2012 年第 1 期。

四所大学作为研究对象基于两点原因：第一，它们均是马来西亚著名的大学，成立最少已有40年历史。马来亚大学（简称"马大"）成立于1962年，马来西亚博特拉大学（简称"博大"）成立于1971年，马来西亚理科大学（简称"理大"）成立于1969年，马来西亚国民大学（简称"国大"）成立于1970年。第二，在全国20所公立大学中，这四所大学是政府及高教部高度重视的重点大学。它们在马来西亚高等教育战略计划（Strategic Plan National Higher Education 2007-2010）[①]中被评为研究型大学，以加强全球竞争能力。在第十大马计划（Tenth Malaysia Plan 2011-2015）中，政府拨出102亿马币作为完成此项计划的财力支援。通过研究这四所高校汉语教学的状况，亦能折射出当地其他大学汉语教学的概况。

一、四所高校汉语教学现状概述

目前，四所高校汉语课程分别开设在不同的院系，如表1所示：

表1　四所高校汉语课程隶属院系简表

高校	隶属（成立年份）
马大	1. 东亚研究系——中国研究专业（1996） 2. 语文暨语言学学院（1980） 3. 中文系——社会文化专业（1989）
博大	现代语言及传播学院（1980）
理大	语言、文字及翻译研究中心（1990）
国大	人类与社会科学院——语言暨语言学中心（1980）

---

① 马来西亚国家高等教育战略计划发展蓝图2020. Pelan Strategik Pengajian Tinggi Negara.2006. 第六章。

马大共有三所院系在 20 世纪 80、90 年代开设了汉语课程，分别是东亚研究系的中国研究专业、语文暨语言学学院的马来西亚语系和马大中文系的社会文化专业①。博大于 80 年代开办汉语课程，隶属现代语言及传播学院的外语系。理大的汉语课程始于 90 年代，隶属于语言、文字及翻译研究中心。国大在 80 年代开设汉语课程，隶属于人类与社会科学院的语言暨语言学中心。四所高校汉语课程的教学对象主要是马来族大学生。

二、四所高校各院系培养目标对比分析

为了进一步了解各有关院系对汉语课程的要求和设置，笔者首先对各院系的培养目标做初步的了解。下面表 2 是各院系的培养目标简表：

表 2　马来西亚四所大学各院系培养目标简表

高校	院系	培养目标 *
马大	东亚研究系（中国研究专业）	全面研究中国政治、经济以及地理位置在全球的重要性。注重经济、管理与当代国际关系领域。学生能对中国形成全面深入的理解。
	语文暨语言学学院	提供语言和语言学方面的知识和技能，并结合实际，推动马来西亚和世界各种语言的发展。

---

① 马大中文系成立于 1963 年，它的创立宗旨是：保有、传授及发扬华文、华语及中华文化。该系开设的文学士课程分为 A、B 两大组。A 组是（中国文学专业）为有大马高级文凭 STPM（相等于剑桥 A 水平文凭）中文水平的学生而设；B 组（社会文化专业）以国语（马来语）为主要教学媒介语讲授，为没有中文基础的学生提供概论性汉学课程。

(续表)

高校	院系	培养目标*
马大	中文系（社会文化专业）	传授及发扬华文、华语及中华文化。
博大	现代语言及传播学院	增强学生的语文能力，通过观察和语言活动来提高学生的批判性和创造性思维，使学生成为语言、文学领域的优秀人才。
理大	语言、文字及翻译研究中心	培养拥有良好的人际交际能力、沟通能力和解决问题的能力，具有竞争力，拥有高水平的学术能力和专业领域的人才。
国大	语言暨语言学中心	培养至少能够应用两种语言沟通、能掌握语言的知识和运用创造性的技巧的人才，提高毕业生以汉语作为第二语言的应用能力，以配合国家发展与愿景。

* 培养目标内容冗长，本文只摘取强调有关语言方面的内容。

从四所高校的培养目标可以看出，学习者应该掌握的理论知识和必须具备的能力与要求各有侧重，各个院系的汉语教学课程也有不同的定位。整体而言，各院系汉语课程可以归纳为四种：

（一）着重培养语言技能

所谓语言技能也就是培养学生听、说、读、写的能力[1]。马大、博大及理大汉语课的培养目标倾向这一类别。作为零起点的汉语学习者，这类培养目标满足了学习者的需要，也属于外语教学的特征。外语与第二语言相比，存在缺乏环境、语言输入量不足、外语学习者带有工具性动机及语言交际能力弱的情况[2]。因此，

---

[1] 程棠《对外汉语教学目的、原则、方法》（第二版），北京：北京语言大学出版社，2008年。

[2] 陈昌义《"外语"与"第二语言"不能混为一谈——由两个术语的讨论引起的思考》，《外语界》2001年第3期。

从马来西亚的汉语学习环境以及长远发展来看，这类培养目标恐怕难以提升汉语课的学习成效。

（二）着重培养交际能力

海姆斯（Dell Hymns）认为交际能力应包含四个方面，即语法能力、合乎语言使用环境、得体及使用频率高[①]。根据程棠（2008）[②]，语言能力不等同于交际能力，但是交际技能是建立在语言技能的基础上的。换言之，交际技能的培养要求比语言能力要高。理大汉语课的培养目标倾向这一类。

（三）着重培养深入了解中国的人才

马大东亚研究系的培养目标，不只是培养学习者的语言能力和交际能力，还要对中国形成全面深入的了解。这个目标与中国对外汉语教学于20世纪90年代所提出的理论研究的深入和发展有共通性[③]。在此培养目标下，学生不仅要能交际、能表达，还要能掌握其背后的理论、手段和方法。凭借这些能力，非华裔学生成为深入了解中国的人才还是可以期待的。

（四）着重文化的传播

有别于其他院系的培养目标，马大中文系社会文化专业所开办的汉语课着重文化的传播。许多中华文化、历史和哲学的课程多以马来语授课。不要求学生掌握语言的技能，而仅仅是掌握与认识中华文化能力相关的技巧。譬如学生可以通过汉字学去赏析象形文字的美。

[①] 程棠《对外汉语教学目的、原则、方法》（第二版），北京：北京语言大学出版社，2008年。

[②] 同①。

[③] 同①。

无可否认,培养目标未必能反映汉语课在实际操作上所要达到的教学目的,因为涉及的院系要照顾的语种众多,而且课程设置也影响学生学习是否到位。然而,目前高校汉语课的培养目标尚停留在语言能力培养的初级阶段,这反映了高校汉语作为外语教学的整体结构还有许多待提升的空间。由于各院系专业培养目标的侧重点不同,对于汉语教学课程的定位也不一样,导致各校汉语课程类型的安排和选修规定、学时学分的分配等设置都有差异。

三、四所高校汉语课程设置调查分析

一般意义的"课程设置"是指按照教学培养目标和教学目的,分解和落实教学内容,划分教学科目、设计课程、针对课程本身进行计划和安排。课程设置属于教学设计的一个重要部分[1][2]。以上述概念为引导,本节探讨的课程设置主要是四所大学相关院系汉语教学的课程类型、级别、选修规定、修读学分以及学时分配。

以下是经过梳理的各大学汉语课程设置(见表3):

---

[1] 赵金铭主编《对外汉语教学概论》,北京:商务印书馆,2004年。
[2] 李泉主编《对外汉语课程、大纲与教学模式研究》,北京:商务印书馆,2006年。

表3 马来西亚四所大学汉语作为外语教学的课程设置简表

高校	课程设置		级别	属性	修读学分	课时分配
	隶属	科目				
马大	东亚研究系（中国研究专业）	AYEA 汉语Ⅰ AYEA 汉语Ⅱ AYEA 汉语Ⅲ AYEA 汉语Ⅳ AYEA 汉语Ⅴ AYEA 汉语Ⅵ	6	必修课	每科4学分	每周6小时
	语文暨语言学学院	TDEC 汉语Ⅰ TDEC 汉语Ⅱ TDEC 汉语Ⅲ TDEC 汉语Ⅳ TDEC 汉语Ⅴ TDEC 汉语Ⅵ	6	选修课	每科3学分	每周4小时
	中文系（社会文化专业）	AAEA 汉语Ⅰ AAEA 汉语Ⅱ AAEA 汉语Ⅲ AAEA 汉语Ⅳ	4	选修课	每科3学分	每周4小时
博大	现代语言及传播学院	BBC 汉语Ⅰ BBC 汉语Ⅱ BBC 汉语Ⅲ	3	副修课[①] 选修课[②]	每科3学分	每周3小时

[①] 副修课（minor course）一般由高校自行组织，以学分制形式进行课时学习。主要是指学生主修课程以外的第二专业。其所占学分相对比选修课高。

[②] 选修课（elective paper）主要指在高校中学习某一专业的学生可以有选择地修习的课程。

（续表）

高校	课程设置					
	隶属	科目	级别	属性	修读学分	课时分配
理大	语言、文字及翻译研究中心	LLC 初级汉语 LLC 中级汉语 LLC 高级汉语 I LLC 高级汉语 II LLC 商务汉语（选修）	4	副修课	每科4学分	每周6小时
		LAC 汉语 I LAC 汉语 II LAC 汉语III LAC 汉语IV	4	选修课	每科4学分	每周4小时
		LTC 交际汉语 I LTC 交际汉语 II LTC 交际汉语III	3	第三外文课	每科4学分	每周4小时
国大	语言暨语言学中心	A 组： SKVA 基础汉语 I SKVA 基础汉语 II B 组： SKVA 汉字书写 SKVA 汉字阅读 SKVA 商务汉语 SKVA 旅游汉语	2	选修课	每科3学分	每周3小时

（一）课程类型

表 3 显示，马大东亚研究系中国研究专业的汉语课程共分为 6 个级别，这 6 个级别是中国研究专业学生必须修读的汉语课程。每个级别是 4 个学分，共 24 个学分，每周课时为 6 个小时。学生必须修读所有 6 个级别的 24 个学分才符合毕业条件。马大语

文暨语言学学院的汉语课程每周课时为 4 小时，每科是 3 个学分，只公开给院内的本科学生选修。学习者若想继续选修更高一级必须先考取前一级别最低"C"等级的成绩。一直以来，这门课程只开设两个级别。大部分学生只选修两个级别。第三个级别没有学生报名选修。而马大中文系社会文化专业的汉语课程是一门选修课。2008 年后，由于没有学生修读而无法开课。

博大的汉语课程每周课时为 3 个小时，每科是 3 个学分。汉语课程是公开让全校各专业非华裔学生选修的。博大的汉语课程是一门副修课，也是一门选修课。作为副修课的汉语课程必须修读 3 个级别，才符合毕业的条件；作为选修课的汉语课程，学生无须修完 3 个级别。

理大的汉语课程分为副修课、选修课和第三外文课。副修课的课程名为汉语研究，是学院三种外语副修课之一，其他两种语言即日语和阿拉伯语。每科是 4 个学分，每周课时为 6 小时，学生必须在四个学期修读 16 个学分，修完四科汉语课程，才符合毕业条件。其中商务汉语是副修课中的一门选修课。选修课课程有一定的学分。学习者不得在同一学期登记超过一门外语课程。他们必须完成至少一个级别的外语课程后，才能修读另一外语课程。然而，没有规定学习者必须完成所有四个级别的外语课程。第三外文课是大学公共课。学习者选修此课程将在毕业时额外多获得 2 个学分。

国大的汉语课程分为两个组别：A 组对象是非华裔学生，汉语课程是 SKVA 基础汉语Ⅰ、SKVA 基础汉语Ⅱ。B 组对象是华裔学生（未曾受过华文教育者），课程为 SKVA 汉字书写、SKVA 汉字阅读、SKVA 商务汉语、SKVA 旅游汉语。SKVA 基础汉语Ⅰ和Ⅱ只提供给没有汉语基础的非华裔学生修读。对于非华裔本科生则可以修完所有六门汉语课，而华裔学生最多只能选修B组的四门汉语课。所有汉语课程都是3个学分，每周课时为3小时。

以上显示，除了马大为东亚研究系中国研究专业的学生提供汉语必修课之外，其他大部分的汉语课都属于副修课和选修课。其中两所大学，即博大和理大开设了汉语副修课。四所大学的汉语选修课多属于基础汉语课。选修课主要是基础性和综合性汉语课。所谓基础性，即这门课提供语言基础和技能基础。所谓综合性，即通过讲解和听、说、读、写的练习来加强学习者的语言能力，可以说把语言技能的训练和语言知识的理解紧密联系起来[①]。另外，理大和国大除了基础汉语课，也增设旅游汉语、商务汉语、交际汉语等课程。可惜的是这几门专业汉语课程无法正常开办，其中有的甚至停办了。

（二）课程级别

从级别来看，每所大学作为选修课的基础汉语的分级皆有所不同。马大分为六级，博大分为三级，理大分为四级，国大只有两个级别。马大两所院系的汉语必修课分别为六个级别和四个级别。博大和理大的课程同样属于副修课，则分别为三个级别和四个级别。显然，各所大学开办的基础汉语都有不同的类别和级别之分。这说明各所大学的汉语课程，不管是副修课还是选修课，课程级别缺乏统一的等级标准。

---

① 周小兵、李海鸥主编《对外汉语教学入门》（第二版），广州：中山大学出版社，2009年。

（三）选修规定

从选修规定看，博大和马大的教学对象限定为非华裔，课程公开让全校各科系的本科非华裔学生选修。理大没有此限定。而国大的课程是针对非华裔和华裔而设。除了马大，其他三所大学的汉语课程都开放给全校本科各专业选修。马大的汉语课程很多年以来都没有公开让全校其他院系学生选修，自2011年1月才开始公开给全校各个专业学生选修。第一批学生只有15人，全是来自经济学院会计系的本科生。

此外，四所大学对于课程选修的规定较随意。譬如马大和博大的汉语课规定必须获得至少"C"才能继续选修，有些大学却没有此规定。各大学也没有任何规定学生必须选修某种外语或几种外语的要求。各大学所有本科专业的学生可以完全不选修外语，也可以在修完某外语的第一级别后，转而选修另一种外语的第一级别。学生在学习能力和上课时间都允许的情况下，甚至可以修完所有级别的汉语课程。

（四）学时学分

根据上述四所高校的课程类型的顺序，各有关的学时学分的分配比例如表4所示：

表4　马来西亚四所大学汉语教学的学时学分简表

高校	级别	类别	课程学分	每周/学期（小时）	完成学时（小时）/学分
马大	6	必修课	4	6/84	504/24
	6	选修课	3	4/56	336/18
	4	选修课	3	4/56	224/12
博大	3	副修课 选修课	3	3/42	126/9

(续表)

高校	级别	类别	课程学分	每周/学期（小时）	完成学时（小时）/学分
理大	4	副修课	4	6/84	336/16
	4	选修课	4	4/56	224/16
	3	第三外文课	4	4/56	168/12
国大	5	选修课	3	3/42	210/15

表4显示，四所高校的必修课、选修课、副修课以及学时学分分配皆存有差异。按学时学分从多到少的顺序可以排列如下：必修课≥副修课≥选修课。必修课每周6小时，副修课每周4—6小时，选修课每周3—4小时。四所大学中，马大东亚系中国研究专业汉语课程学时最多，三年修完所有6个级别的学时一共是504小时和24学分。副修课中，理大的副修课不管是在学时还是学分上都比博大的多。理大的副修课共有4个级别，总学时是336小时，共16学分；相对而言，博大的副修课和选修课都是同一门课，在级别、学时和学分方面都最少：只有3个级别、126学时和9学分。而国大的汉语课程只是选修课，修完所有5个级别的总学时是210小时，总学分是15学分。

四、高校汉语教学课程设置特点与问题

综合以上四所大学课程设置的调查结果，可以分两方面来分析，一是课程设置的特点，二是课程设置的问题。

（一）课程设置的特点

1. 多元与单一

从多元角度来说，理大的课程最多元，分为副修课、选修课和第三外文课。同时，也设有商务汉语、交际汉语、初级汉语。而国大的汉语课程分为 A 组和 B 组两类。A 组只提供给非华裔生，B 组则提供给没有受过华文教育的华裔生。课程的多元化体现在各院系汉语课程的定位不同上，如东亚研究系中国研究专业的汉语课程、翻译专业的汉语课程、华裔学生的汉字课等。不同专业对汉语学习有不同的要求，汉语课程的多元化能迎合学习者多元的需求。

从单一角度来看：第一，四所高校汉语课程只针对零起点学生而设，这也说明马来西亚高校汉语学习者的汉语程度绝大部分都是零起点。第二，博大的课程设置较为单一，只提供一门基础汉语课程，而且这一门课程可以是选修课，也可以是副修课。换言之，这类课程设置在学时、学分、课程内容以及课程类型上都没有任何差异。因此博大的汉语课程设置显得较单一。

2. 开放与封闭

从开放角度看，博大、理大以及国大的课程设置是开放给所有院系的大学生修读，来自不同院系的本科生都可以选修。其中理大和国大的汉语课程也接受不懂汉语的华裔学生选修。选修汉语课程的学生除了大部分是马来族，也有少部分是外国留学生，包括泰国、伊朗、利比亚、印度尼西亚以及当地少数民族和原住民。

从封闭角度看，马大的汉语课程很多年以来只限定给相关专业的学生修读，如东亚研究系中国研究专业的汉语课程只提供给本系学生修读，语文暨语言学学院的课程也是限定给学院内的学生选修。而且这些课程只开放给非华裔学生选修。博大的课程也只提供给所有专业的非华裔学生选修。课程设置的开放与封闭说明四所大学对于汉语课程的管理制度和重视程度存在差异。

（二）课程设置的问题

马来西亚高校汉语教学不同形式、不同层次、不同要求的课程设置，使得各高校的汉语教学各自为政，教学水平参差不齐。虽然各大学的汉语课程设置各有优劣，但是显然还是存在一些共同的问题，归纳如下：

1. 课程设置的实践性薄弱

四所大学都面临课程实际操作的问题。目前马来西亚高校汉语教学只是作为一门外语语言课存在，不但没有形成学科的优势，而且也没有得到有关当局有力的支持。在教学实际操作上，课程级别越高，选修的学生就越少。许多课程只开设第一、二级别就不能继续开下去了，导致课程无法完整贯彻。例如马大语文暨语言学学院的汉语课程分为六个级别，到了第三级别就没有学生选修了；理大的汉语课程分三大类别，实际上却不是每种类别的课程在每个学期都开得成班。笔者调查期间，理大的 LTC 交际汉语就因为没有学生选修而无法开班；国大的汉语课程，如旅游汉语、商务汉语已经停办很久。四所大学课程的安排与学生方便选修的时间缺乏完整的规划，导致一些课无法开班。由此可见，各大学的课程选修规定并不一致，显示大学的管理制度有待完善。大学提供的汉语课程看似多样，但实际操作起来却问题连连，难以完整贯彻。

2. 学时太少

四所大学的汉语课程无论是必修课、副修课还是选修课学时都太少。若依据中国两套高校外国留学生汉语教学大纲，即长期进修①和短期强化②来对比。短期学时为8周160小时，长期的初级一级学时为10周200小时。四所大学中有些必修科、副修课或选修课每学期14周的学时分别是84、56、42小时。显然，不管是依据长期还是短期教学大纲来参照，四所大学的学时都太少。加上实际操作中，一些大学的高级别课程往往无法开课，因此学时比预定的还要少。四所大学的汉语课程或许不能与中国高校外国留学生汉语教学的长期或短期培训相提并论，然而从中可以对四所大学的学时比例做一个宏观的把握。如此短的学时，对于教授和学习都存在一定的难度。学时太少不仅影响教学效果，也影响培养目标的落实。

3. 课程设置与培养目标脱节

在教学实际操作中课程无法完整贯彻将使得培养目标无法达成。这其中的问题是：大学究竟要培养一个只是接触过汉语的学生，还是略懂汉语的学生，抑或是一个真正能掌握汉语的学生？毕竟，这三种不同层次的培养目标是不能相提并论的。比如，东亚研究系的中国研究专业是一门全方位研究中国的专业，其课程设置除了要求学习者掌握中国的政治、经济、文化、教育等知识之外，也必须具备一定程度的汉语听、说、读、写能力。因此，基础汉语或只是略懂汉语是不达标的。课程设置与专业培养目标无法紧密衔接是四所大学共同的问题。

---

① 国家对外汉语教学领导小组办公室编《高等学校外国留学生汉语教学大纲：长期进修》，北京：北京语言文化大学出版社，2002年。

② 国家对外汉语教学领导小组办公室编《高等学校外国留学生汉语教学大纲：短期强化》，北京：北京语言文化大学出版社，2002年。

4.课程缺乏统一的教学大纲和等级标准

基础汉语大纲应包含哪些必学内容、副修课和选修课的教学大纲有何不同要求、各级别的汉语水平如何鉴定等问题都必须加以明确化和标准化。多元多级别的汉语课程虽能迎合不同类别学生的需求，但是缺乏科学的、符合学理的大纲与标准，有关设置最终只能流于形式而无实际效益。目前四所大学的汉语课程存在着因人设课、各自为政的现象。从宏观角度来看，这样的教学和课程设置能否适合高校汉语教学的长远发展是值得我们思考的。

五、几点建议

通过对四所高校培养目标、课程类型、课程级别、选修条规和学时学分等的对比分析结果可以看出，各有关院系都面临着一些共性的问题。对此，笔者提出几点建议：

（一）课程设置与培养目标的有机结合

课程设置必须符合培养目标的要求。课程设置是实现培养目标的重要途径，也是教学活动的核心。目前马来西亚高校的培养目标基本可以分为四类：一是培养语言技能；二是培养交际能力；三是培养深入了解中国的人才；四是注重文化传播。然而，由于这些培养目标未受到重视，在实际操作上缺乏实践，导致目标尚停留在语言能力培养的初级阶段。高校对非华裔学生学习汉语的要求不应该只是点到为止。从课程整体实际操作上看，各院系有必要在协调工作上做出系统、周详的规划，让全校各院系的学生都能方便地选修。此外，马来西亚高校也可以与中国大陆高校进行交换生计划，安排修读一定级别的学生到中国高校参加短期汉语课程。比如，马大东亚研究系中国研究专业的学生可以安排到中国高校进行交换计划。这不但能鼓励学生认真学习更高级别的汉语课程，而且也能促进双方汉语课程的交流和发展。有关院系的培养目标应明确，定位应合理，以达到人才培养目标与课程设置实践的有机结合。

（二）优化课程设置

处于国家高等教育的领军地位，这四所大学的首要任务就是面向国家战略的需求，加强前沿性、创新性的学科建设和基础研究。高校设置多元化汉语课程可以让不同专业、不同兴趣的学生各选所需。目前高校汉语教学被视为外语系中的一门语言技能选修课程，这不但对其发展造成局限，而且对研究型大学本身的发展亦造成不良影响。有鉴于此，四所大学各院系有必要优化课程设置，确保汉语课程设置具有实用性和针对性。各高校应结合本国国情与本身院系的具体情况，进行课程改革和创新。除了积极开设适应各类需求的汉语课程设置，也需要改善高校目前汉语课的管理机制。

（三）制定课程大纲，统一等级标准

高校汉语教学发展的第一步应该是把各自的课程大纲按培养目标、课程设置、课程类型加以量化。课程大纲的设计应按培养目标加以具体化，同时应符合专业性、实用性、多样性的课程设置，避免所学和社会需求不符。课程大纲对于老师的教学和学生的学习起着评估性的作用。从长远发展来考虑，马来西亚高校应该联合研发一套汉语作为外语教学的课程大纲。同时，应该分别对必修课、选修课、副修课制定不同的等级标准，体现科学性和规范性。各院系汉语课程设置不管是纳入外语、专业语言、文化课还是马

来西亚语系，也不管是必修课、副修课还是选修课，都必须拥有各自统一的课程大纲或等级标准。

六、结语

在全球汉语热的背景下，马来西亚高校有必要为汉语教学重新定位，对课程设置进行全面的改革。高校汉语教学应该与时俱进，提供多元化汉语课程以配合社会需求。优化课程设置、制定统一的课程大纲和等级标准是马来西亚高校汉语教学实现长期可持续发展的途径。

第五节　国内外汉语教学课程模式比较研究[①]

近十年来汉语作为外语教学在世界范围内迅速展开，据国家汉办/孔子学院总部统计："截至2012年年底，已建立孔子学院400所，比去年新增42所；建立孔子课堂500多所。"孔子学院实行的是非学历汉语教育，孔子课堂则是设在中小学的教学场所，因此，全球汉语教学越来越呈现出非学术化、低龄化、普及化特征。

在这种形势下，国家公派汉语教师、赴外汉语教学志愿者以及汉语国际教育专业硕士招生人数都随之大幅增加，仅2011年"向

---

① 本节摘自马燕华《论国内外汉语教学课程设计模式之异同》，《海外华文教育》2013年第3期。

123个国家派出教师3343人,向81个国家派出志愿者3472人。"但是从汉语国际教育专业硕士的海外实习和志愿者海外实习反馈的信息来看,他们在国内接受的关于对外汉语教学课程设计模式的职前培训或专业教育不甚适合海外汉语课堂教学实际。我们认为其根本原因是国内外汉语教学课程设计模式存在差异。

因此,分析国内外汉语教学课程设计模式的异同,提出切实可行的应对策略,对于提高赴外汉语教学志愿者岗前培训的针对性、提高汉语国际教育专业硕士的培养质量很有必要,也很有意义。

课程设计模式是教育学研究课题,我们将以教育学课程模式理论为基础理论,以正式出版的国内外关于汉语教学课程大纲、各自所属的代表性汉语教材为材料,详细对比、分析、梳理国内外汉语教学课程设计模式,归纳其相同点、相异点,探求其产生差异的原因,最后提出面对国内外汉语教学课程设计模式差异的应对策略。

我们选择的汉语教学大纲和汉语教材是:

适用于国内汉语教学的《高等学校外国留学生汉语教学大纲·长期进修》[1],因为"本大纲是为来华长期进修的留学生制定"(半年以上、三年以下)。为行文方便,以下简称《长期进修大纲》。

适用于国外汉语教学的《国际汉语教学通用课程大纲》[2],因为本大纲的研制是"为顺应世界各地汉语教学迅速发展的趋势,

---

[1] 国家对外汉语教学领导小组办公室《高等学校外国留学生汉语教学大纲:长期进修》,北京:北京语言大学出版社,2002年。
[2] 国家汉语国际推广领导小组办公室《国际汉语教学通用课程大纲》,北京:外语教学与研究出版社,2008年。

满足各国对汉语教学内容规范化的需求"。为行文方便，以下简称《通用课程大纲》。

体现国内汉语教学大纲的教材是《汉语·纵横》[①]系列教材；体现国外汉语教学大纲的教材是《汉语语言文字启蒙》[②]。

一、国内外汉语教学课程设计模式相同点

（一）课程设计模式基本理论和主要内容

课程是教育学研究的核心范畴之一。教育学按照课程在时间轴上的不同阶段，分为课程设计、课程实施、课程开发三个层面进行研究。

教育学认为"课程设计是按照育人的目的要求和课程内部各要素、各成分之间的必然联系而制定一定学校的课程计划、课程标准和编制各类教材的过程。""课程设计是以一定的模式表现出来的"，而"课程设计模式是在一定的价值哲学基础上建构起来的"。

因此我们可以认为将汉语作为外语进行教学的汉语教学课程设计模式是以一定价值的哲学理论为基础，根据汉语各要素之间的必然联系而制定的关于课程计划、课程标准和编制各类汉语教材的一定模式。

---

① 马燕华等《汉语·纵横·精读课本0》（第二版），北京：北京语言大学出版社，2011年；盛双霞《汉语·纵横·会话课本0》（第二版），北京：北京语言大学出版社，2011年；陈颖《汉语·纵横·听力课本0》（第二版），北京：北京语言大学出版社，2011年。

② Joël Bellassen（白乐桑）、张朋朋《汉语语言文字启蒙》（I、II），北京：华语教学出版社，1997年。

课程设计模式的经典著作是美国现代著名课程专家泰勒(Raiph W. Tyler)的专著《课程与教学的基本原理》(Basic Principles of Curriculum and Instruction)。泰勒是美国现代教育史上关于课程研究著名的"八年研究"(1934—1942)项目主持人之一,《课程与教学的基本原理》是这一研究项目的成果总结,书中提出的关于课程的四个基本问题被课程研究学者认为"奠定了现代课程理论的经典框架,泰勒也因此被称为'现代课程理论之父'"[①]。

泰勒在"导言"中开宗明义提出了"制定任何课程及教学计划都必须回答的""四个基本问题"是:

学校应力求达到何种教育目标?

要为学生提供怎样的教育经验,才能达到这些教育目标?

如何有效地组织好这些教育经验?

我们如何才能确定这些教育目标正在得以实现?

这四个基本问题即教育学关于课程的"泰勒原理",后来简化为:确定目标、选择经验、组织经验、评价结果。

"确定目标"指课程"要达到的教育目标"。

"选择经验"指"决定提供哪些特定教育经验","通过这些经验,才会产生学习行为,从而实现教育目标。"简单地说,选择经验就是选择课程内容。

"组织经验"指"将学习经验组织成单元、课程和教学计划的过程"。

"评估结果"指"判断课程和教学计划在多大程度上实现了教育目标"。

---

① 钟启泉主编《课程论》,北京:教育科学出版社,2007年。

我们将以泰勒原理提出的四个方面为基础来对比分析国内外汉语教学课程设计模式的异同。

(二)国内外汉语教学课程设计模式的相同点

1. 提出了教育目标

(1)国内汉语教学课程设计模式的教育目标

《长期进修大纲》将学习对象的教育目标定为初等、中等、高等三等,初等又分初等1级、初等2级、初等3级、初等4级;中等又分中等1级、中等2级、中等3级、中等4级;高等又分高等1级、高等2级,"三等十级"构成了《长期进修大纲》的等级结构系统,大纲对每个等级应掌握的汉字、词汇、语法点均有明确的量化目标。下面是《长期进修大纲》"三等十级"的语音、语法、词语、汉字、功能的量化要求。

表1 对外汉语长期进修大纲教学的等级结构表

等	级	语音	语法	词	汉字	功能
初等	1级	学习普通话基本声韵调	初等阶段40项	初等阶段500个	初等阶段共1414个	初等、中等、高等功能项目共110项
	2级	复习普通话基本声韵调	初等阶段60项	初等阶段562个		
	3级	正音、重音、句调	初等阶段40项	初等阶段650个		
	4级	正音、重音、句调	初等阶段45项	初等阶段700—750个		
中等	1级	正音	中等阶段20项			
	2级	正音	中等阶段20项			

(续表)

等级		语音	语法	词	汉字	功能
中等	3级		中等阶段20项			初等、中等、高等功能项目共110项
	4级		中等阶段20项			
高等	1级		高等阶段53项/点	高等阶段1400个	高等阶段491个	
	2级		高等阶段54项/点	高等阶段1397个		
三等十级共计			376项/点	8042个	2605个	110项

《长期进修大纲》对每个等级的听（聆听）、说（口头表达）、读（阅读）、写（写作）四项语言技能也都有清晰的描述，中级、高级标准还有翻译技能要求。因篇幅较长，我们只列举大纲"三等十级"阅读目标的要求。

表2 三等阅读技能目标陈述表

等级	阅读目标
初等	能根据汉语拼音比较准确地读出汉字的读音，能借助词典阅读已学词汇占80%以上的文章，准确概括出文章的意思；在无词典条件下能克服非关键性文字障碍，理解已学词汇90%以上的文章的主要内容。阅读速度达到90~110字/分钟。
中等	能基本读懂一定工作范围内的应用文、一般性科普文章、新闻报道、入学入系的基础课程教材。速度为120~150字/分钟。具有跳跃障碍、了解大意、查找信息、吸收新词语的能力。

（续表）

等级	阅读目标
高等	能读懂生词不超过 4%、内容较为复杂、语言结构较难的原文，并能较为准确地理解文章中的深层含义；能借助工具书读懂一定范围内的工作文件（如业务信函、契约、合同、协议书等）和报纸杂志上的一般性文章；有较强的快速阅读和查找信息的能力，阅读速度为 200~260 字/分钟；有较强的跳读、猜读和概括提炼的能力。

（2）国外汉语教学课程设计模式的教育目标

《通用课程大纲》将学习对象的教育目标分为五级，每级都按"目标""语言知识""语言技能""策略""文化意识"五项进行目标描述。下面仅将各级"语言知识"中的"字词"目标列表如下。

表 3 《通用课程大纲》五级"语言知识·字词"目标描述表

等级	目标描述
一级	掌握 150 个左右常用汉字，做到听、说、读、写四会；开始识别最基本的组字成分/部件或汉字的偏旁部首；了解汉字的基本笔画、笔顺；初步了解汉语中字与词的关系；初步掌握 300 个与日常生活、学校生活有关的最基本词汇。
二级	掌握 300 个左右的常用汉字，做到听、说、读、写四会；初步辨别字音、字形、字义；了解汉字与词的关系；学习约 600 个左右与日常生活、学校生活有关的基本词汇。
三级	掌握 450 个左右的常用汉字，做到听、说、读、写四会；了解组字成分/部件/汉字的偏旁部首；进一步辨识字音、字形、字义；能基本正确理解话语中的词汇意义；能得体地运用学过的词汇进行表达；学会约 900 个与日常生活、学习、工作有关的词语。
四级	掌握 600 个左右的常用汉字，做到听、说、读、写四会；了解一些复杂的汉字结构规则；基本具备辨别字形、辨识字音、理解字义的能力；能简单了解汉语词语的结构规律；学会扩展使用约 1200 个左右与社会、生活、工作、学习等相关的常用词语。

（续表）

等级	目标描述
五级	掌握800个左右的常用汉字，做到听、说、读、写四会；基本掌握汉字的构形规律；音、形、义运用基本正确；在自己熟悉的话题范围内，能选择合适的词语进行交流或表达；了解汉语词汇的词义变化及日常生活中新出现的词汇，能使用约1500个左右的常用词语。

2. 规定了学习经验范围

泰勒原理认为"教育的方式就是学习者拥有教育经验"，"因为正是通过这些经验，才会产生学习行为，从而实现教育目标"。通俗地说，学习经验是学习内容。无论是《长期进修大纲》，还是《通用课程大纲》，都以附录的形式呈现了学习经验范围。

《长期进修大纲》附件共有4张附表：词汇表、汉字表、语法项目表、功能项目表，列出了初等、中等、高等汉语水平总计8042个词、2605个汉字，276项语法项目和110项功能举例。

《通用课程大纲》附件共有8个附录：附录一，《汉语教学话题及内容建议表》；附录二，《汉语教学话题及内容举例表》；附录三，《中国文化题材及文化任务举例表》（划分了等级内容）；附录四，《汉语教学任务活动示范列表》（划分了等级内容）；附录五，《常用汉语语法项目分级表》（划分了等级内容）；附录六，《汉语拼音声母、韵母与声调》；附录七，《常用汉语800字表》；附录八，《常用汉语1500高频词语表》。

具体内容详见《国际汉语教学通用课程大纲》附录，不再赘述。

3. 划分了词汇、语法、功能或文化任务等级细目

国内外汉语教学课程大纲均在各自附录表中划分了等级细目。

《长期进修大纲》词汇分为四级：初等阶段（最常用）、初

等阶段（次常用）、中等阶段、高等阶段。汉字分为三级：初等阶段、中等阶段、高等阶段。语法项目分为四级：初等阶段（一）、初等阶段（二）、中等阶段、高等阶段。各等级细目可参看《长期进修大纲》（附件）。

《通用课程大纲》的中国文化题材及文化任务、汉语教学任务活动、语法项目均分为五个等级，划分细目可参见《通用课程大纲》，此处不再赘述。

二、国内外汉语教学课程设计模式相异点及成因分析

（一）国内外汉语教学课程设计模式相异点

1. 国内汉语课程为横向关系类型，国外汉语课程为纵向关系类型。

泰勒认为"为了使教育经验产生累积效应，就必须将它们组织起来，使之互相强化"，因此"将学习经验组织成单元、课程和教学计划的过程"就是"组织经验"。通俗地说，"组织经验"就是编排组织课程要素。

泰勒指出："我们可以从时间角度，也可以从一个领域到另一个领域的角度来考察学习经验之间的关系，这两种关系被称之为纵向组织（the horizontal relation）和横向组织（the vertical relation）。当我们检查五年级和六年级的地理课所提供的学习经验之间的关系时，我们是在探讨纵向组织，反之，当我们探讨五年级地理课与五年级历史课的学习经验之间的关系时，我们是在谈论学习经验的横向组织。这两种关系在决定教育经验的累积效应时都很重要。"泰勒提出的课程横向组织关系和课程纵向组织

关系成为教育界普遍接受的课程组织的两大典型类型。

国内正规院校汉语教学课程一般为横向组织类型，以课程设置的均衡性、整合性为主要特征。具体体现为各门课程的设置和学时的安排上。

课程设置一般模式是首先将课程分为"语言技能训练课"和"语言文化知识课"两大板块，"语言技能训练课"又分为综合课、单项技能训练课、专门技能课三部分；"语言文化知识课"又分为语言知识课、文化知识课、其他文化课三部分。换言之，国内对外汉语教学单位一个教学班会同时开设若干门与汉语学习相关的课程，常见的有同一水平的精读课（综合课/主干课）、听力课、会话课、写作课、报刊课等语言技能训练课，或中国概况、中国历史、中国文学等语言文化课，还有武术、书法等选修课。

由于一个教学班同时开设若干门与汉语相关的课程，在学时上就必须很好地整合和安排，因此，《长期进修大纲》专有一节论述"课程设置与学时安排"，详细规定了各个等级的课程设置和学时安排，如：

表4　《长期进修大纲》课程设置表

语言技能训练课	1. 综合课	
	2. 单项技能训练课	汉字课、口语课、听力课、阅读课、写作课、翻译课
	3. 专门技能课	商业汉语课、热门话题课、新闻听力课、报刊阅读课、古代汉语课
语言文化知识课	1. 语言知识课	现代汉语语法、现代汉语词汇、修辞
	2. 文化知识课	中国概况、中国历史、中国文学
	3. 其他文化课	书法、武术

表5　长期进修教学的课程设置与学时安排表

课　程			初等	中等	高等
语言技能训练课		综合课	8—10 必修	8 必修	6 必修
	单项技能课	汉字课	2	6—8 必修	6—8 必修或先修
		口语课	10 必修		
		阅读课			
	专门技能课	写作课			
		翻译课			
		商业汉语课		2—4 必修	
		热门话题课			
		新闻听力课			
		报刊阅读课			
		古代汉语课			
语言文化知识课	语言知识课	现代汉语语法		2—4 选修	6—8 选修
		现代汉语词汇			
		修辞			
	文化知识课	中国概况			
		中国历史			
		中国文学中国现当代文学作品选读			
	其他文化课	书法等		20 学时以外自行安排	
		武术等			
周学时			20	20 以上	

国外汉语教学课程一般为纵向组织类型，一个教学班只有一门汉语综合课。纵向关系的课程组织重点是内容的连续性与顺序性。因此，《通用课程大纲》非常注重汉语知识、中华文化等知识系统的连续性与顺序性，大纲主体部分将汉语学习目标定为五个等级，每个等级都从"语言知识""语言技能""策略""文

化意识"四个方面详细描述了等级目标;大纲后面的八个附录中《中国文化题材及文化任务举例表》《汉语教学任务活动示例列表》《常用汉语语法项目分级表》也都分五个等级细目详细列表。下面仅举附录三《中国文化题材及文化任务举例表》中关于"风俗礼仪"题材呈现的连续性与顺序性为例。

表6 "风俗礼仪"连续性、顺序性表

等级	学习任务
一级	1. 初步了解中国人见面时的礼节:除"你好"外,也用"您好""吃饭了吗?"或者"去哪儿?"等表示问候; 2. 初步了解中国人赋予颜色的文化含义:如红色表示喜庆; 3. 初步了解中国人赋予数字的文化含义:喜欢数字6表示顺利;8谐音"发";9表示长久;不喜欢数字4,因谐音"死"。
二级	未见
三级	1. 了解中国人送礼物和接受礼物的习惯表达方式,如,不当面打开礼物等; 2. 了解中国人过生日的传统习俗:吃长寿面以及现代中国多数人喜欢吃蛋糕的变化。 3. 初步了解中国人告别时的礼节:除"再见"外,还有"留步""慢走"等表达方式以及与此相关的送客人一程的告别习惯。
四级	1. 了解春节是中国最重要的传统节日及其风俗习惯:吃年夜饭、贴春联、拜年、吃饺子等; 2. 了解端午节是中国民间比较重要的节日及其风俗习惯:赛龙舟、吃粽子、插艾条等; 3. 了解中秋节是中国的团圆节及其风俗习惯:吃月饼、赏月。
五级	1. 了解一些著名旅游景点的风俗习惯,如云南的少数民族对山歌、舞蹈及文化等; 2. 理解中国人尊老爱幼的优良传统; 3. 了解中国男尊女卑的历史传统以及现在提倡男女平等的现状; 4. 了解中国目前的黄金周及其带来的社会影响:国庆节长假、旅游热和消费热。

2. 国内大纲有成绩测试要求

按照教育学课程评估要求,"评估"应指对课程的评估,这一点国内外大纲均未涉及。不过,国内大纲有对学生学习成绩评估的明确要求,称作"测试"并列为大纲的组成部分之一。《长期进修大纲》第八章测试不仅规定了考试类型、考试成绩和平时成绩在总成绩中的比例、考试形式,而且还将大纲的三等十级考试成绩和汉语水平考试等级挂钩。

"完成初等4级学习任务者应该大致达到HSK3—5级,完成中等4级学习任务者应该大致达到HSK6—8级,完成高等2级学习任务者应该大致达到HSK9—10级。"

3. 国外汉语教学课程设计模式将"策略"列为学习目标和内容,国内汉语教学课程设计模式未涉及

《通用课程大纲》认为"语言综合运用能力由语言知识、语言技能、策略、文化意识四方面内容组成。其中语言知识和语言技能是语言综合运用能力的基础;策略是提高效率、促进学习者自主学习和发展自我能力的重要条件;文化意识则是培养学习者具备国际视野和多元文化意识,更得体地运用语言的必备元素"。"策略部分包括情感策略、学习策略(认知策略、元认知策略)、交际策略、资源策略和跨学科策略。"下面仅举大纲一级情感策略、学习策略为例。

表7 一级情感策略、学习策略表

策略	目标描述
情感策略	1. 初步培养学习汉语的愿望和兴趣; 2. 初步培养学习汉语的自信心,使学习者主动使用汉语; 3. 克服犯错误时的沮丧情绪。

（续表）

策略	目标描述
学习策略	1. 掌握简单的项目分类； 2. 初步培养自己的模仿能力； 3. 初步学习用已有的知识学习新的语言知识； 4. 能将孤立的字词组成简单的句子； 5. 初步学习听取他人意见，以改进自己学习中出现的问题； 6. 初步学会制定自己的学习计划； 7. 初步学习遇到困难时寻求帮助的方法。

可见，国外汉语教学更多关注从学习者的角度研究学习活动。国内汉语教学大纲未涉及。

4. 国外汉语教学课程设计模式详细描述了每个等级的文化意识目标，国内汉语教学课程设计模式未涉及

《通用课程大纲》认为文化意识是语言综合运用能力的四大组成部分之一，每级都从"文化知识""文化理解""跨文化意识""国际视野"四个方面加以详细描述。下面仅以一级"文化意识"为例。

表8 一级文化意识目标描述表

文化意识	目标描述
文化知识	初步了解所在国有关个人使用不同语言的好处；初步了解所在国和中国在文化、教育等方面的发展及成就；初步体验中国文化中的物质文化部分，如食品、服装等；初步了解简单的汉语故事、典故中的文化内涵；初步了解中国文化中的语言交际功能和非语言交际功能；初步了解中国的简单交际礼仪与习俗；初步了解中国文化中的人际关系。
文化理解	逐渐对中国文化产生兴趣；初步体验中国文化最基本的组成部分，了解语言学习与文化的关系；接触中国文化中最基本的价值观念；接触文化的多元性和相互渗透性。

(续表)

文化意识	目标描述
跨文化意识	开始初步接触中国和所在国文化的共性和差异；通过学习中国文化，开始理解培养跨文化意识的重要性。
国际视野	开始初步接触中国和所在国的一些文化现象；通过学习汉语语言文化，开始初步思考从不同视角看世界的重要性；接触最初步的世界公民意识。

在外语学习中，了解所学语言的文化背景知识，培养跨文化意识是很有必要的。适用于国内汉语教学的《长期进修大纲》将语言与学习有关的中国文化设置成选修课，"文化知识课包括中国概况、中国历史、中国文学等课，这些课讲授中国的国情、历史、文化等文化背景知识，使学习者提高其语言运用的层次"。但未涉及文化意识目标。

(二) 国内外汉语教学课程设计模式差异探因

国内外汉语教学课程设计模式差异的形成原因，我们认为主要有三个。

1. 与汉语教学课程地位有关

国内正规对外汉语教学机构自中华人民共和国成立以来一直是大学的教学单位，最早可追溯到 1950 年 7 月在清华大学成立的"东欧交换生中国语文专修班"，"这是我国第一个从事对外汉语教学的专门机构"。以后虽然几经变迁，但是对外汉语教学机构设置在高等院校这一格局始终没有改变。因此，国内对外汉语教学课程设计模式一直以来在很大程度上是比照着大学外语专业的课程设计模式来开办的。虽然 20 世纪 50 年代、60 年代，乃至 70 年代早期的汉语教学只有一本综合性教材，但是教学中却要求语言技能的全面训练,正如吕必松(1990)[①]总结的那样,"通过一门主干课对听、说、读、写四种语言技能进行综合训练"。

后来为了解决以精读课为主进行"综合教学"带来的教学内容过于庞杂、语言分技能训练不突出等问题,北京语言学院在1975年进行了两次以探讨教学模式为目的的较为重要的教学实验。这两次教学实验的主要成果是"大大减少了精读课的课时,相应地增加了听力理解、汉字读写和阅读理解的课时,对以精读课为主的教学路子做了较大改进。这一做法从教学实践上为后来进一步开展按语言技能划分课型的教学实验提供了新的依据"。出现了"以《初级汉语课本》为主干教材,其他三种课本(《初级汉语课本听力练习》《初级汉语课本汉字读写练习》《阅读理解》)与之配套,形成了一个教材系列,这是我国最早编写的对外汉语系列教材"[②]。也奠定了国内汉语教学课程设计模式的基本格局,后来在这两次教学实验基础上还形成了关于课程设置的文件。

进入20世纪80年代,国内对外汉语教学迎来了蓬勃发展阶段,当时许多院校的对外汉语教学还处在恢复甚至草创阶段,北京语言学院已经积累了比较完备的教学计划、课程设置计划以及用于高校对外汉语教师培训班的关于教学大纲、教学法、教材分析、课程要求等系列讲义,因此全国各高校在课程设置上较多借鉴了北京语言学院的课程设置系统,"北京语言学院的课程设置曾对全国各有关院校产生过一定影响"[③]。事实上是对国内正规院校的汉语教学课程模式产生了较大影响。

[①] 吕必松《对外汉语教学发展概要》,北京:北京语言学院出版社,1990年。
[②] 同①。
[③] 刘珣《对外汉语教育学引论》,北京:北京语言文化大学出版社,2000年。

可见，国内汉语教学课程设置模式呈现横向关系结构是国内教学单位长期以来逐步探索形成的。

国外汉语教学，长期以来在绝大多数学校都是作为一门外语选修课来开设的，一般一周1—2课时，但可以连续选修若干年，为了保证不同年级教学内容的连续性和顺序性，它的课程设计模式必然选择纵向关系结构。

2. 与大纲的研制目的有关

适用于国内的《长期进修大纲》的研制目的是"为来华长期进修的留学生制定的，旨在明确对外汉语长期进修教学的性质和特点，规定其教学目标、等级结构、教学内容、教学原则，并对教学途径、教材编选以及测试进行指导"。

适用于国外的《通用课程大纲》的研制目的是"为顺应世界各地汉语教学迅速发展的趋势，满足各国对汉语教学内容规范化的需求"。

由于研制目的不完全相同，因此为了达到各自的研制目的呈现出了两者之间的差异。

3. 与参加大纲研制成员的构成有一定关系

参加适用于国内的《长期进修大纲》研制人员均为国内高校从事对外汉语教学的一线教师，审查专家亦均为国内从事对外汉语的资深教师，因此，较多从国内对外汉语教学课程实际出发关注与课程本身的课时、测试、课程之间的横向匹配等。

参加适用于国外的《通用课程大纲》研制人员50%来自国外教学机构，大纲编委会8人中（不含国家汉办领导）有6人来自国外，占75%。长期海外生活教学经历和学习汉语的成功经验，让他们更深切体会到学习策略与文化意识在学习汉语过程中的重要性，因此，《通用课程大纲》更多地关注"策略"与"文化意识"。

可见，国内外汉语教学课程设计模式差异是由长期以来国内外对汉语课程地位的确定、两部大纲的制定目的、参与研制成员的构成所形成的。

三、国内外汉语教学课程设计模式差异在各自所属教材上的反映

（一）体现国内汉语教学课程设计模式教材《汉语·纵横》特点简析

1. 语言技能与语言水平匹配成系列

国内汉语教材，虽然经历了从综合性单一教材，到分课型系列教材的变化，但始终体现了共同的课程设计模式，即全面训练听、说、读、写语言技能。因此，分析国内对外汉语教材，应选择国内汉语教师编著的分课型系列教材。到目前为止，已正式出版的分课型、分等级匹配最齐备的系列教材是《汉语·纵横》。

《汉语·纵横》以语言技能为纵向系列，共分精读、会话、听力、写作、外汉翻译五项技能；以学习者的汉语水平为横向系列，从零起点到高级水平，共分7个等级（0—6），整套教材纵横匹配形成了分课型、分等级系列教材。

考虑到不同技能掌握的难易程度和课型特点，同一等级的精读、会话、听力课本话题相关、关键词语共现、语法项目/语言点出现分先后，一般精读课先出，会话课次之，听力课最后出。如，0等级的精读、会话、听力课本关于"介绍家庭"的匹配情况。

表9 话题"介绍家庭"

教材	课次	生词量	共现词语	语言点
汉语精读课本0	2	14	12/86%	几、也、名词作定语
汉语会话课本0	4	20	12/60%	哪、呢、几口人、什么人
汉语听力课本0	7	33	12/36%	无

可以看出,相同话题"介绍家庭",《汉语精读课本》先出,这样才能保证同一水平的横向《汉语会话课本》《汉语听力课本》的关键词语共现。这种编写理念减轻了学习者的生词负担。

2. 分技能课型特点突出,练习充分

由于是分课型的系列教材,精读、会话、听力各门课的课型特点突出,主要表现为两点:一是语言训练任务比较清楚。精读课为主干课,承担讲解语法点的任务,主要训练语法点的掌握,课文多为叙述体。会话课则突出口语交际特点,注释以解释整句或口语习惯用语为主,课文多为对话体。如,在以上所举的课文中,精读课本只注释疑问词"几"的用法,会话课本则注释"几口人",并与"什么人"相区别。听力课本分"精听"与"泛听"。"精听"部分主要训练用于精读课本、会话课本共现的词语编写的短文,"泛听"短文则扩大短文内容。

一是分课型练习特点比较突出。精读课的练习题型主要有根据课文判断正误、词语扩充、句型替换、用指定词语改写、选择合适的词语填空、选择词语的合适位置等;会话练习题型主要有完成对话、根据画线部分提问等;听力练习题型主要有听录音填空、听录音画图、听句子回答问题、听短文回答问题等。

（二）体现国外汉语课程设计模式教材《汉语语言文字启蒙》特点简析

分析体现国外汉语教学课程设计模式的教材，我们认为最理想的应是由外籍汉语教师编写、使用时间较长、影响较大的汉语教材。我们选择了由白乐桑主编的《汉语语言文字启蒙》（全二册）。白乐桑（Joel Bellassen）是一位汉语学习成功的法国人，长期在法国第七大学从事汉语教学，据说他主编的这本汉语教材自1989年出版以来八次重印，在欧洲影响较大，很受欢迎。

《汉语语言文字启蒙》每篇课文由以下四部分组成：

课文。呈现形式为一段对话体、一段叙述体、叙述体的汉字手写体；

生词。汉字、拼音、英译词、汉语词语扩展、汉字记忆技巧（笔顺演示、字体拆分、字义探源〔英语〕）；

语法。语法点注释（英语）、语法点应用实例；

文化知识（英语）。

1. 注重学习内容的顺序性与连续性

国外汉语教学课程设计模式是纵向组织结构，它的核心是课程内容的顺序性与连续性。《汉语语言文字启蒙》保证学习内容的顺序性和连续性的主要手段有两个，一个是同一功能随着汉语水平的提高实现螺旋式上升。第一册以"人""学""中""家""店""车"为六个纵向功能（其实就是个人情况、学习汉语、中国社会、家庭生活、购物活动、出行交通六项纵向功能），随着汉语水平的提高进行螺旋式的上升。如，关于"家"的结构。

表 10 "家"的螺旋式横向上升

课次	课文题目	主要内容
1.4	你家有几口人？	介绍核心家庭
2.4	你爱人在家吗？	介绍哥哥的家庭
3.4	吃什么药？	介绍中药

另一个是每 3 课后面设计一个 "Snowball"（滚雪球）环节，即用前 3 课学过的词语组成一篇较长的文章，便于提高词语的复现率与综合运用。

2. 用英语介绍与汉语学习相关的汉语汉字基础知识

《汉语语言文字启蒙》在正式课文之前有一个长达 16 页的英文介绍，主要内容是介绍汉字和汉语语音知识。汉字部分有汉字起源、汉字笔画名称、汉字笔顺规则、造字四大方法、汉字简化、汉字频率、92 个形旁的意义类别等知识；汉语语音部分包括汉语语音基础知识、声母与英语辅音、韵母与英语元音的异同、声调特征、22 种声调组合模式等知识。最后介绍了本书体例、使用方法等。

这种在正式课文之前用学生看得懂的语言介绍与汉语学习相关知识的方法，很符合当代美国教育心理学家奥苏伯尔（David P. Ausubel）在《教育心理学——认知观点》[①] 提出的同化理论（Assimilation）。同化理论认为，如果新知识在学习者的认知结构中没有可以同化的固有观念，最好的办法就是在学习之前设置一个概括水平高的观念（Organizer），便于学习者在日后的学习中能够产生同化。

除此之外，《汉语语言文字启蒙》在生词注释、字形拆分、

---

① 〔美〕D.P. 奥苏伯尔等《教育心理学——认知观点》，余星南、宋钧译，邵瑞珍、皮连生校，北京：人民教育出版社，1994 年。

字义探源、语法注释、文化知识等处,均用英语说明。

3. 用英语介绍与课文内容相关的中华文化知识(civilization)

《汉语语言文字启蒙》每几课后面设计一篇介绍与汉语学习相关的中华文化知识短文,全书共有25篇,共介绍了与汉语学习相关的中华文化知识点二百多个。为了方便外国学习者阅读,短文用英文撰写,不附中译对照本。

"civilization"容量较大,涉及面较广,行文体现出异国风格。如,第一册的第2章第1课《你好!》后面的"civilization"既介绍了中国人根据询问者年龄的不同来选择不同的词语询问年龄、中国人的虚岁算法、中国人吃面条庆祝生日、中国人常用的打招呼用语,又介绍了汉语"笑"在不同组合中的意思、汉语"可能"的语用效应等。

四、国内外汉语教学课程设计模式的异同对汉语志愿者培训以及汉语国际教育专业硕士培养的启示

目前培训国家公派汉语教师、赴外汉语志愿者、海外本土汉语教师是国家汉办、孔子学院总部的重要工作之一,其支持力度空前加大。同时全国高校"汉语国际教育专业硕士"招生量也大幅增加,招生院校从最初的6所,扩大到目前的83所。如何提高培训、培养质量,我们认为国内外汉语教学课程设计模式的异同,给了我们很重要的启示。

(一)强化国内外汉语教学课程设计模式存在差异的意识

无论是赴外汉语教师、汉语教学志愿者,还是汉语国际教育专业硕士,绝大多数是在国内接受关于对外汉语教学专业启蒙教

育的，熟悉的是国内汉语教学课程设计模式的横向组织类型，因此，清晰明确地分析国内外汉语教学课程设计模式的异同，强化国内外汉语教学课程设计模式存在差异的意识，使培训对象从思想上、心理上做好充分应对准备是非常必要的。

（二）培养为同一篇课文编写不同技能练习的职业能力

赴海外教授汉语，必须适应海外汉语教学课程设计模式，海外汉语教学课程设计模式为纵向组织类型，只有一门不分课型的汉语课，用的是综合性的单一教材，有人概括为，一个教师一本书，一周一个小时一门课。

用一本汉语教材，如何达到听、说、读、写、译的全面训练？我们认为，培养为同一篇汉语课文编写不同技能的练习是一个很好的突破口。只有把语言分技能训练融入练习中，才能更好地训练学习者听、说、读、写、译的全面技能。这是汉语志愿者或汉语国际教育专业硕士的职业基本功。

不同技能的练习类型是有区别，下面仅举一例加以说明。

课　文

你好！我是美国人。我的汉语名字是杨歌。再见！

听力练习

1. 听录音，跟读句子。
2. 听录音，跟读句子，注意停顿。
3. 听录音，跟读句子，注意语气。
4. 填写听到词语的声母。
5. 填写听到词语的韵母。

6. 填写听到词语的声调。

7. 填写听到词语的拼音。

8. 圈出你听到的词语。

9. 听句子回答问题。

  录音：我是美国人，我的汉语名字是杨歌。

   问：（1）男的是哪国人？

     （2）男的有汉语名字吗？

10. 听对话，选择正确答案。

  录音：女：你好！

     男：你好！

     女：你是哪国人？

     男：我是美国人。

     女：你叫什么名字？

     男：我的汉语名字是杨歌。

  问：（1）男的是哪国人？

     A. 美国人 B. 中国人 C. 法国人 D. 英国人

   （2）男的汉语名字叫什么？

     A.Yán Gē B.Yáng Gē C.Yáng Gè D.Yàn Gé

11. 听录音填空。

你好！我是美国人，我的名字是杨歌。

会话练习

1. 完成对话。

  （1）A：你好！ （2）A：

    B：   B：我是美国人。

（3）A:　　　　　　　　　　（4）A：再见！

　　　B：我的汉语名字是杨歌。　　B：

2. 句型替换（替换有下划线词语）。

（1）<u>我</u>是美国人。　　　　（2）我是<u>美国</u>人。

（3）我的汉语名字是<u>杨歌</u>。（4）<u>我</u>的汉语名字是杨歌。

3. 根据画线部分提问。

（1）<u>我</u>是美国人。　　　　（2）我是<u>美国</u>人。

（3）<u>我</u>的汉语名字是杨歌。（4）我的汉语名字是<u>杨歌</u>。

4. 用这两个句子介绍自己。

5. 朗读句子，有斜线处停顿。

（1）我是 / 美国人。

（2）我的 / 汉语名字 / 是杨歌。

句法练习

1. 词语扩充。

（1）美国人　　～人　　（2）汉语名字　　　～名字

2. 写出下列句子的疑问式。

（1）我是美国人。　　　（2）我的汉语名字是杨歌。

3. 写出下列句子的否定式。

（1）我是美国人。　　　（2）我的汉语名字是杨歌。

4. 选择"不"合适的位置。

（1）A 我　　B 是　　C 美国人　　D。

5. 组词成句。

（1）名字　May　的　我　英语　是

（2）中国　他　人　是

阅读练习

（需另编一篇含有此句子的短文后再编写）题型可以有：

1. 判断正误；

2. 单项正确选择；

3. 多项正确选择；

4. 下面哪一项是短文中没有提到或不对的。

翻译练习

1. 将下列句子翻译成你的母语。

（1）我是美国人。

（2）我的汉语名字是杨歌。

（三）努力提高外语水平

通过分析体现国外汉语教学课程设计模式教材，我们知道，熟悉或精通所教者的母语不仅能很好地与学生交流，与同事合作，而且有利于准确把握、充分利用汉语教材、清晰对比国外汉语言系统、有效利用当地媒体资源，从而提高教学效果。

海外不少汉语教材用学生母语解释语法规律，介绍文化知识，有些教材的教师用书、学生用书也用学生母语撰写，熟悉或精通学生母语无疑增添了一个好用的教学工具。如，《汉语语言文字启蒙》中25篇介绍与汉语学习有关的中华文化知识短文全部用英语撰写，如不懂英语，则无法看懂。

另一套在英语国家使用范围较广，尤其是在中小学使用较广的汉语教材《你好》的《教师用书》几乎全用英语撰写，包括每课的 Aims（教学目的）、Notes on the textbook（本课要点）、Suggested Activities（建议开展的教学活动）和 Workbook（作业）。

其中 Suggested Activities（建议开展的教学活动）颇有创意。如，第3课《我会数》内容是教数字。作者建议开展的教学辅助活动有四个，Unlucky numbers（不幸运的数字）、How many beans are there？（瓶中有多少颗豆子？）、Memory game（记数字）、Bingo、Making the Chinese decoration—shuāngxǐ（中国式的装饰——双喜）。每个活动都有详细的开展步骤、对学生的要求等，如果不懂英语，这些活动根本无法开展，其教学效果也可想而知了。

（四）有针对性地选择和利用教材

头脑中有了国内外汉语教学课程设计模式存在差异的意识，在赴海外之前可以有针对性地选择教材，宜选择那种连续性、顺序性较强的综合性教材，即国内的精读课教材。如果赴外同时承担5个汉语水平不同班级的教学，应该选择一套有五个水平等级的汉语教材等。

如果没有特别合适的教材，也可以选择一套国内汉语教学课程设计模式使用的教材，到海外自己编制或改编不同技能的练习。

第六节　信息技术与对外汉语课程整合[①]

目前，信息技术与学科课程整合的研究与实践，正在全国范围内的许多学科中如火如荼地开展着。所谓信息技术与学科课程

[①] 本节摘自徐娟、史艳岚《论信息技术与对外汉语课程整合》，《外语电化教学》2007年第4期。

的整合，就是通过将信息技术有效地融合于各学科的教学过程来营造一种新型教学环境，实现一种既能发挥教师主导作用又能充分体现学生主体地位的以"自主、探究、合作"为特征的教与学方式，从而把学生的主动性、积极性、创造性较充分地发挥出来，使传统的以教师为中心的课堂教学结构发生根本性变革，从而使学生的创新精神与实践能力的培养真正落到实处[①]。具体到信息技术与对外汉语课程的整合中，既不是简单"拼合"或勉强"掺和"，也不仅仅是工具或技术手段层面的应用，那么如何将信息技术实际融入对外汉语课程的有机整体中，使各构成部分发生质的变化并最终形成新的统一体呢？本研究试图从信息技术与对外汉语课程整合的内涵、特点、模式及策略四个方面逐一进行探讨。

一、信息技术与对外汉语课程整合的内涵

（一）何谓信息技术与对外汉语课程整合

信息技术与对外汉语课程整合，就是指在先进的教育思想和教学理论指导下，将以计算机和网络为核心的信息技术与对外汉语课程结构、课程内容、课程资源以及课程实施等融合为一体，构建充分体现学习者主体作用的学习方式，从而全面提高学习者的汉语交际能力，并最终实现在世界范围内更好地推广汉语这一目标。

（二）整合的意义

随着中国的国际地位进一步提高，海外学习汉语的热潮方兴

---

① 何克抗《信息技术与课程深层次整合的理论与方法》，《电化教育研究》2005年第1期。

未艾,孔子学院在世界各地生根开花,如何将汉语及中华文化顺利地传播给学习者成为很多学者探究的命题。汉语作为一种古老的语言有着很强的生命力,汉字的结构、汉语的发音、词语的构成、句子的构造、语篇的形成都有着鲜明的特征。对于外国人而言掌握汉语并不轻松,因此信息技术与汉语教学的整合成为一种迫切的需求。传统的对外汉语教学适合面对面的讲授,从讲解到模仿练习,语言操练能够让学生在反复训练之后掌握要领。面对信息化的社会,在汉语国际推广的过程中,信息技术与对外汉语课程的整合已经成为一种必然的需求。

信息技术与对外汉语课程整合,能够深化对外汉语的学科教学改革,改变教学模式,提高教与学的效率,从而彻底改革传统的教学结构和教育本质;能够有效提高学习者的汉语学习兴趣,激发学习者的学习动机,发挥学习者的主体能动性;能够营造具有丰富语言情境的汉语学习环境,突出交际性训练与个别化学习;能够培养学习者运用汉语处理各种信息的能力、自主学习能力以及解决实际问题的能力。

二、整合的特点

(一)先进的教育教学理论——整合的先导

要实现信息技术与对外汉语课程的整合,就必须要有先进的教育教学理论作指导,否则,就会使整合出现盲目性、随意性,导致事倍功半甚至劳而无功。先进的教育教学理论主要包括现代教育思想、现代教育理论(学习理论、教育理论、传播理论)、教学设计理论①。

现代教育思想的核心是"以学生为本",强调发挥学生的自主意识,进行创造性的学习。对现代教育技术影响最大、最直接的四种学习理论是行为主义学习理论、认知主义学习理论、人本主义学习理论、建构主义学习理论,这四大理论从不同的角度揭示了学习活动中的某些特点和规律。不能盲目认为现在哪一个理论已经过时了,也不可能有哪一种万能的学习理论去指导所有的对外汉语教学活动,关键在于科学、合理的运用②。

(二)数字化学习——整合的核心

数字化学习是指学习者在数字化的学习环境中,用数字化学习资源,以数字化方式进行学习的过程③。

对外汉语教学正迎来数字化时代。各个可招收留学生的大专院校纷纷建立数字化教室、多媒体课堂,用现代化的教学手段吸引更多的海外留学生学习汉语,对外汉语讲台不再是粉笔、黑板、纸版本教材的天下,配备计算机、投影仪、电子白板、电子手写笔等系列多媒体教学系统的数字教室正如雨后春笋。例如北京语言大学的 NewClass 全数字多媒体语言实验室系统已成功开启使用,目前可进行的操作包括:教师可以对所有的多媒体教学设备进行控制,选择某个或某些设备的播放信号到学生的终端屏幕和

---

① 郭绍青主编《信息技术教育与学科课程整合》,北京:中国人事出版社,2002 年。

② 徐娟、刘晓海《论学习理论与数字化对外汉语教学》,见张普、谢天蔚、徐娟主编《数字化对外汉语教学理论与方法研究》,北京:清华大学出版社,2004 年。

③ 李克东《数字化学习(上)——信息技术与课程整合的核心》,《电化教育研究》2001 年第 8 期。

耳机中；教师可选定一个学生单独双向通话或与某一小组学生进行双向通话；教师可以将一个学生的语音示范广播给全体学生；教师可以监听学生的讨论或交谈情况。该全数字语言实验室系统构建了如下功能模块：数字影音、分组会话、考试系统、课文讲解、翻译练习、同声传译、口语聊天室、电话交流、自助学习、随堂测试、多频道广播、信息管理，这些功能已用于汉语综合课、听力口语、报刊新闻、国情、历史、地理、电影欣赏、文化专题讨论等多种对外汉语课程，受到对外汉语教师和留学生的欢迎。该系统将音视频多媒体处理技术、核心网络技术、流媒体技术与嵌入式系统设计结合在一起，为汉语学习者提供了一个数字化学习环境，使学习者能更有效地利用信息技术与数字化的学习资源进行学习。

（三）教学资源建设——整合的基础

这里所说的教学资源包括信息技术环境和学科教学资源两大类。信息技术环境[①]主要包括：①数字化硬件环境，以多媒体计算机技术为核心的信息技术设施的建设、校园网络建设、校园广播及电视设施的建设、校园远程教育系统设施的建设、校园管理控制系统的建设等；②搭建包括教学平台、资源平台、管理平台、通讯平台等各种教学应用软件平台；③制定相关教育法规；④在社会和学校营造良好的、有利于信息技术与课程整合的人文环境。

学科教学资源包括教材、教案、习题、课件、网络课程、积件、素材、辅导资料、案例、学习者习作、学科网站等。目前对

---

① 曾祥霖、张绍文《论信息技术与课程整合的内涵、层次和基础》，《电化教育研究》2006年第1期。

外汉语教学已经在大纲、课程教案、教学要素、多媒体素材、口语、中介语等方面有了一定的资源积累，而且学汉语的网站层出不穷，但开通对外汉语教学平台、资源平台、管理平台的学校屈指可数，用于多媒体课堂教学和网络教学的对外汉语教学资源仍相对匮乏，还需要进一步扩充与丰富。

对外汉语教学资源的建设，可以通过三种渠道来完成：直接购买；充分利用互联网上的资源进行搜集、整理；教师参与设计或自行开发。教学资源建设不仅要注意量的扩展，更要追求质的提高，避免低效率的重复建设和大量的无序建设。

三、整合的模式

按照不同的分类途径可有以下四种整合模式：

（一）按照学习水平

依据学习者的汉语水平，可以将汉语课程分为初级、中级和高级三个阶段，相应的整合模式可分为初级阶段模式、中级阶段模式、高级阶段模式。

初级阶段模式：初级汉语阶段的学生最重要的是打好语言基础，要掌握正确的汉语读音、汉字的写法、构词的基本规律以及基本语法规则，强调基础知识的掌握以及运用汉语的基本能力的培养。教师在充分研究学生的认知特点和知识结构的基础上，利用教材与课件创设丰富的语言情境，起到组织教学的主导作用，激发学习者的学习兴趣。语音、汉字、词汇、语法、修辞等语言基础课要求传递准确的教学内容，生动活泼的多媒体课件可以让枯燥的内容活跃起来，使学生顺利接受语言知识，摆脱初学汉语时的畏难情绪。语言教学中对基本语言点和语法点的反复操练相当重要,学生可以在数字化实验室用交互性学习工具进行自主学习。教师参与学生学习的过程,努力使学生在这个阶段养成良好的学习习惯。

中级阶段模式:相对于初级阶段单纯的语言技能训练,中级阶段的教学突出语言技能的运用和语言能力的进一步拓展。此阶段要求学生利用已经掌握的汉语知识和技能去习得更高的汉语能力,汉语的实践运用成为这一阶段的主要目标,因此协作学习、交互性学习就尤为重要。教师呈现学习任务,充分利用信息技术提供真实的语言交际情境。如中级汉语综合课的文学性、社会性较强,可以通过看电影、读小说、模拟戏剧表演的方式引导学生身临其境,重在训练学生的成段表达能力。汉语视听说、报刊阅读、新闻听力等课程给学生提供中国最新的社会现象、文化现象、时事政治,让学生接触各种不同语体,包括日常口语和报刊书面用语,学生可以在平等、自由、民主的气氛中进行讨论、交流,同时在语言表达上也更加自信,从而全面提高听、说、读、写的能力。

高级阶段模式:高级阶段教学的总体目标是培养学生熟练运用汉语的能力,具备扎实的汉语知识、专业理论和中国人文知识,造就熟悉中国国情文化的应用型汉语人才。此阶段学生积累了大量的语言知识,也有更多的语言交流的经验,脱离了语言模仿阶段,强调学生的自主能力的发挥,也特别重视鼓励学生在讨论问题时表达独特的观点。可采用主题式教学、探究性教学、问题式学习、案例学习等方式,这是培养学生掌握整个学习过程的一种模式,也是培养学生使用合适的学习方法与工具获取知识的一种模式。它强调教学过程以学生的学习为主,教师既是学生学习的指导者，也是学生学习交流的组织者、学习兴趣的激励者。如教师和学生一起讨论学习主题，提出多种研究方案和问题，学生运用信息技术查找相关资料和论文，寻找不同的研究途径，并且用多媒体展示自己图文并茂、生动活泼的报告，使不同文化之间的交流更为顺畅。学生在这样一个学习过程中不断探索新的学习领域和研究内容，不断尝试使用新的方法和工具。

（二）按照整合的层次

可分为浅层次整合和深层次整合[①]。浅层次整合是指基于辅助的理念，将信息技术作为媒体、手段和方法应用于对外汉语教学中，其目的在于提高教师的教学效率和改善学生的学习，从而在一定程度上提高教育教学的质量。教师能够根据教学的需要，依据教学理论，运用信息技术手段营造合适的教学环境，为教师的教和学生的学提供帮助。学生能够按照教师的要求，运用适当的信息技术去探索、解决问题，最终完成学业任务，发展相关技能。

浅层次整合类似于CAI，各种技术手段能够强化学生的记忆，加深对学习内容的印象，各种网络资源能够提供大量的背景知识，学生能够根据数字化教学平台上提供的各种资源来掌握学习内容，从而达到知识传输的目的，但并未改变原有的教学结构。目前从事对外汉语教学的各单位绝大多数处于这一层次的整合阶段。

深层次整合是指将信息技术融入学科课程的结构、内容、资源和方法中，从而变革传统的教学结构，即改变"以教师为中心"的教学结构，创建新型的，既能发挥教师主导作用、又能充分体

---

① 曾祥霖、张绍文《论信息技术与课程整合的内涵、层次和基础》，《电化教育研究》2006年第1期。

现学生主体地位的"主导—主体相结合"教学结构[①]。这一层次的整合，不是把信息技术仅仅作为辅助教或辅助学的工具，而是强调把信息技术作为促进学生主动学习的认知工具和情感激励工具，要利用信息技术营造一种新型的教学环境。该环境能支持实现情境创设、启发思考、信息获取、资源共享、多重交互、自主探究、协作学习等多方面要求的教学方式与学习方式，让信息技术成为与课程内容和课程实施高度和谐自然的有机部分，以便更好地完成课程目标。

我们在对外汉语教学改革的过程中尝试开设一些新课程，如在高年级的"文化专题讨论课"和"热点评论课"上，教师没有现成的教材，课前需要对文化专题或社会热点做精心准备，同时要求学生利用图书馆、网络、报纸杂志等渠道获取相关资料。课上教师利用多媒体教学设备展示教学内容，用新颖直观的教学形式减少学生的阅读理解障碍，从而给学生更多的时间和机会参与讨论。在教师的带动和鼓励下，学生在课堂上表达的时候也利用多媒体，起到了很好的互动作用。课后学生的作业也能够以电子邮件的方式提交，还能在教学平台上与同学、教师同步或异步地交流。这样基本实现了"主导—主体相结合"的教学结构，激励了学生创造性地学习，培养了学生自己获取相关资料的能力，而且在自我探索的过程中不断扩大知识面，拓宽了思维领域，让汉语学习呈现出良性循环的状态，同时也使学生提高了信息技术的运用能力。

---

① 何克抗《信息技术与课程深层次整合的理论与方法》，《电化教育研究》2005年第1期。

(三) 按照对外汉语的技能

可分为七种模式：

对外汉语综合技能课程整合模式：针对这种课程"综合性"的特点，全面进行语言要素、文化知识、语用规则的教学，利用信息技术充分调动学生的各项感官接受信息，增加情境、功能项目的设计，使学生在听、说、读、写方面受到综合的训练。

对外汉语听力技能课程整合模式：利用数字化教室配备的各种听力训练设备强化听力技能的培养，对学生进行声调、语调、对话、实况新闻听力的听辨能力训练，培养学生精听、泛听、检索听等技能及听力理解能力。

对外汉语口语技能课程整合模式：通过信息技术提供多样的交际情境，从单纯的语言模仿到创造性的表达，强化口语技能的培养，提高学生汉语日常语言的理解能力和表达能力，使学生能流畅自如地运用所学的词语和句式进行日常的口头表达以及高层次的话题交际。

对外汉语阅读技能课程整合模式：利用网络的海量信息扩大阅读量，加快阅读速度，在有限的时间内获取有用的信息，使学生具备快速阅读和综合概括的能力。

对外汉语写作技能课程整合模式：利用范文模本提高写作技巧，正确使用汉语词汇、语法结构和一定的汉语修辞手段进行写作，全面提高书写表达能力。

对外汉语翻译技能课程整合模式：提供多语种对照，充分利用"同声传译"功能，使学生了解汉语与其母语（或媒介语）在语言结构及表达方式等各方面的异同，认识不同语言之间互相转换的规律，培养学生口译和笔译的技能。

对外汉语文化知识课程整合模式：中国文化博大精深，人文地理、历史、国情、文化史、哲学史、艺术史、文学史等课程之间既有纵向的深入也有横向的联合。课程的整合既要注意课程间的衔接，也要注重文化教学与提高汉语水平的联系。

关于对外汉语教学各项分技能整合模式的探讨，作者将另外撰文进一步探讨。

（四）按照学习方式

主要有两大类：一类是课堂讲授型整合，另一类是自主学习型整合[①]。课堂讲授型整合就是利用信息技术来完善传统的教学形式，主要是多媒体技术在课堂教学中的应用。在这种模式中，对外汉语教师要创造性地将信息技术与传统的课堂教学结合起来，在课堂上既保留"传递—接受"式教学的优点，又调动学生主动学习的热情；既发挥教师的引领作用，又给予学生协作和探索的机会。在教学中要求教师要根据学生的心理特点和认知规律来组织教学。在一节课中，教师的讲解、课件的放映时间、速度、方式，要与学生的视觉、听觉、思考进行恰到好处的衔接，达到师生的有机互动。

自主学习型整合是指学生利用网络环境提供的学习支持服务系统，主动地、探索性地学习。其实质是在教与学的过程中，从以教为中心走向以学为中心，从以教师为中心走向以学生为中心，充分发挥学生的主观能动性和创造性，在主体认知生成过程中融入学生自己的见解。目前基于互联网的对外汉语教学正在蓬勃开

---

① 许洪亮、徐存善《信息技术与课程整合的方式分析》，《当代教育科学》2005 年第 11 期。

展,但也有其自身的局限。由于对汉语的本体研究特别是面对计算机的汉语本体研究还远不够深入,又由于计算机对自然语言,特别是对缺乏形态变化的汉语的理解与人机对话尚处于研究开发阶段,因而计算机对学习者把汉语作为第二语言的综合能力的评判,以及对语误的自动辨识与纠偏暂时还不能真正实现。网络上的口语训练或师生互动一时也达不到课堂教学的水平,而听、读与说、写的不平衡更是目前第二语言教学网站的通病。对学生而言,网络教学虽然使他们有了自主学习的权利和途径,但同时又没了依靠,少了竞争,这对学生的自我管理水平也是一个考验。在教学环境方面,网络教学还失去了在真实环境下的人与人的富有情感的交流[①]。

四、整合的策略

(一)激发兴趣——整合于"兴趣"点

对外汉语教学的成功与否在很大程度上取决于学生的非智力因素——兴趣,它是推动学生自主学习的内在动力。现代教学强调运用认知学习理论激发学生的学习积极性,引导学生对外部刺激进行信息加工,体现学生的主体地位。而信息技术恰好能够为学习者提供多样化的外部刺激,提供多种形式的交流与协作机会,通过竞争、辩论、协同、伙伴、角色扮演等,激活学习者的悟性、认知兴趣和思维积极性,产生强烈的学习欲望,促进共同进步。

---

① 张和生、洪芸《简论基于互联网的对外汉语教学》,《北京师范大学学报》(人文社会科学版)2001 年第 6 期。

（二）创设情境——整合于"情境"点

学习的目的不仅仅是要让学生懂得汉语知识，而且还要让学生在现实生活中完成汉语交际任务。因此可以将所学知识与真实的语言交际情境挂起钩来，通过综合利用文本、图片、声音、视频、动画等手段，为汉语学习创设与学习主题内容相关的、与现实生活相类似的或真实的情境（如问题情境、社会情境、自然情境、文化情境等），让学生通过解决情境性问题和参与情境性的语言实践活动，产生语言表达的热情，促进准确流利的汉语表达。

（三）答疑解难——整合于"疑难"点

多媒体技术的图、文、声并茂的立体演示以及网络的超文本或超媒体功能，可以有效地突破重点、难点问题，围绕语音、汉字、语法等疑难点进行揭示、阐述、展开、归纳、总结，使学习障碍迎刃而解。如使用 Flash 动画展示象形汉字的衍变过程，可以降低留学生学习汉字的焦虑感；利用超文本实现语法点的导入与巩固，使抽象的知识形象化，等等，这样可以有效降低汉语学习的难度，拉近学生和汉语的距离。

（四）强化操练——整合于"操练"点

在语言学习中仅有语言输入是不够的，操练的重要性不言而喻。信息技术的"人—人"交互、"人—机"交互、"人—机—人"交互，能够构筑师与生、生与生、人与机之间多向的、辐射型的操练环境，使学生动脑、动眼、动口、动手，多种感官共同参与，并通过计算机的即时反馈和强化，积极地建构自己的语言系统，在掌握知识的同时，形成语言技能，发展交际能力。

（五）蕴藏文化——整合于"文化"点

网络环境不仅跨越时空，而且还为交流与协作开辟了更方便的渠道，留学生可以在交流与协作中获取中华文化知识、了解中国国情。从语言教学出发，以文化带动思维，拓宽留学生有关中国文化的知识面，更深入地了解中国文化的内涵，同时引导学生思考他们本国文化中的相关内容，鼓励他们利用相关资料进行中外文化对比分析，这样给语言学习增加了积极的内在动力。

（六）启发思维——整合于"思维"点

对外汉语教学本身就是通过语言学习培养思维能力，促进学生的多向思维，使他们能够客观而全面地思考问题。信息技术集图、文、声等信息于一身，以网状形式将信息传递给教师和学生，这种形式不是线性的，而是一种接近人类联想思维的方式。它将抽象化为具体，将枯燥变为生动，建立教学内容的结构化、动态化、形象化展示，吸引学生参与学习过程。学习过程更加符合人类本身的思维规律，使学生以丰富的想象、牢固的记忆和灵活的思维获得汉语学习的成功。

五、结束语

信息技术与对外汉语课程的整合是一项庞大的工程，不可能一蹴而就。整合的过程绝不仅仅是简单的"课堂电子化""教案电子化"和"课本电子化"，不是强加的、附带的、可有可无的，而是促进对外汉语教学内容的呈现方式、教师的教学方式、学生的学习方式和师生的互动方式的变革，实现教学各因素、功能、目的上的自然过渡，化"有形"为"无形"，达到"1+1>2"的效果。这不仅是理论、方法的变革，更重要的是内容的变革。

第二章

不同课程的特点研究

第一节 "综合课"的性质与特点[①]

综合课在对外汉语教学课程建设和发展过程中，曾经被称作文选课、精读课、汉语课等。在几十年对外汉语教学实践中，综合课始终处于一种核心课、主干课的地位，在国内对外汉语教学中占有举足轻重的位置。综合课的课堂教学、教材编写在很大程度上代表着国内对外汉语教学的水平，其教学质量和效益在极大程度上影响着整个对外汉语教学的质量和效益，因此，综合课的教学和研究历来受到对外汉语教学界的高度重视。

本节集中探讨对外汉语综合课的性质和特点，兼及国内英语界对相关问题的讨论。一门课程的性质和特点深刻地影响着该课程的目标设定和内容取向，直接影响着该课程教学方法的选择和创新，进而影响该课程的教学质量和效果。全面了解和准确把握汉语综合课的性质和特点，才能更好地确定和把握这门课的教学目标和教学内容，才能更好地探索更适合这门课的教学模式、教学方法与教学技巧，最大限度地发挥和提升综合课的优势和效益。

[①] 本节摘自李泉《汉语综合课的性质和特点探讨》，《海外华文教育》2010年第3期。

为此，本节首先对前人的相关研究加以综述和简评，以便对这门课程的性质和特点及相关问题有个比较全面的把握，在此基础上，结合教学实践和个人现有的认识进一步从宏观层面上探讨综合课的某些性质和特点。

一、综合课性质和特点研究概述

（一）有关研究对综合课性质和特点的讨论

1. 20 世纪 80 年代对综合课性质和特点的讨论。例如，李玉敬等（1980）[①]强调文选课"不能上成知识课，更不能上成理论课，也不能上成纯粹的口语课，而应上成综合性的训练课"。这是针对文选课是以选择文学作品为主的一门必修课程，因而教学实施中有上成文学作品分析的倾向而言的。不少人强调文选课不能上成文学课，也不能上成语言知识课，而应兼顾语言知识的传授和语言技能的训练。鲁健骥（1983）[②]指出："精读课的'精'，表现在两个方面，一是课文的选择，一是对课文的处理。"选文"精"是说，"课文在语言上必须典范，必须有利于语言能力的训练"。这是从精读课选文上间接地确定该课程课文语言的性质。乐眉云等（1985）[③]指出"精读课实际上是一门训练听、说、读、写、

[①] 李玉敬、孙瑞珍《试谈高年级文选课教学的原则和方法》，《语言教学与研究》1980 年第 4 期。

[②] 鲁健骥《基础汉语教学的一次新的尝试——教学实验报（1983）》，见盛炎、沙砾编《对外汉语教学论文选评第一集（1949—1990）》第一集，北京：北京语言学院出版社，1993 年。

[③] 乐眉云、陈永祥《技能法——英语专业基础阶段教学改革的一次试验》，《外语教学与研究》1985 年第 2 期。

译的综合课，其重点不在于'读'而在于'精'"。"精"就是要求对所学内容全部精确掌握。但作者认为这种以精读为主的做法是有问题的，表现在"学生接触的活的语言太少，缺乏感性认识"；虽然理论上提出"听、说、读、写全面发展"，但实际上无法全面顾及，"基础阶段往往只强调听说，尤其是说，读和写往往被忽视"。李忆民（1988）[①]认为，中级汉语课堪称中心课，其他诸如听力、口语、阅读等都是它的"卫星课"，都是侧重某一方面，专一性的，唯独中级汉语课（综合课）是全面性的、综合的、概括性的。"这门精读课除介绍一些汉语知识外，主要是进行听、说、读、写综合技能的训练，着重交际能力的培养。"

2. 20世纪90年代对综合课性质和特点的讨论。例如，陈灼（1991）[②]指出，中级汉语课"有很强的实践性、综合性"，是二年级的一门主干课。要进行相应的语言内容（词汇、语法等）和有关的文化知识的教学；要进行听、说、读、写的综合训练。中级汉语课在教学过程中，听、说、读、写互为依存的步骤、环节，在技能化、交际化的训练中，它们是具体的方式、手段。作者强调"实践性"和"综合性"是中级汉语课的主要特性，并明确听、说、读、写技能训练在综合课教学实施中既是教学目标，也是教学实施手段。这是基于教学实践对综合课性质和特点的概括性认识。李杨（1991）[③]认为，"一至四年制的对外汉语教学，广义

---

① 李忆民《试论中级汉语教学——兼析〈中级汉语教程〉》，《语言教学与研究》1988年第2期。
② 陈灼《试论中级汉语课的设计》，《世界汉语教学》1991年第4期。
③ 李杨《再论中高级阶段汉语教学的性质与任务》，见国家对外汉语教学领导小组办公室教学业务部编《中高级对外汉语教学论文选》，北京：北京语言学院出版社，1991年。

上讲都是基础教学",这一性质决定了"语言技能训练课自始至终要占主体地位,丝毫不得放松与冲淡"。照这样一种定性来说,初、中、高各阶段综合课的重要特点是语言技能训练始终应占主导地位。换言之,以听、说、读、写语言技能训练为主,是包括中、高级综合课在内的综合课的主要特征。杨寄洲(1991)[①]认为中级汉语精读课的主要特点是:(1)教学内容上,以词语和词语结构为教学重点;介绍文化知识,但中级汉语课既不能上成语言知识讲授课,也不能上成文化知识的讲授课。(2)训练内容上,重在成段表达能力的训练;突出口语能力的训练,以"说"刺激和带动其他三项技能的提高;加强语调训练。(3)学习方法上,培养学生自觉主动地学习;强调预习。但是,对综合课技能训练的重点也另有不同的看法,如刘英林(1991)[②]就认为,中高级阶段的汉语课"应该是以训练读和说为主的语言综合训练课,同时,也兼顾听和写的训练"。吕必松(1997)[③]指出"所谓综合训练,就是开设一门综合课,通过这门综合课全面进行语言知识、语用知识和文化知识的教学,全面进行各项语言技能和言语交际技能的训练。所谓专项训练,就是开设若干专项技能课,例如口语(说话)、听力、阅读、写作(写话)、听说、读写、视听说等,分别对某一项或几项技能进行训练"。对此,我们可以理解

[①] 杨寄洲《谈中级汉语课堂教学的原则与方法》,见国家对外汉语教学领导小组办公室教学业务部编《中高级对外汉语教学论文选》,北京:北京语言学院出版社,1991年。

[②] 刘英林《中高级阶段对外汉语教学的理论探讨》,《语言教学与研究》1991年第2期。

[③] 吕必松《汉语教学中技能训练的系统性问题》,《语言文字应用》1997年第3期。

为，这是从综合课的教学内容确定综合课的宏观特性，从综合课与专项技能课之间的任务关系看综合课知识教学和技能培训的综合性。

3. 新世纪以来对综合课性质和特点的讨论。例如，岑玉珍（2001）[①]明确将精读课的课型性质表述为"精读课是汉语基础知识讲练课"。其基本考虑是：（1）该课以汉语基本结构知识为主线，把语音、词汇、语法等切分成一个个的点，由易到难、循序渐进地教给学生，并通过对这些知识课上课下的配套训练，使学生形成语言技能。（2）作为本科学历教育的课程，应强调学生的专业素质的培养，重视其具备扎实、系统的汉语知识基础，有一定的语言理论修养，具备比较完整的知识结构。（3）该课可以作为把听、说、读、写等语言技能课和语音、文字、词汇、语法等知识课联系起来的"过渡课"，"适当地提高这门课中的知识含量和地位，对整个本科教育的课程衔接是有好处的"。把精读课定性为"汉语基础知识讲练课"，这在理论上与多数人把精读课定性为综合技能训练课是很有些不同的。而徐锦芬（2002）[②]在谈到大学英语教学改革时明确表示"阅读技能的训练是精读课的重点"。赵金铭（2004）[③]指出："综合课的特点就是它的综合性，综合性既体现在教学内容上，也体现在技能训练方式上。"这是对综合课特点最有代表性的一种概括，也可以说是人们的一种共

[①] 岑玉珍《汉语言专业本科生的培养及精读课的任务》，见中国对外汉语教学学会北京分会编《中国对外汉语教学学会北京分会第二届学术年会论文集》，北京：北京语言文化大学出版社，2001年。

[②] 徐锦芬《精读教学中的综合技能集成法——大学英语教学改革实证研究》，《外语教学与研究》2002年第6期。

[③] 赵金铭主编《对外汉语教学概论》，北京：商务印书馆，2004年。

识。张辉等（2006）[①]认为，"综合课是一门主干课，它起着教学的主导作用"。"在这门课程中，对学生进行多方位的语言教学和训练。""作为一门主干课程，综合课为其他汉语言课程的学习奠定了基础并搭起了一座桥梁。"这是对综合课在课程体系中的地位和作用的定性和定位。

以上有关综合课性质和特点的这些认识，大都来自于教学实践，或是对外语教学理论，特别是课程设置问题的理论研究和思考，值得参考和借鉴。不难看出，其中既有不少共识性的认识，如综合课的综合传授语言知识、综合训练语言技能、以技能训练为主等特性的认识；也有某些分歧，比如对综合课课型性质、对技能训练的重点等的看法就有不同的意见。有共识、有分歧，也就更有启发意义。

（二）有关大纲对综合课性质和特点的认定

1. 有关课程规范对综合课性质和特点的描述

例如，王钟华主编《对外汉语教学初级阶段课程规范》[②]中有如下一些概括：

（1）本科一年级综合课的课程性质是，它是从语音、词汇、语法和汉字等语言要素和语言材料出发，结合相关的文化知识，对听、说、读、写等语言技能和语言交际技能进行综合训练。也就是说，综合课是一门集语言知识和必要的语言文化背景知识、语言技能以及交际技能教学为一体的课型。但初级综合课应"在听、说、读、写四会并重的前提下，突出听和说的训练"。

[①] 张辉、杨楠《汉语综合课教学法》，北京：北京语言大学出版社，2006年。
[②] 王钟华主编《对外汉语教学初级阶段课程规范》，北京：北京语言文化大学出版社，1999年。

（2）初级进修班综合课的课程性质为，它是初级进修班的主干课，是一门综合性的实践汉语课。"综合"的含义有二，一是教学内容上的综合，它不仅要培养学生的语言技能，还要提供技能训练的材料——语言要素，以及有关的语言和文化知识；二是技能训练采用综合训练的方式。综合课为其他单项技能课提供语音、词汇、语法、语用和文化等知识，使之进行更广泛而深入的训练。综合课中的听、说、读、写既是具体的方式和手段，又是训练的目的。综合课的最终目标不是为了让学生掌握语言理论知识，而是掌握运用语言的实际技能，而交际能力的培养必须通过语言实践，这就决定了综合课语言教学的实践性。

又如，《对外汉语教学中高级阶段课程规范》[①]中有如下一些概括：

（1）中级汉语课（综合课）的课程性质是，它是汉语言专业的综合课、必修课。以语言技能训练为主，并辅之以必要的语言知识、文化背景知识的讲授。整个教学过程要进行听、说、读、写的综合训练。该课的主要特点是它的综合性、基础性。综合性是说本课要围绕限定的词汇、语法、功能、文化项目进行听、说、读、写的综合训练。基础性是说本课要打好中级阶段的语言基础和技能基础，为其他技能课更广泛更深入的技能训练提供必需的物质基础。

（2）高级汉语课（综合课）的课程性质是，它是汉语言专业本科留学生在汉语学习高级阶段的基础必修课，是以阅读理解

---

① 陈田顺主编《对外汉语教学中高级阶段课程规范》，北京：北京语言文化大学出版社，1999年。

为基础、以重点词语和常用句式为基本内容、以准确而得体的口语和书面语表达为训练目标的语言技能课。

2. 有关教学大纲对综合课性质和特点的描述

例如,国家汉办《高等学校外国留学生汉语教学大纲:长期进修》[1]将"对外汉语长期进修教学的课程分为语言技能训练课和语言文化知识课两大类",语言技能训练课分为"综合课、单项技能课和专门技能课",也即将综合课定性为语言技能训练课。并强调综合课"是必修课,从初等到高等,应贯穿始终"。口语、听力、汉字、阅读、写作等单项技能训练课,具有各自的特点,是综合课所无法替代的。

又如,国家汉办《高等学校外国留学生汉语言专业教学大纲》[2]在"课程介绍"中对四个年级综合课共性和个性的描述是:均为"综合语言技能训练课";该课"通过对学生进行听、说、读、写综合技能的训练","并讲授一定的语言和文化知识,扩大词汇量",培养学生初步的听、说、读、写能力,能满足日常生活、学习及一般场合的交际需要(一年级),培养学生成段听、读的能力和运用所学词语、句式较流利地进行口头或书面成段表达的能力(二年级),提高词语辨析和运用能力、快速阅读能力及大段表达能力(三年级),提高对汉语各种复句的运用能力、快速阅读能力及成段成篇表达能力(四年级),能熟练、灵活、准确地掌握和运用汉语,并能在较高层次上理解和欣赏汉语丰富多彩的语言现象(三、四年级)。

---

[1] 国家对外汉语教学领导小组办公室编《高等学校外国留学生汉语教学大纲:长期进修》,北京:北京语言文化大学出版社,2002年。

[2] 国家对外汉语教学领导小组办公室编《高等学校外国留学生汉语言专业教学大纲》,北京:北京语言文化大学出版社,2002年。

此外，教育部《高等学校英语专业基础阶段英语教学大纲》[①]对综合英语课的基本定性是：系统地传授知识，综合地进行听、说、读、写的技能训练。综合英语课的特点在于"所使用的材料是系统的、精选的，技能的训练是综合的"。

对外汉语课程规范，特别是国家汉办发布的教学大纲是具有规范性、指导性和权威性的教学文件，有重要的参考价值。可以看到，有关的课程规范和教学大纲把综合课定性为必修课、主干课、技能课，具有基础性、综合性等特点。而且，国家汉办制订的两个教学大纲更加强调综合课"是进行听、说、读、写综合训练的课型"、"通过进行听、说、读、写综合技能的训练"来培养学生的语言能力，突出了技能训练的核心地位，把知识的传授和知识的扩充定位为辅助性的教学地位。这与知识和技能并重的提法有所不同，也没有强调知识的系统性教学，当然这不应理解为是忽视知识教学，而应理解为是明确知识教学为技能教学服务的特性。此外，汉语言本科《专业教学大纲》把不同年级综合课的技能培训和知识讲练的具体内容进行区分和明确，不仅使大纲的课程说明更有针对性和可操作性，而且也是对不同阶段综合课教学要求和特点的区分和概括。

二、综合课性质和特点进一步探讨

上文综述了以往有关综合课性质和特点的论述，详细介绍了

[①] 高等学校英语专业基础阶段英语教学大纲制订组编《高等学校英语专业基础阶段英语教学大纲》，上海：上海外语教育出版社，1989年。

相关的课程规范和教学大纲对综合课性质和特点的认定,相信会有助于全面地了解有关综合课性质和特点的各种观点。下面我们进一步从宏观层面上探讨综合课的一些性质和特点,意在开阔思路,并希望有助于深化我们对综合课性质和特点的认识,进而更全面地理解和把握汉语综合课教学的方向、目标和基本程序,选择和创造更加优化的教学方法和技巧,提高综合课教学的质量和效益。

(一)从课程设置上看,综合课在分技能设课的教学模式中,是一门核心课、主干课,是一门对其他专项技能课程具有辐射和支撑作用的课程。主要表现为它承担着系统地传授汉语语音、词汇、语法和汉字知识,以及综合训练汉语听、说、读、写等语言技能的任务,而口语、阅读、听力等课程主要承担专项语言知识传授和专项语言技能训练的任务。因此,汉语综合课的教学质量和效率直接影响到整个对外汉语教学的效果。综合课所具有的"核心性""主干性""辐射性"等特性已为对外汉语教学界普遍认可,并多方面予以阐释。例如,李杨(1999)[①]从课程设置的角度,对综合课和专项技能课各自的基本特性及二者之间的关系做了很好的概括:综合课围绕语言基本要素与相关文化内容进行听、说、读、写综合性训练,培养学生综合运用汉语的能力,这门课有融合性特点,处于主干、基础地位,是各专项技能课的纽带与核心。每门专项技能课突出一项或两项技能,使其向纵深发展。专项技能课在初级阶段既有相对的独立性,又受到综合课的制约,处在

---

① 李杨《对外汉语本科教育研究》,北京:北京语言文化大学出版社,1999年。

配合性位置上；而到了中高级阶段，专项技能课的独立性特点便突显出来。

（二）从课程层级上看，综合课可分为初、中、高不同层级，但是包括为四年制本科生开设的各级综合课在内，广义上说其性质都属于基础汉语教学，培养学习者综合语言能力是综合课的核心要务。综合课的这一性质决定了语言技能的综合培训是其主要特点和主要呈现形式。换言之，即使是中、高级阶段的综合课，也还是一门汉语技能训练课。因而，既不能上成文学课、文化课，也不能上成纯粹的语言知识课、语文分析课。对综合课性质和特点的这样一些认识和把握，对综合课的教学实施很有针对性和指导性。以往由于初级综合课以系统传授语法知识为主，中、高级综合课以文学作品为主，课文广泛涉及文化问题，因此综合课特别是初级综合课常被上成语法知识讲练课，而中、高级综合课常被上成文学分析课、中国文化宣讲课，从而根本上偏离了综合课的课程性质和要求，也偏离了汉语作为外语教学的性质和要求。值得注意的是，这样一种倾向至今在理论仍有支持者，如把综合课定性为汉语基础知识讲练课，在实践中仍有不少操作者，如课堂上以语言点的讲解为主。从这个意义上说，强调和把握综合课以"技能训练为核心的属性和要求"是极为必要的。

（三）从课程任务上看，综合课承担语言知识教学和语言技能训练的任务，其基本特点是综合传授语言知识，综合训练听、说、读、写等语言技能。双"综合"是目前对综合课教学内容和过程的共识性看法，也可以说是对综合课的一种定性和定位。但是，在观念上和实际操作层面，都存在着忽视将语言知识转化为语言技能这一环节，造成程度不同的综合课实施错位或实施不到位的现象。因此，在确认综合课承担语言知识传授和语言技能训练双重任务的同时，必须强调知识向技能转化的必要性和关键性，必须明确知识在技能形成过程中的服务性和辅助性地位。因而，教学实践中应根据不同阶段的教学特点和具体语言知识的特点，千方百计将语言知识转化为学习者真正的语言能力，而这一点恰是目前综合课理论研究和教学实践中的薄弱环节，因而也是综合课亟待加强和努力的方向所在。

进一步来说，明确综合课承担语言知识教学的任务，因而不应忽视语言知识的教学，应给语言知识的教学以应有的、必要的地位，这是不错的。但是，过分强调知识的系统教学、细致教学、深入教学，甚至把综合课定性为"语言知识的讲练课"，显然忽视了语言技能的培养才是综合课最根本的目标。外语教学的实践表明，语言知识的讲练并不能自动地形成语言技能，语言技能需要专门的方法和足够的训练量才能逐步形成，而绝不是有了关于语言的知识就有了相应的语言技能，因此要特别强调知识的技能化，这样才能真正发挥和体现语言知识教学的作用和意义。知识的技能化是设计综合课一切方法和技巧的根本着眼点。

（四）从课程模式上看，即从教材编选和课文处理上看综合课的某些特点，可以看到：传统的精读课强调精心编写课文、精心选择课文、精细分析课文、精细处理课文。重视对语音、词汇特别是语法的细致讲解，重视对语言的范本——课文进行全面、深入的分析；重视语言形式的教学，并进行机械性的操练，以使学生形成正确的语言习惯。这样一种操作理念和操作模式的最大的缺憾是，以知识的讲解替代了技能训练。因而受到了汉语和英语等外语教学界的质疑，并在不同范围、不同程度上得到革新和改进，加强了语言技能的训练。但是，以往精读课的这种教学模式在现今的综合课教学中仍具有相当的普遍性。应该说，初级综合课应精心编写教材，中、高级综合课应精心选文或改编课文，这是毋庸置疑的。但是，对于课文的精细处理和精细分析的内涵应进行新的界定，它所指应是教师在备课过程中要全面分析课文、细致分析课文，在吃透课文语言和文化知识要点的基础上，精心选择课上要讲授的语言和文化项目，并设计相应的技能化的方法和技巧，而不是不分巨细和轻重，将所有的语言和文化内容一股脑儿地搬到课堂上去。即使是应讲的内容，也不是要大讲、细讲知识，而应有重点、有针对性地说明使用规则、使用要求。此外，语言知识的服务性和辅助性地位也决定了它在综合课教学中不能喧宾夺主，应有重点、有节制、有针对性；不能讲完知识就算了事，而应考虑知识讲解的实用价值，并设法使知识转化为学生的实际能力。

（五）从综合课教学的实际情况来看，目前初、中、高各级综合课由于承担综合教授语言知识和综合训练语言技能的重任，实际教学"任务多、内容杂"，理论上的将"知识的综合教授"和"技能的综合训练"有机地结合起来，在课堂实践中往往很难得到落实，"精讲"和"多练"在许多情况下都只能是一种理想，往往顾此失彼。这是对外汉语综合课实际存在的一种状况，也可以说是一个特点。当然这种状况不应看作是正常的，这一特点应看作是综合课理论和实践上的一个缺憾。反过来说，这也是综合课理论研究和教学改革的一个方向。

三、小结与余言

（一）综合课的主要特点是综合性，即综合传授语言文化知识，综合训练语言技能。但这只是综合课的一般性任务和要求、基本的教学原则和教学模式。在具体的综合课教学中，不可能也不应该对课文所涉及的语音、词汇、语法、汉字、语用、修辞、文化等知识，进行面面俱到的讲解，不可能也不应该按部就班地逐项进行听、说、读、写等语言技能的训练。也就是说，综合课的课堂教学不应把语言知识的教学和语言技能的训练机械地理解为面面俱到，操作上不应平均用力，而应根据综合课的阶段性特点和具体教学内容，有重点、有目的地进行知识教学，有区别、有主次地进行技能训练。正确理解和准确把握综合课的"综合教学"的内涵，并进行恰当的操作和实施，是提高和衡量综合课教学质量与效益的一个关键。

（二）综合课从根本上说是一种实践课，是一门综合技能训练课。培养学习者的综合语言运用能力是本课的核心目标，综合传授语言知识、综合训练语言技能虽是综合课的基本任务，但技能训练应是综合课课堂教学的主要呈现方式和经常性的活动。因此，尽管知识的传授和讲解是综合课的基本任务之一，但是"讲解"是要有目的、有选择、有控制的。换言之，综合课语言知识和文化知识的教学，只是为了训练学生认知、理解语言信息和语句内容服务的，根本目的是为了让学生在理解的基础上更好地进行技能训练。提高学生的听、说、读、写语言技能才是综合课的根本目标。因此，我们在强调综合课有承担语言文化知识教学的任务，强调综合课应给予知识教学以应有的地位，课堂教学应讲解有关而必要的知识，但同时也应更加强调知识教学为技能训练和培养而服务的特性，强调知识教学在操作上的先行性、在理念上的服务性、在时间分配上的小量化、在功用上的技能化。

（三）综合课这一课名虽然在外语界和对外汉语界权威的教学大纲中取代了精读课的说法，成为现今国内第二语言教学界的主流说法，并且也有人不同程度地涉及了二者在教学目标、原则、理念和具体教法等方面的差异。但是，无论是从二者的渊源关系上，还是在学术研究层面、实际应用层面，抑或是在外语教师的心目中，综合课和精读课都还有些"剪不断，理还乱"。批评精读课的大有人在，可是赞同精读课的却也不乏外语教学的大家，如李赋宁（1982）[①]就表示"大学设英语精读课是很有必要的"，"精读课既要用分析法，也要用综合法。两种方法同时运用，才能做到既见树，又见林，避免学习孤立的语言现象，而达到有机地消化课文的目的"。王宗炎（1984）[②]也认为不能因为国外大学里没有精读课，就主张我们的大学里也不应该开这样的课，并明确指出"解放后学苏联设英语精读课，这未必是走上了岔道"。曾在北京外国语大学任教的英国兰开斯特大学英语教育学院院长Machael Short，经过对我国英语教学的观察和研究认为，"精读"在中国不只是一门课，而是一套发展完备的外语教学法，尽管他对这种教学法并不赞同[③]。精读课果真形成了一种教学法，就必有其核心的因素，而不能一棍子打倒。当然，"精读教学法"是

[①] 李赋宁《谈谈精读课》，《英语世界》1982年第6期。
[②] 王宗炎《我走过的弯路》，《英语世界》1984年第6期。
[③] 范谊、芮渝萍《面向21世纪外语教学论——进路与出路》，重庆：重庆出版社，1998年。

否存在还值得研究,但是"精读"的观念和某些做法至今"打而不倒"则的确值得我们思考和研究。此外,精读课的基本理念、原则、呈现方式、基本教法与综合课有何异同,综合课应继承和发展精读课的哪些合理成分,等等,都还需要进一步加以研究。比如,如果所谓的精读教学法"是把目的语当作知识体系来讲解的,学生理解这个知识体系比运用它来表达自己和理解别人更重要",并且课堂教学活动并没有"提供知识技能化的通道";"精读教学法采用的是反复操练的方法以形成语言习惯。所谓熟能生巧,习惯成自然。"①那么,把目的语当作知识体系来讲解,并且不注意知识的技能化,则肯定是不正确的、不足取的,但是强调反复操练以形成语言习惯,则无论是作为一种理念还是作为一种教学方法,都应是可取的。

第二节 "初级汉语实况听力"课程的特点②

对外汉语教学发展到今天,似乎已经没有人怀疑教材使用真实语料的必要性和可行性,但是,这里有两个侧重:一是真实语料的使用侧重于阅读方面;二是真实语料的使用侧重于中、高级阶段。本节所要讨论的问题,恰恰是这两个侧重所忽略的内容的

---

① 范谊、芮渝萍《面向21世纪外语教学论——进路与出路》,重庆:重庆出版社,1998年。
② 本节摘自孟国《关于初级汉语实况听力教学的几个问题》,《暨南大学华文学院学报》(华文教学与研究)2009年第3期。

集合点，即初级阶段的听力教学使用真实语料的问题。

在中、高级阶段，使用真实、自然的实况汉语作为听力材料，已经得到了绝大部分专家和对外汉语教师的认可，在这方面我们也作了相应的理论探讨，并经历了 20 多年的实践。而关于初级阶段的实况听力教学，笔者曾在一篇论文中发表过这样的看法："实况汉语教学的起点，不是初级水平，更不是零起点，而是已基本掌握了汉语基础语法，具有中等水平的学习者。实况汉语教学是以习得为主的教学，在中级水平开设是适当的。"[①] 今天看来，这一说法已存有明显的偏颇。

随着对外汉语教学和汉语国际推广工作的迅速发展，人们对对外汉语教学的认识更加全面，更加科学。今天我们对实况汉语教学已经从"教学模式"或"教学模式雏形"[②] 的高度来认识。既然是一个"教学模式"或"教学模式雏形"，那么就不应该仅仅是某一阶段的教学，而应贯穿于对外汉语教学的始终，特别不应该越过最关键的初级阶段。这样，就要求我们从一个新的视角来探讨一下有关初级实况汉语教学的几个基本问题。

一、初级汉语实况听力教学的理论思考

首先，从第二语言教学的特点来讲，"以基础阶段为教学重点"已经得到大家的公认，这是因为基础阶段拥有的学习者最多。

[①] 孟国《关于实况汉语教学的几个问题》，《语言教学与研究》2003 年第 4 期。

[②] 马箭飞《汉语教学的模式化研究初论》，《语言教学与研究》2004 年第 1 期。

但是，其中的相当一部分学习者恐怕到达不了掌握汉语的胜利彼岸，这里原因多多。但是我们应该承认，初级阶段的教学状况，比如教师的教学水平和敬业态度、教材及所讲内容的实用性和交际性、课型和课程的合理安排等等，都会在很大程度上影响初级阶段学习者学习汉语的积极性。在初级阶段适当地、合理地安排实况汉语听力教学，将使得这一阶段的课程更加丰富多彩，使教学内容更具有交际性和实用性，使得学生能够在最短的时间内尝到学习汉语的甜头，产生成就感，得到自信。因此会迅速激发，并长时间保持学生学习汉语的积极性，减少从初级阶段到中、高级阶段汉语学习者的流失。另外，到了中、高级阶段，学生往往具有了一定的自主学习能力，很多东西不一定是在课堂上学到的。而初级阶段的学生很难做到这一点，他们对课堂教学有着相当的依赖性，他们迫切需要教师在学习方法和学习策略上的指导。由此，可以说，作为课堂教学形式的实况汉语教学在初级阶段开设，其必要性是不言而喻的。

其次，从语言交际能力理论来看，把提高语言交际能力作为第二语言教学从始至终的目标，对此人们已经达成共识。为了达到这一目标，人们提出要坚持教学过程交际化这一重要原则，当然初级阶段也不例外。教学过程交际化的一个重要方面是教材问题，这就是教材或教学内容要极具交际性。因此，许多学者主张，语言教学要选择真实的语言，真实的情景和在真实的交际过程中使用语言[①]。实况汉语听力教学是达到提高汉语交际能力这一目

---

① 章兼中主编《国外外语教学法主要流派》，上海：华东师范大学出版社，1983年。

标的最有效的手段之一,是教学过程交际化的最生动的体现。汉语实况听力教学的内容,往往是初级阶段的学生迫切需要掌握的内容,这些内容贴近社会用语的真实与自然,学了以后马上就能用。我们应该尽量避免在初级阶段所学的内容与社会交际常用语脱节的情况发生,避免学生产生畏难情绪、抵触情绪。然而,事实上人们往往忽略了这一点,于是,就出现了下面的情况:一种情况是尽管老师很敬业,能够把教材的内容教得很好,学生也很努力,能够把教材的内容学得很好,但是,他们却不能和一般的中国人进行比较简单的、比较随意的汉语交际;另一种情况则恰恰相反,一些留学生不满足传统的课堂教学,他们很快就对课堂教学失去了耐心和信心,到社会上学习所谓的"马路汉语",或者找一个中国学生进行一对一的"单打独斗",由于缺少教师的指导,缺少学习的系统性,也很难取得实质上的进步。两种情况,表现迥然,原因一致,即我们的教学和教材远离外国留学生到中国后急需的汉语交际能力,我们的教师还在用那些陈旧的方式讲练那些过时的、脱离实际的内容。对此我们的教师似乎已经见怪不怪,甚至有几分麻木了。

最后,从语言习得理论来认识初级阶段开设汉语实况听力教学的必要性。西方学者认为:成人第二语言的获得,是从有意识的学习逐渐发展为对语言的自然习得。美国学者吴伟克(G. Walker)用两个上下倒置、部分交叠的三角形来解释学习和习得的关系(见图1),他认为:随着时间的推移和语言水平的提高,成人第二语言学习中习得的成分越来越大,而学习的成分就相对变小了[1]。

---

[1] 刘珣《对外汉语教育学引论》,北京:北京语言文化大学出版社,2000年。

图 1

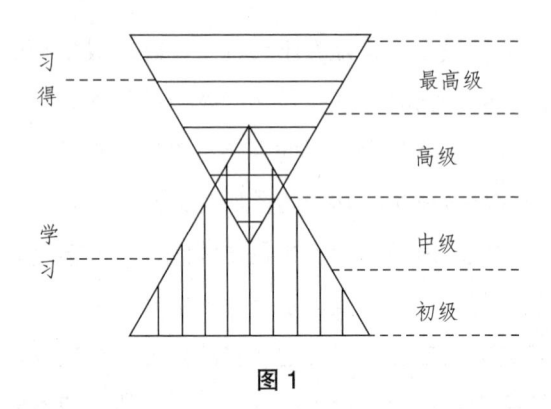

这一理论使我们眼前一亮，豁然开朗，对我们的教学有很好的指导意义。按照这一理论，我们在中、高级阶段开设实况汉语听力教学是适当的。但是我们遇到的问题是，中、高级阶段的学生开始学习实况汉语时，同样有很多的不适应，尽管这时他们已经基本掌握了汉语语法和相当的汉语词汇。因为在这之前，也就是初级阶段，他们完全没有接触过这样真实、自然的语料，所以他们在语速、语气、口语语法特点、口语表达的残缺和口误等方面表现出极大的不适应。他们听不懂的地方，常常是一些很简单的词汇和语法，也就是说学生在学习了基本语法和词汇后，还要反过头来再适应语速和语气等问题。如果在初级阶段适时、适量、适当地开设实况汉语教学，可以在很大程度上避免这样的问题。需要强调的是，语言习得应该贯穿于第二语言获得过程的始终，同样语言学习也应该贯穿于第二语言获得过程的始终，尽管在不同的阶段可能存在着不同的侧重。因此，针对吴伟克的理论，我们对这个图形进行以下修改和补充（见图2）。

```
习得  ┆ ─ ─ ─ ─         ─ ─ ─ ─ ┆ 最高级
      ┆                         ┆
      ┆                         ┆ 高级
学习  ┆ ─ ─ ─ ─         ─ ─ ─ ─ ┆
      ┆                         ┆ 中级
      ┆ ─ ─ ─ ─         ─ ─ ─ ─ ┆
                                  初级
```

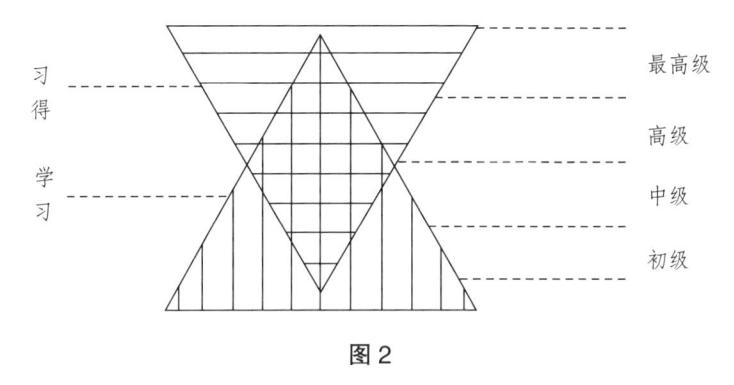

图2

其实，我们的理解和吴伟克并没有根本上的矛盾，即随着时间的推移和语言水平的提高，成人第二语言获得过程中习得的成分越来越大，而学习的成分就相对变小了。然而，这一图形与吴伟克图形也存在着明显的区别：即初级阶段的语言获得过程并非完全是学习，比如，我们常常带学生去参观，去实践课堂所学的内容。而最高级阶段的语言获得过程并非完全是习得，也需要通过不断地、有意识地学习来提高自己的汉语水平，虽然这些学习未必发生在课堂上。因此，我们在重视初级阶段的课堂教学等学习因素的同时，不能忽略习得因素的发挥。事实上，在初级阶段，对外汉语教师们一直在努力地采取各种各样的、充分体现习得因素的教学方法，而开展实况汉语听力教学则是其中最典型、最有效、最可行的语言习得方式。

二、功能法的启示——初级汉语实况听力教学的变通性

在理论上阐释初级阶段开设实况汉语听力教学的重要性和必要性，人们也许没有什么异议，但是，初级阶段实况汉语听力的特点是什么？与中、高级阶段比，初级阶段的实况汉语听力教学

有哪些变通？如何提高初级阶段实况汉语听力教学的可行性？这些问题值得我们进一步探讨。可以说不解决这些问题，必要性、重要性只能流于空谈。我们从国外的外语教学理论，特别是功能教学法中受到启发，得到了理论上的支持。

功能法的语言教育家汉姆莱（Hammerly）曾就使用真实材料作为听力教材提出了自己的看法。他认为听力教材应有一个"由经过编排加工的材料到未经过编排加工的材料"的过程，也就是由有控制的材料到真实材料的过程。实际上这个"过程"就应该是从初级阶段的实况听力教学到中、高级阶段实况听力教学的转变。汉姆莱认为在这一过程中，"语体由单一到多样，语音由标准到方音，语速由慢到正常，练习由易到难；辨音—听真伪—根据指令反应—回答简单的问题—听对话，说出人物、场合—听有背景噪音、冗余信息的谈话，听后复述大意"。汉姆莱还认为，一开始就听未经过编排、加工的材料，会使学生受挫[①]。汉姆莱对真实材料的"编排"与"加工"，实际上就是一种模仿和整修，以使其能够适应初级阶段的语言水平。

20世纪60年代末期，人们对听力教学有了新的认识，人们普遍认识到听力教学应力争使用真实材料。所谓"真实材料"，英国教学专家玛丽·安德伍德（Mary Underwood）认为就是"普通人用普通方式说的普通语言"（ordinary language by ordinary people in ordinary way）。简言之，也就是真正的日常会话。玛丽经常在人们不注意的情况下录制人们的真实谈话，以此作为听力教学的内容。玛丽同样主张在初级阶段使用这些"真实材料"，

---

① 盛炎《语言教学原理》，重庆：重庆出版社，1990年。

但她强调：这些材料在内容上要有趣，长度要合适，要照顾到学生的年龄；在讲述上要清楚，说话者不要太多，方言口音不要太重，但话语和口音要有变化，语速和停顿正常，要有适量的冗余话；在录音质量上，可听度要高一些，要有一定的背景配音。

汉姆莱和玛丽的主张直接影响到我国的汉语教学，使得我们的汉语教学从综合性向单项技能训练发展，听力教学相对独立，教学重点由结构转向功能，并努力做到结构与功能的有机结合。他们的主张对我们的初级汉语实况教学有着很好的启示，其中的许多做法与我们的教学有很多相似之处。因此，我们认为，初级阶段的"真实语料"或"实况语言"是相对的。在初级阶段，我们强调教材中语言真实、自然，但却不主张使用完全的"真实语料""实况语言"。因为那样无疑将事倍功半，寸步难行。我们应对这些"真实语料"进行适当的选择和加工，这在计算机技术迅猛发展的今天已经不难做到。

多年来，在中、高级阶段实况汉语听力教学中，我们一直坚持三大原则：教材编写上的"先声后文"原则；语言上的"真实、自然、新颖"原则；内容上的注重当今"国情文化"原则。最近，在完成《原声汉语——初级实况听力教程》[①]的过程中，我们深深体会到，要让初级阶段实况汉语教学的开展、教材的编写更加可行，就必须在坚持这些原则的基础上有所变通。

[①] 孟国《原声汉语——初级实况听力教程》，北京：北京大学出版社，2008年。

三、初级汉语实况听力教材的编写原则

在教材编写上，坚持"先声后文"原则。这是区别于传统听力教材编写方法的根本之处。课文只是录音的忠实文本，录音是教材的生命。根据真实、自然的实况录音整理文本。初级阶段的听力教材仍然坚持这一点，但有较大的变通。初级阶段实况汉语的语料不完全等同于中、高级阶段的实况汉语，因为这些语料经过了编排与加工。也正是这些编排与加工让我们看到其与传统的听力教材存在着本质上的不同，它不是书面语简单的有声表现。那么这些编排与加工是如何开展和进行的呢？

考虑到初级阶段留学生汉语水平较低，录音形式不完全等同于中、高级阶段实况汉语，也就是说不是纯粹的"实况"，而是采取"模拟实况—半模拟实况—实况转录—实况采录"四种形式的过渡和组合。模拟实况，主要是一些不怎么需要情景和环境的对话，可以在录音室或教室里由教材编写者完成，录音过程往往是就某一交际项目所进行的对话，这个对话没有完整的文字材料，但要有一个粗略的大纲，如，问候与打招呼、询问日期和基本情况、询问教学安排等；半模拟实况，需要情景和环境，对话的双方往往有一方是我们的教材编写者，另一方可能是各行各业的从业人员，我们需要向对方说明我们的用意和要求，希望对方配合，如，问路、寻物、购物、在药店和医院、晨练等；实况转录，从电视、广播及网络上转录交际环境明确、交际性很强的语言片断，在此基础上进行删改、组合，如，听新闻、听节目预告、听天气预报、听广告等；实况采录，是在被采录者完全不知的情况下进行的，这些内容同样要求交际性强、环境典型，如，打咨询电话、交手

机费、在银行、在邮局、在专卖店等,但这些语料往往需要一定的后期制作。四种情况的实况语料大致体现了由易到难的过程。这四种方式获取到的实况汉语录音具有共同的特点:即情景真实、熟悉;功能常用、典型;有一定的情节和内容,但不复杂;课文不长,生词不多,语法难点少见;语速适中,少有方音;与典型句子相呼应;注意句子的口语化。

我们从每个单元的三段实况录音中选择 10 个在这个功能和情景中经常出现的典型句子,这些句子除了具有实况汉语的特点外,还必须有扩张和延伸的基础,大部分是课文的原句,有的则对原句稍加修改,有的虽然在课文中没有出现,却是这一话题很典型、很实用的句子。然后对这些句子进行重新录音,并采取快、慢两种语速,注意相应的语气。对这一问题,吕必松曾提出,听力"教材的录音也要注意语速问题,最好每一篇教材都用三种语速,第一遍是慢速,每分钟 160 个字左右,第二遍用中速,每分钟 180 个字左右,第三遍用正常语速,每分钟 200 个字左右"[1]。吕先生的论述对我们有很好的指导意义。但随着社会的发展,人们的语速也在逐渐加快,所以我们这里采取的语速标准大致为:快语速,220—240 字 / 分钟;中语速,180 字 / 分钟左右。而我们对搜集到的实况语料的平均语速是 244.45 字 / 分钟[2]。让学生在听实况录音前反复听练,逐渐适应这几个典型句子的正常语速,这样一方面减轻了教学的难度,另一方面也加快了教学的进度,使学生能够尽快适应实况的语料。

---

[1] 吕必松《对外汉语教学概论(讲义)(续十三)》,《世界汉语教学》1995 年第 3 期。

[2] 孟国《汉语语速与对外汉语听力教学》,《世界汉语教学》2006 年第 2 期。

四、初级汉语实况听力在语言上的特点

语言上,坚持"真实、自然、新颖"的原则。中、高级实况汉语听力教学坚持的是:真实的言语环境,自然的言语表述,新颖的常用语汇。初级阶段的实况汉语听力教学一方面坚持了这些特点,另一方面也充分考虑到初级阶段学习者的实际情况,在语言的实况性上有所变通。和中、高级阶段不同的是:初级阶段的语料绝大部分都是对话型的,这是考虑到这一阶段的教学目的重在留学生基本交际能力的提高;初级阶段的课文短小,相当一部分课文的录音时间在 0.5—1 分钟之间,课文的文字在 100—200 字之间,这是考虑到这一阶段的学生听力水平较低,而听力练习比较枯燥,容易疲劳的特点,这是区别于中、高级阶段的另外一点。

实况汉语从某种意义上来说是一种口语,我们在分析实况汉语的特点时总结了如下特点:语速之快恐怕会超出绝大部分人的普遍认识;口误的数量远远超过笔误,出现口误后有的人全然不知,有的人即使发现了也很少对口误作出明确的纠正[①];在语音上,南腔北调随处可闻,在音质、音长、音强、音高上都有别于一般的书面语的有声材料;在语汇上,丰富多彩的重叠、语气词的妙用、叹词的频繁出现、量词的过度泛化、副词的单独成句、大量的独词句、惟妙惟肖的象声词、连接句子的填补性语汇、丰富的口语习用语与熟语等层出不穷;在语法上,句子短小、少用连接词、灵活自由的语序、大量的重复、屡屡出现的省略现象、

---

① 孟国《口误与对外汉语实况教学》,《语言教学与研究》1998 年第 3 期。

插入成分的补充与提示等屡见不鲜;在其他方面,停顿的随意性、语言的多提示性、引语的自然、语句中的自问自答、灵活俏皮的顺口溜、非语言因素的妙用等不胜枚举。

  在初级阶段的实况汉语中,这些特点得到了一定的体现,但由于我们的编排和加工,使得初级阶段的实况听力材料与中、高级阶段有一些区别。初级阶段的实况汉语在语速上将低于中、高级阶段,两种不同语速的循序渐进,穿插与过渡,将有利于留学生对快速汉语的适应;在口误上,由于采用模仿的形式,口误肯定会减少,但模仿也包含对一些典型口误的模仿,所以这一特点将被保留;在语音上,初级阶段我们尽量不出现南腔北调的地方普通话,但由于是实况,发音不准之处肯定会明显多于一般的听力材料;在语汇和语法上,由于篇幅较短,且绝大部分都是对话型的内容,所以可能不如中、高级阶段的语汇那么丰富,语法那么生动。需要强调的是,初级阶段与中、高级阶段对语法和语汇的处理过程有着明显的不同,中、高级阶段一般不把语法和语汇作为学习的重点,因为在听力理解的过程中,语法和语汇的问题往往构不成听力的主要障碍。而初级阶段则完全不同,由于这一阶段留学生在语法和语汇上刚刚起步,还谈不上系统,所以语法和语汇往往是他们听力理解的主要障碍之一,因此在听力理解的过程中,他们需要构建和完善自己的语法体系,需要扩展自己的词汇量,无疑,这些内容将是他们在实况汉语教学中学习的一个重点。当然,他们在这里学到的语法和语汇将是口语中常用的、比较典型的语法和语汇。这也是与一般听力教学的另一点不同。

五、初级汉语实况听力在文化上的特点

在内容上，坚持交际文化为主的原则。中、高级实况汉语注重当今的国情文化。在这一点上，初级阶段实况汉语与此区别明显。中、高级实况汉语教学的真实、自然、新颖的特点还有另外一层意思，即展示给学生的是当今中国的真实社会，让学生了解到普普通通的老百姓生活的方方面面。在实况汉语听力的课堂上，学生在学到鲜活的汉语的同时，也了解到普通的中国人在干什么，在想什么，在追求什么；了解到近几年的中国，在政治、经济、思想观念、生活水平等方面所发生的巨大变化。可以说这一阶段的实况汉语教学已不大注重那些留学生大致已经了解和掌握了的交际文化，而是一种中国的当代国情文化。

初级阶段的实况汉语与此恰恰相反，因为这个阶段他们迫切需要提高的是自己的汉语交际能力。不过，在初级阶段我们同样要坚持在文化上的真实、自然、新颖的特点，但与中、高级所追求的国情文化的真实、自然、新颖大有不同，在《原声汉语——初级实况听力教程》中充分体现了这一点。初级阶段的"真实"主要指交际环境和情景的真实，这些环境和情景几乎是每个留学生天天身处其中，常常不期而遇的。在教材中，我们安排了下面这些环境和情景，如，在理发店、洗衣店、地铁、药店、菜市场、专卖店、路边的大排档等；初级阶段强调的"自然"主要指交际过程的自然，没有人为制造的痕迹，在教材中，我们安排了下面这些常用的自然交际过程，如问地点、借东西、电话咨询、修自行车、询问课表、找洗手间、办签证延期、吃自助餐、开户、拨打120、联系搬家公司、处理交通事故、定房间、旅游等。我们强

调的"新颖",在初级阶段主要是功能项目的新颖,即紧跟时代的潮流,特别关注那些随着社会的发展,新出现的功能项目,在教材中,我们安排了租房、健身、交手机费、超市购物、自助取款、刷卡、电话咨询等。其实,我们主张的真实、自然、新颖往往是相互交叉的,这三点的有机结合便形成了初级实况汉语听力教学在文化上的主要特点:注重全面提高学生的语言交际能力。

如果说中、高级阶段的实况汉语教学已经取得了一定的经验和成功,那么初级阶段的实况汉语教学则刚刚起步。虽然这是一个良好的开端,但是我们知道,对初级实况汉语教学中的一些问题,还需要我们做更深入的理论探讨,需要我们开展更广泛的教学实践。因为我们清楚,一个教学体系或教学模式的构建和完善不是几个人短时间内能够完成的,需要更多同行的参与,需要更长时间的探索。

第三节 "汉语新词新语"课程的定位[①]

一、问题的提出

(一)对外汉语教学领域的汉语新词语研究

20世纪80年代起,汉语新词语研究成为词汇学、社会语言学等学科研究中的一个重要领域,并在90年代中期发展到了对

---

① 本节摘自常志斌《留学生汉语新词语课的建设问题初探》,《上海大学学报》(社会科学版)2007年第3期。

外汉语教学领域。

这十年间,对外汉语教学领域的汉语新词语研究的主要成果是:(1)为汉语新词语和对外汉语教学两者之间的关系给予了初步性的,但属于开创性的研究;(2)就汉语新词语在对外汉语教学中涉及的有关课程规范等问题进行了建设性的探讨;(3)探讨了可作为对外汉语教学重点的新词新语的类别。其中,国内代表性研究成果为赵永新(1996)[①]和汤志祥(2002)[②]。总体上,新词语研究的理论与实践成果在对外汉语教学领域中的应用性研究或创新等方面,显得相对滞后,推进甚缓,诸多方面尚待深入与拓展。

(二)对外汉语教学领域的汉语新词语教学

在依据对外汉语教学大纲制订的有关课程的教学设计中,新词语作为教学内容有所提及。但实际上,在课程设置等的课程建设中,诚如汤志祥所做的描述那样:"我们不无遗憾地看到,当今的对外汉语教学,在讲授和学习汉语新词语方面基本上还是空白,不论是在教学大纲、教学计划、教科书编写,还是课堂教学和语言测试上都找不到应有的明确而定量的说明。"为此他呼吁:"汉语新词语和新词义的问题是当前汉语教学中的一个重要课题,应当也必须予以关注并设法给出相应的教学安排。"[③]

2004年,上海大学国际交流学院面向来华外国留学生开设了"汉语新词新语"本科课程,使针对留学生的汉语新词语教学有

---

① 赵永新《新词新语与对外汉语教学》,见中国对外汉语教学学会秘书处编《中国对外汉语教学学会成立十周年纪念论文选》,北京:北京语言学院出版社,1996年。

② 汤志祥《汉语新词语和对外汉语教学》,《语言教学与研究》2002年第2期。

③ 同②。

了良好的开端。我们通过对国内部分重点高校设置的留学生课程的相关调查，发现开设此课属首创之举。

留学生的汉语词汇量的积累，是对外汉语教学的一个重要环节。因此，留学生汉语新词语课的开设目的，就在于通过新词语教学，使对外汉语教学的课程设置和教学内容更加符合并满足留学生学习汉语、语言文化交际的实际需求，与加速培养、提高留学生语言文化交际能力及社会化程度接轨，从而促进对外汉语教学在汉语国际推广的新战略背景、汉语新发展的形势下与时俱进地加强自身课程建设的内涵发展。由于该课程的自身特性，它也是留学生扩大汉语词汇量、学习汉语言知识、了解当代中国社会和提高语言交际能力的重要课程之一，在对外汉语教学中发挥着独特的重要作用。

作为一门专门介绍汉语词汇新变化的新兴课程，管见所及，似乎目前尚无来自对外汉语教学领域专门的论文或研究性报告。所以，我们将这门课程在课程设置结构中进行的体系定位、课程知识体系的建立与教学内容的规范以及涉及教学过程等诸方面的实践、方法与由此伴生或凸显的各种问题，加以认真研究和及时总结，对于进一步完善该课程的建设，使其在对外汉语教学中形成和发挥本身优势，显得尤为重要。

二、留学生对汉语新词语的兴趣度、认知度

分析并把握好教学对象的特征，可使语言教学的原则、途径和方法更具针对性和适应性，从而取得最佳的教学效果。为此，我们以问卷调查方式就"留学生对汉语新词语的兴趣度及认知度"

对上海大学部分外国留学生进行了调查。调查按对象分为两个层面：第一个层面是选修"汉语新词新语"课程的本科学生，计10人。第二个层面为中级汉语水平的非学历汉语班学生，计55人。本研究中将前者称为本科生，后者称为进修生。调查结果如下：

（一）多数本科生和语言生对汉语新词语及其选课持有兴趣

1. 学习兴趣浓厚。在回答"对现代汉语新词语是否感兴趣"和"学习或了解现代汉语新词语是否有必要"时，所有的本科生都表示了肯定，即"感兴趣"和"有必要"。进修生则占67.3%。

2. 学习目的明确。通过新词语的学习了解当今中国的新发展和新变化，是本科生（80%）与进修生（74.5%）的共同首选，其余各项的填答结果不同，似与两个层面的受访者在华的学习年限、学习程度及面对的学习目标等的不同有关。两个层面的受访者的学习目标都是文化学习取向大于语言学习取向，即本科生与进修生都把了解中国社会文化的新动态作为学习该课程的第一目标，而对汉语词汇的学习与掌握则置于其次。

（二）进修生对汉语新词语的了解主要来自课堂

在"列出你所知道或接触到的汉语新词新语"栏目中，仅有个别进修生能举出一些词例。对"你使用的哪些课程的教材中出现的新词语较多"一项，选答"汉语报刊阅读课的教材"的占绝大多数（89.1%）。可见汉语报刊阅读课等的课堂教学是具有中级汉语水平的外国留学生了解汉语新词语的主要途径之一，课堂教学对他们初具判别与认知汉语新词语的能力起着重要作用。

（三）本科生对汉语新词语的低确认度显示出确认条件的不足

1. 所有的受访者在本国或在中国都未持有或未曾使用过《现代汉语新词新语词典》。

2. 在"列出你所知道或接触到的汉语新词新语"一栏中,有半数学生作答,写出的词例中一半出自网络新词。

3. 对本科生专门列出几组词群,通过对各组词语的辨识,来了解留学生对汉语新词新语的认知度。词群判断问卷中注明新词语的确认条件:指改革开放(1978年)以来通过各种途径产生的、具有现代汉语常用词汇所没有的新形式、新意义或新用法的词语[①]。调查表明:(1)对《大纲》中非新词语的辨别度较高;(2)对《大纲》中新词语的得辨仅限于个别;(3)对非《大纲》中的新词语的辨识率高低不等,得识率较高的是的哥、手机、网吧、一国两制、因特网、精神文明、女足、申奥、超女。

综合以上问卷调查与填答后的询问调查,可以看出留学生在对汉语新词语的判别上具有以下几个特征:(1)对大纲词的熟悉度、心理词库的载有量、语境中的偶然学习、对现代社会文化的了解程度与语言文化交际能力,是影响留学生判别汉语新词语的主要因素。(2)留学生的心理词库基本上还未建立起对判断汉语新词语的时间系统,已有的时间信息或零星或模糊,这在辨识大纲词与非大纲词的过程中都有反映。(3)对当代中国国情、社会文化生活了解或关注得越是广泛与深入,对汉语新词语就越是敏感,得识率就越高。(4)在日常的语言文化交际过程中越是积极主动,对汉语新词语的感知就越强,得识率就越高。(5)由于自身非母语的先天条件,留学生在习得目的语的初、中级阶段首先是以解决听、说、读、写为首要目的,至于词语的新旧与

---

① 常志斌《略析新时期新词语在报纸媒体中的传播》,《上海交通大学学报》(社会科学版)2001年第4期。

否在不影响语言知识学习与语言文化交际的前提之下，留学生往往不会自主地将其列入学习计划中，至少对于 HSK 应试考级的留学生而言更是如此。

三、关于课程定位问题

留学生"汉语新词新语"课作为一门语言理论课，首先是现代汉语词汇课的一个分属科目，同时又是把汉语作为外语的第二语言教学，它既与中文系中国学生的同类科目相区别，又与留学生的其他语言技能课的随堂词语教学相区别。

语言教学包括两个部分，一是对外国人的"对外汉语教学"，二是对本国人的"语文教学"。从性质上讲，该语言理论课，在讲授词汇理论的同时不能忽略或脱离技能训练，而应在一定程度上注意加强词汇技能训练。其依据主要有二：一是更符合教学对象的实际。外国留学生学习汉语的时间毕竟不太长，他们对汉语词汇，尤其是新词语的理解水平、运用能力以及学习期待等特点，使得本科的课堂教学不能只以理论知识为侧重点，而应把提高学生的汉语运用能力作为本课程教学的根本目的。二是教学大纲的规定。在《高等学校外国留学生汉语言专业教学大纲》的"教学原则"中第 1 条规定："由于本专业的汉语言教学属于对外汉语教学性质，因此其教学活动必须与母语语文教学、语言学教学区分开来。要重视语言基本功的训练及言语交际能力的培养。"[①]

[①] 国家对外汉语教学领导小组办公室编《高等学校外国留学生汉语言专业教学大纲》，北京：北京语言文化大学出版社，2002 年。

万艺玲认为，对外汉语是把汉语作为外语的教学，一至四年的正规汉语教学从整体上都属于基础性教学，都是以提高语言交际能力为目的，以技能为核心的。我们认为，对外汉语教学设立的"汉语新词新语"本科课程，不是纯粹的理论课，而是具有二重性，即理论性同技能性兼而有之。针对教学对象的实际与教学的根本目的，它具有技能课的属性；从本科教育的培养目标出发，它又是理论知识课[①]。

从课程设置的系统定位来看，"汉语新词新语"课还属于"特色课程"。它是一门较为特殊的基础理论课。所谓特殊，是指它作为词汇课的延伸部分单列出来并独立设置而成的。其意义在于使新词语的教学得到了应有的重视，这在一定程度上弥补了由整个汉语教学等级大纲规定的对外汉语教学大纲及课程规范方面设计的缺陷，即缺少汉语新词语教学的安排。该课是对汉语新词语的集中讲解，是对新词语知识的系统归纳，是以新词语知识为载体培养留学生运用词汇的能力。根据这一特点，在课程设置的纵向整合上，"现代汉语"课或"汉语词汇"课应作为它的先修课程。

四、关于教学内容与教学方法

（一）教学内容

留学生"汉语新词新语"课的教学目标是：通过讲解和分析中国社会近几年出现的一些典型的新词新语，使学生了解中国新

---

① 万艺玲《留学生汉语词汇课的性质和定位》，《中国大学教学》2005年第4期。

词新语产生的原因、方式、途径、修辞方式以及规范化问题,了解新词语中反映的中国社会心态、社会变革等情况,掌握从新语汇中观察、了解中国社会发展以及汉语自身发展的方法[①]。

根据此教学目标我们建议在教学内容上应主要安排如下几个方面:汉语新词语的基本概念、基本类型;汉语新词语产生的原因;汉语新词语产生的途径;汉语新词语的造词法、构词方式;汉语新词语的词义;汉语新词语与汉语词汇体系;汉语新词语的分布;汉语新词语与中国当代社会、文化;汉语新词语的规范化等。

在教学过程中,教师应把握以下原则:

第一,实用性原则。新词语教学应建立在能解决留学生日常语言交际的现实需要的基础之上。这里所谓的现实需要,包括在原有方式的语言交际内容中使用新词语(如"买单")、新方式的语言交际内容中使用新词语(如"AA制")的现象。选择全社会使用面广、与留学生的日常生活密切关联的新词语,可使教学内容更富实际意义和实用价值,能提高教学对象的学习兴趣,从而取得良好的学习效果。

第二,共时性原则。每个时代都有新词语,要把现代汉语的每一个历史发展阶段产生出来的新词语都细细道来,显然不现实。因此,应把改革开放以来产生并在社会文化生活中广为使用的新词语当作教学重点。

第三,渐进性原则。根据学生对语言的可接受性和认知规律,由浅入深、循序渐进地组织教学。在教学的初始阶段,重点可放

[①] 上海大学教务处《上海大学教学一览2005(2)》,上海:上海大学出版社,2005年。

在新词语的识别、释义、构词特征，然后在中后期的阶段，逐步加入语用的文化涵义、新词语产生的社会文化背景。对新词语的展示，可采用"词语→句子→篇章"的递进式教学。

第四，适度性原则。对这些正处于变化发展阶段而尚未最终规范化的词语进行教学，切忌随意性，审慎地选用无疑是重要的前提条件。适当选用规范程度高、已广泛使用并在文化交际中有实用价值的新词语，使学生得以较好地掌握语言知识和交际技能。

第五，兼容性原则。新词语教学中，应注意：首先，把语言知识教学与文化背景教学相结合；其次，把理论知识讲解与技能训练相结合；最后，在知识体系上与现代汉语课或汉语词汇课之间合理衔接。

（二）教学方法

留学生"汉语新词新语"课是汉语言理论知识中以新词语为主要内容的课程，具有词汇课最基本的系统性，新词语的词汇教学是教学环节中的重要教学层级。由于教学内容的特殊性，新词语的词汇教学方法与一般词汇课的教法既有关联，也有区别，关于这方面将另文研讨。在此仅列举几个在教学中的重点、难点及与此相关的教学方法，略作探讨。

1. 词语群教学法。选修新词语课的留学生在各自的汉语心理词库中，已拥有相当的词汇量，而且通过先修课程汉语词汇课的学习，对汉语词汇已略具理性认识。因此，使用互有关联的新词语，以词语群的方式大量展示词例，对于高级阶段的留学生，有助于关联式、连锁式地记忆和理解新词语。如，（1）以词语的使用分布为线索展示；（2）以词素和构词法为线索展示；（3）以词语新旧为线索展示等。

2. 近义词的释义。针对留学生的汉语词汇教学中的词语释义，陆俭明曾提出了六种教学法，即图示法、直译法、以旧带新法、义素分析法、类比法和语境教学法[①]。张志云则列出十一种方法[②]。近义词是留学生学习目的语时容易发生偏误的"高发域"，而新词语的介入增加了发生新偏误的可能。在新词语教学中，近义词也仍然是教学难点。互为近义的既有新旧词语（组合—整合），也有两词都是新词语（减肥—瘦身）。除了讲清语义的轻重、范围、侧重点的不同和讲清词语的色彩、用法的不同，语源介绍也是一种富有实效的方法。

五、分析与探讨

（一）新词语在对外汉语教学中具有特别重要的意义

目前，留学生"汉语新词新语课"处于初创阶段，关于对其开设的必要性与如何开设等问题，存在不同认识，在课程建设过程中也有许多问题有待深入探讨。

在对外汉语的整个教学设计中涉及新词语的主要课程有：语言技能教学中的报刊阅读课、当代中国话题课、理论知识教学中的现代汉语课或汉语词汇课。然而，仅凭这些既有的语言技能教学或理论知识教学体系，仍然使我们对留学生进行的新词语介绍被动地局限在局部的、不完整的、非系统的范围内。

[①] 陆俭明《对外汉语教学中的词汇教学问题》，见戴昭铭、陆镜光主编《语言学问题集刊》（第一辑），长春：吉林人民出版社，2001年。
[②] 张志云《词汇和词汇教学》，见彭增安、陈光磊主编《对外汉语课堂教学概论》，北京：世界图书出版公司，2006年。

我们认为，"新词语在对外汉语教学中具有特别重要的意义"①，从留学生所处的语言社会的现实环境和语言文化交际的实际需要出发，我们感到大纲词对新词语的反映微乎其微，即便是报刊阅读课乃至汉语词汇课，也难以在新词语方面给留学生以完整意义上的反映。这表明了"汉语新词新语课"的开设意义与存在价值，说明着手相关课程建设的重要性与迫切性。对留学生的新词语学习给出教学安排不但符合学习者的现实需要，而且颇受学习者的欢迎。基于此，相关规范性大纲应对新词语教学做进一步的明确。

（二）课堂教授对学生培养、提高辨识汉语新词语的能力具有重要作用

从整个教学过程来看，留学生在选修之前表现出的那种对汉语新词语的低辨识率并不意味着对新词语敏感度的低弱，相反，他们对汉语新词语具有较强的求知欲、相对持久的学习兴趣和学习主动性，因此学习进步较快，较短期间就能熟识和掌握一批新词语。同时，调查获知的大纲词、心理词库、语境学习、社会了解与交际能力等诸因素，尽管影响着留学生对汉语新词语的判别程度，然而我们也发现，留学生对汉语新词语的了解主要来自课堂，课程、教材、教师所起的作用可谓大矣。

应当考虑到高年级留学生学习新词语的能力和对词语的再生能力。"他们具有比较丰富的识记汉语词汇的经验，并初步掌握汉语语言学的理论知识，对新词语的感悟领会与记忆能力应当比

---

① 赵永新《新词新语与对外汉语教学》，见中国对外汉语教学学会秘书处编《中国对外汉语教学学会成立十周年纪念论文选》，北京：北京语言学院出版社，1996年。

初学者强得多。"[①] 可以说,系统的课堂教学对学生培养、提高辨识汉语新词语的能力具有至关重要的作用。

(三)留学生新词语课的教学路子有待探索

前文提到,汉语新词语课应该理论性同技能性兼而有之。从教学内容上来看,该课讲授新词语基本的词汇特征(如形、音、义)和用法(如词语搭配等);讲授构成新词语的语素的意义;讲授造词法和构词法,从系统出发,从词的聚合关系与组合关系的角度讲授新词语中同类词的共同特性及组合中的共同规律;讲授新词语的语境与文化意义,从宏观上和体系上帮助留学生建立起以汉语新词语为汉语词汇子系统的观念,巩固并丰富他们已学的汉语词汇框架的概念,加深对汉语言的理解,扩大词汇量,提高语言交际技能。但如何使理论知识讲解与技能训练相结合,值得今后进一步研讨。掌握一定的新词语理论是系统学习汉语新词语的基础,并在这个基础上,有针对性、有侧重地指导并合理操作新词语的技能训练,同时注意学生对语言、文化的可接受性,采用启发式、讨论式教学,采取可行的训练方法,既是我们对该课程定位的思考,也有待于在实践中建立起相应的、切实可行的和带规律的教学路子,从而使课程建设得到加强与完善。

(四)应审慎选用新词语

由国家社科规划项目"《现代汉语新词语信息(电子)词典》的开发与应用"(01CYY-002)和山东省教育厅科研项目"基于语料库的现代汉语新词语研究"(W01W15)的研究成果得知,

---

① 李杨《对外汉语本科教育研究》,北京:北京语言文化大学出版社,1999年。

1978年以来的4万多个新词语得到了确认①。因此，必须建立一个带规范性的标准，来选用这些巨量而又处于变化活动期的新词语来用于教学。这个标准，是确定新词语教学所用词汇量的前提，应包括：具有代表性和时代特征的，稳定性强并渐趋规范化的，跨媒体高频使用的，与日常生活密切相关的。

总之，留学生的汉语新词语课是对外汉语教学课程设置及其建设发展的时代产物，也是留学生扩大汉语词汇量、学习汉语言知识、了解当代中国社会和提高语言交际能力的重要课程之一，应及时关注和研究这一课程以及这类课程的建立与建设，从而使对外汉语教学与时俱进。

第四节　"汉语语法知识课"的教学模式②

本节所谓"语法知识课"指在对外汉语教学的高级阶段（三年级或四年级）开设的现代汉语语法课，该课程比较系统地讲授语素、词类、短语、句子等语法知识。

在对外汉语教学的高级阶段进行汉语语法知识教学，对提高外国留学生的汉语综合运用能力具有十分重要的作用。正因为如此，在高级阶段开设语法知识课，是对外汉语教学界一个比较普

---

① 亢世勇、刘海润主编《新词语大辞典（1978—2002）》，上海：上海辞书出版社，2003年。

② 本节摘自张宝林《对外汉语语法知识课教学的新模式》，《语言教学与研究》2008年第3期。

遍的做法。虽然不同学校在该课程必修与选修的定性、设课的年级、教学的时数、教学内容的多寡等方面存在差异，但该课一般都能受到学生的重视与欢迎。学生普遍认为这门课对他们学好汉语、提高汉语水平很有用，但同时，学生中也存在一定的畏难情绪，感觉这门课比较难，甚至很难。这反映出该课程在教学内容与学生的需要之间、在学生的愿望与实际感受之间，都还存在着一定程度的矛盾。因此，对该课程的教学需要进行深刻的反省与进一步的研究。

本研究涉及的相关教学情况来自公开发表的学术论著和对7所高校9位语法知识课任课教师进行的问卷调查，结论也是在上述材料的基础上形成的。7所高校包括北京大学、北京师范大学、中国人民大学、北京外国语大学、北京第二外国语学院、大连外国语学院、北京语言大学。

一、语法知识课教学的根本目的

语法是一种专门的语言学知识，教语法是在传授语言知识，不论是教中国人还是教外国人，也不论是教外国学生汉语语法，还是教中国学生外语语法，都是如此。但同样是教汉语语法，教外国学生和教汉语母语者却截然不同。母语者已经掌握了汉语，掌握了包含在汉语中的语法规律，他们所要学习的只是汉语语法的理论知识，从某种意义上也可以说是"为学语法而学语法"，一般来说，学习的结果对他们使用汉语不会产生大的影响。而对学习汉语的外国人来说，学习汉语语法知识的目的是要指导自己的语言实践，是要学好汉语，掌握实际的汉语综合运用能力，学习的结果会直接影响他们能否正确地使用汉语。"传授语言知识的目的是指导实践，规范学生的言语行为。衡量知识讲授成败的标准是学生言语行为的正误、生熟以及是否得体。"[①] "一个词语，一个格式，怎么用是合乎汉语的语法，怎么用是不合汉语的语法，要教给学生的不正是这个吗？"[②] 这就决定了"教外国学生重点不应该是理论体系和概念术语，而应该是用法"[③]。

可见，教用法是对外汉语语法教学的根本目的，"而这一点正是以往的著作和教材所忽视的"[④]。需要特别指出的是，不论是初级阶段的语法教学，还是中级和高级阶段的语法教学，也不论是综合课（或称精读课、骨干课）中的语法教学，还是语法知识课教学，"教用法"都是教学的根本目标。以高级阶段的语法教学为例。刘颂浩（2003）[⑤]在一次关于"把"字句教学的调查研究中发现，由8名高级班学生和9名研究生组成的外国学生组使用"把"字句的错误率高达44%，其中与动词相关的错误占61%。而由13名研究生组成的中国学生组错误率只有6%，而且基本上都是口误。由此可见，即使是对高级阶段的外国留学生来说，教用法依然是对外汉语语法教学面临的非常现实而迫切的重要任务。

[①] 邓恩明《编写对外汉语教材的心理学思考》，见张德鑫主编《对外汉语教学：回眸与思考》，北京：外语教学与研究出版社，2000年。

[②] 吕叔湘《汉语语法分析问题》，北京：商务印书馆，1979年，第6页。

[③] 胡明扬《〈汉语语法教程〉序》，见孙德金《汉语语法教程》，北京：北京语言文化大学出版社，2002年。

[④] 同③。

[⑤] 刘颂浩《论"把"字句运用中的回避现象及"把"字句的难点》，《语言教学与研究》2003年第2期。

诚然，作为"语法知识课"，教学中当然要比较系统地讲授汉语语法的基本知识，这是毫无疑问的。但这种系统的语法理论知识的讲授，最根本的目的还是帮助学生掌握汉语语法规律，通过学习语法来真正提高运用汉语进行交际的实际能力。"通过必要的语法学习，使学习者易于表达、便于阅读、善于交际"[①]，而不是为学语法而学语法，不是为了对语法现象进行解释说明而学语法。"因此不必要的理论上的阐述和繁琐的解释都和我们的教学目的相违背。"[②] 这正是给外国学生讲授语法知识和给中国学生讲授语法知识的根本性区别。

因此，我们应使"教用法"成为对外汉语语法教学的一条基本原则。

什么是"用法"呢？吕叔湘先生（1992）[③]明确指出，一个语法形式"出现的条件：什么情况之下能用或非用不可？什么情况之下不能用？必得用在某一别的成分之前或之后？等等"。吕先生还举了"趁着现在年富力强，再拼搏它几年"这样一个例子，通过句中的"它"来说明什么叫用法。吕先生指出了"它"的3条用法：（1）可用于表示未来，不能表示过去；（2）表示习惯性的事情，则不受时间的限制；（3）带"它"的动词后的宾语或补语必须带数量词语。可见，所谓"教用法"就是要把一个语法形式的使用条件说清楚。

---

① 李晓琪《关于建立词汇—语法教学模式的思考》，《语言教学与研究》2004年第1期。
② 李晓琪《论对外汉语虚词教学》，《世界汉语教学》1998年第3期。
③ 吕叔湘《理论研究和用法研究》，见中国语文杂志社编《语法研究和探索》（六），北京：语文出版社，1992年。

二、语法知识课教学存在的主要问题

（一）教学内容陈旧，不符合学生学习的实际需要

限于课时等因素的制约，有的教师只能教完句子成分，只是教给了学生最基本的语法知识，而更有实用价值的特殊句式、句式变换、复句、语段等内容，则没有时间涉及。

在词类、短语、句子成分及句式教学中，未吸取语言学新的研究成果，未能结合语义语用进行教学。例如对"把"字句就没有结合其语义语用特征进行教学，学生学习了相关的语法结构之后，不清楚用不用"把"字句在语义上有什么区别，什么时候能用或非用不可，什么时候不能用。

对语法现象的解释不够充分，尤其缺乏对语法现象理据的说明。例如学生在学习量词时存在大量错误，其重要原因之一是教学时没有讲清楚量词与名词搭配的内在理据——量词的语义色彩。

虚词教学薄弱。陆俭明先生（2000）[1]指出，虚词在语言中起着"经络"的作用，其重要性大大超过实词；在汉语里，则占有更重要的位置。有研究表明，学生有一半以上的，甚至80%以上的语法错误和虚词有关，并且存在着严重的"化石化"现象。一些常见的，最基本的虚词，中高级阶段的学生，甚至已经在中国取得了硕士或博士学位的外国留学生仍然用得不好[2]。而在语法知识课教学中，一般只是用2节或4节课，概述式地把虚词介绍一下，再做一些练习就过去了。这种教学安排对解决学生的问

---

[1] 陆俭明《"对外汉语教学"中的语法教学》，《语言教学与研究》2000年第3期。

[2] 李晓琪《论对外汉语虚词教学》，《世界汉语教学》1998年第3期。

题的作用确实有限。

缺乏语段教学，更没有篇章教学。这使高年级留学生普遍存在的"单句表达基本正确，成段表达效果不佳"的问题更加突出。

（二）教学方式陈旧，不符合认知规律

教师授课多采用演绎法：先讲语法规律，再举些例子加以印证，最后做一些相关练习。这种授课方式是不符合人们认识事物的自然过程的。

教师按教材内容顺序讲授，并未紧密结合学生的学习难点，教学针对性不强。

教学过程主要是教师讲、学生听，是一种灌输式的教学方式。学生作为学习主体的主观能动性并未得到充分发挥，学习积极性也没有被充分调动起来。

（三）教材不适合教学需要

教材内容贪大求全，结果必然导致重点不突出，特色不鲜明。赵金铭先生（1997）[①]指出，一些对外汉语教学方面的语法著作"都力求全面阐释汉语语法，体系庞大，篇幅浩繁，讲释详赡，巨细无遗。虽也结合外国人习得汉语中的错误，但在用法的说明上，以及使用条件的规定上，尚嫌不足"，可谓切中时弊，入木三分。

有的教材内容大多系作者个人的学术研究成果，属于理论探讨，学生难以理解，更难掌握。

教材内容比重失调。有的教材词法内容过多，这不符合汉语更注重句法的特点，又占去了太多的课时。语段在言语交际中具有十分重要的作用，人们在实际的言语交际中使用的主要不是单

[①] 赵金铭《汉语研究与对外汉语教学》，北京：语文出版社，1997年。

个的句子，而是由句子组成的语段。自20世纪80年代末、90年代初以来，在对外汉语教学中急需进行语段教学已经成为对外汉语教学界的共识。但如此重要的语法内容在一些教材中却根本没有涉及；有些教材虽有提及，但也是寥寥数页，语焉不详。语法教学的实际情况再次证实了这样的判断：在教学实践上，"语段教学几乎还是一片空白"[①]。这种状况是不符合汉语交际的实际情况的，也是不符合培养学生综合运用汉语的实际能力的教学宗旨的，必然会对教学产生十分不利的影响。

按母语教学的思路安排教材内容，不适合对外汉语教学的实际需要。"几乎全部的对外汉语教材的语法体系，都是沿用为母语是汉语的人所讲的语法体系，无论是教学语法，还是理论语法，都很少或根本没有考虑第二语言习得者所遇到的种种问题，而这些问题是汉语为母语的人所根本没有料到，或人们所说'习焉不察'的。"[②]

过于追求系统性与学术性，对实用性与通俗性则重视不够，对通俗性甚至未予关注。结果是教材的学术性很强，可读性较差，语言不通俗，给学生理解教材中所讲的语法内容造成了困难。学生的一个典型反应是，"自己看书看不懂，听老师一讲就懂了"。

讲解较多，练习偏少；讲知识较多，讲用法偏少。有些教材对语法知识讲得很细致，但练习安排得很少；讲知识时对用法又讲得很少。比如讲虚词，只是把各类虚词的主要特点大致讲讲，而没有逐一讲述一些主要虚词的具体用法。而外国学生所需要的，主要的并不是知识，而是掌握实际使用各类虚词的语言能力，这

[①] 吕必松《〈对外汉语教学语法探索〉序》，见吕文华《对外汉语教学语法探索》，北京：语文出版社，1994年。

[②] 赵金铭《汉语研究与对外汉语教学》，北京：语文出版社，1997年。

种能力并不是只了解虚词特点就能具备的,而必须了解每个虚词的具体用法、使用条件才行。

总起来看,语法教材的内容及安排没有从外国人学习汉语的实际需要出发,没有突出对外汉语教学的特点。

(四)缺乏基础研究,对外国学生学习汉语语法的基本情况缺乏深入了解

对有些语法现象的教学因循旧说,没有做进一步的考察。仍以"把"字句为例,对外汉语教学界普遍认为它是语法教学的一大难点,主要原因是学生对它采取"回避"策略。然而,根据我们对《HSK 动态作文语料库》的统计和分析,在外国汉语学习者约 400 万字的作文语料中,共出现"把"字句 3573 句,其中正确的句子 3111 句,占"把"字句总数的 87.07%;病句 462 句,占"把"字句总数的 12.93%。"把"字句的使用率和偏误率都仅次于"是"字句、"是……的"句和"有"字句,而远远高于"被"字句、"比"字句、兼语句等句式。在"把"字句的偏误中,不仅有"回避"现象,而且存在不该用"把"字句而用的泛化现象,"把"字句的内部错误也占有相当大的比例。

从上述数据来看,外国汉语学习者在 87.07% 的概率上是可以正确地使用"把"字句的;"把"字句的"回避"问题确实存在,但以往确实把这一问题夸大了,而且忽略了"把"字句的泛化问题。联系汉语母语者的情况来看,中国人"把"字句的使用率约为 0.0767%[①];外国汉语学习者"把"字句的使用率为 0.0893%。

---

① 此数据来自笔者根据宋柔教授主持研制的《面向语言教学研究的汉语语料检索系统 CCRL》对 2000 年《人民日报》共计 2400 万字语料所做的检索统计。在该语料中共有 19 189 个带"把"的句子,其中"把"为介词的 18 413 个。

外国汉语学习者使用"把"字句的几率比中国人还多 0.0126 个百分点。那么所谓的"回避"问题又从何说起呢？

不论是在语法本体研究，还是在对外汉语教学研究中，"把"字句都是受到广泛关注、得到较为充分研究的一种句式，却依然存在上述种种误解与偏见。由此可见，我们对外国学生学习汉语语法的具体情况并不十分清楚，这方面的基础研究还远远不够。

（五）对语法知识课的性质与教学目的的认识尚存在一定偏差

在我们进行的调查中，有教师提出，教语法知识课的主要困难是处理语法的系统性和满足留学生学习的实用性的关系问题。我们认为，这一问题反映了语法教学与学生实际需要的矛盾，涉及对外汉语语法知识课的教学目的、基本性质和教学定位，关系到如何体现对外汉语语法教学的特点，反映了学界在这一问题上的困惑与偏差。例如接受我们调查的某位教师就认为，语法知识课的教学目的是教知识。学界也存在着把语言知识课的性质等同于文化知识课的观点。而学生则希望教师讲解少一点，练习多一点；不要讲大的语法体系，而要逐个讲解和练习主要语法点；要少讲术语。显然，学界的某些认识与学生的需要是存在较大距离的。

三、语法知识课教学新模式

语法知识课教学研究可以和教学模式研究相结合，我们试图通过建立新的语法知识课教学模式来改进语法知识课教学的现状。

（一）教学模式的基本内容

1972 年，美国学者乔伊斯（B.Joice）和威尔（M.Weil）出版了《当代西方教学模式》一书，拉开了教学模式研究的序幕[①]。此后，教学模式研究引起人们的广泛关注，成为教学研究的一个热点问题。近年来，教学模式研究也得到了对外汉语教学领域的重视，相关的研究也逐渐开展起来，例如在语法教学方面就有"以虚词为核心的词汇—语法教学模式"[②]。这些研究对语法知识课教学无疑具有重要的指导意义和促进作用。

我们赞同这样的认识：教学模式是在一定思想理论指导下，为实现特定教学目标而设计的比较稳定的教学程序及其实施方法的策略体系。一个完整的教学模式主要由指导思想、教学目标、策略、程序、评价等相互作用、相互影响的因素构成[③]。而从教学过程的角度看，"在传统教学过程中包含教师、学生、教材等三个要素。在现代化教学中，通常要运用多种教学媒体，所以还应增加'媒体'这个要素"，这四个要素在教学过程中所形成的稳定的结构形式，就称之为"教学模式"[④]。

根据以上论述，我们认为教学模式涉及与教学过程相关的多种因素，例如对教学的基本认识与教学目的、教学过程与教学方法及手段、教学内容与教材、教学效果与评价等，都可以涵盖于教学模式研究的范围之内。

---

① 汲传波《论对外汉语教学模式的构建——由美国明德大学汉语教学谈起》，《汉语学习》2006年第4期。

② 李晓琪《关于建立词汇—语法教学模式的思考》，《语言教学与研究》2004年第1期。

③ 李雁冰《简论教学模式》，《山东教育科研》1994年第3期。

④ 何克抗《建构主义的教学模式、教学方法与教学设计》，《北京师范大学学报》（社会科学版）1997年第5期。

（二）语法知识课的教学模式

根据我们对语法知识课教学的基本认识和对教学模式的理解，针对教学中存在的实际问题，我们提出一种"用法主导的教学模式"：教学的根本目的是教用法；教学内容由词类和句法、虚词、语段三分天下；教学方法以归纳法为主，并与演绎法恰当结合；强调精讲多练，学以致用；教材则简明扼要，通俗易懂，便于使用；而以结构形式、语义、语用三方面的正确表现作为考核与评价的基本依据。这种模式的要旨是以学生为中心教用法，进而提高学生综合运用汉语的实际能力；教学内容、教学方法、教材的安排与设想也都以此为旨归。

1. 教学中要坚决贯彻教用法的教学原则

我们认为，"教用法"是对外汉语语法知识课教学的根本目的，也是一条基本的教学原则。这一目的与原则符合外国学生学习汉语的实际情况，在教学实践中应该坚决贯彻落实。

2. 改进教学方法，落实教学目的

采取归纳法进行教学，并恰当地与演绎法有机地结合。归纳法从感性材料出发，通过对具体材料的分析综合，得出一般性的规律。它符合人们认识事物的自然过程，非常适合对外汉语语法教学，再与演绎法恰当地配合使用，就可以取得最佳教学效果。在具体的教学实践中，可以把事先精选的例句展示出来，引导学生进行分析、展开讨论、指出错误、总结规律，再依据得出的规律来观察分析更多同类的语言现象，从而加深对规律的理解与认识。这样进行教学，学生不仅能具体、深刻地理解和掌握语法规律，而且会感受到发现的乐趣，看到自己语言能力的增强，学习语法的自信心和积极性也必然会得到极大的提升。

句法结构与语义、语用相结合,真正落实"教用法"的教学原则。在教学中,仅仅给学生讲清楚句法结构是远远不够的,因为这会产生一种结果:学生可能对某种句式的句法结构非常清楚,对不同句式之间的变换也能熟练掌握,但仍然不会使用那种句式。例如学生可能已经掌握了动词重叠、情态补语的语法形式,掌握了"把"字句和"被"字句的变换规则,但却不了解动词重叠的语法意义、情态补语的表达作用、"把"字句和"被"字句的语用条件等,因而不能正确地使用这些语法形式。要正确地使用语言,不仅要合乎语法规则,而且要符合语义规则和语用规则,否则就会造出"合乎语法的不可接受的句子"①。为了避免出现这种情况,就要从结构、语义、语用三者结合的角度进行语法教学,这也是落实"教用法"教学原则的一个重要保证。例如,一个身在北京的外国学生说:"我假期要去中国,我去一个人。"这个句子首先有结构上的问题,即把状语"一个人"放在了宾语的位置上,但产生此问题的根源在语义,即"一个人"既非受事宾语,也非施事宾语,是不能在宾语的位置上出现的,它表示动作的方式,应在动词前面作状语。孤立地看"我假期要去中国",在结构和语义上都是正确的,问题出在语用上:既然说话人已经在中国,就不能说"去中国",而只能说"来中国"。

讲练结合,精讲多练,由"懂"到"会",切实掌握用法。教师的"教"是教学过程中不可或缺的要素,它对传播知识、启迪学生心智具有十分重要的意义。但语言不是"教会"的,而是"练会"的。"教"的结果是"懂","练"的结果才是"会"。从"听懂"

---

① 赵金铭《汉语研究与对外汉语教学》,北京:语文出版社,1997年。

到"会用",最关键的就是要进行练习。这也是对外汉语教学和对"内"汉语教学的一个重要区别。因此在教学中必须讲练结合,精讲多练,使学生由"懂"到"会",真正掌握语法点的用法。从我们的调查结果来看,所有教师都认为必须进行练习,多数教师认为练习时间应占教学时间的三分之一以上。

从认知角度讲语法,加强理据说明,使学生知其"所以然"。作为高年级的语法知识课,既要让学生对语法知识知其然,又要使学生知其所以然。应从认知角度讲语法,使学生明白语法规则的来源及成因。例如,指人名词不能同时前加数量短语后加数量助词"们",这是一条语法规则,然而学生常常会说出"两个同学们""三个老师们"之类的病句。在教学中,我们不仅要告诉学生怎样说才是正确的,而且要使他们明了为什么这样说:虽然名词前加数量短语或后加"们"都表示名词的"复数"概念,但作用并不完全相同,加数量短语是把事物作为个体一个一个来计量,加"们"则是把事物当作一个整体来看待;对于同一个事物,我们不能同时既从个体的角度又从整体的角度来计量,因此不能说"两个同学们""三个老师们",而只能说"同学们""老师们",或者"两个同学""三个老师"[①]。

3. 根据学生的实际需求,实事求是地调整教学内容,编写教材

适当精简某些语法内容。例如,词类虽然是重要的语法内容,但处处详说细讲不仅会占用大量课时,而且并不完全适合学生的实际需要。因此应简化词类内容,省出课时讲特殊句式、句式变换、复句及语段等更为实用的内容。

---

① 张斌《汉语语法学》,上海:上海教育出版社,1998年。

大力加强与充实虚词教学。虚词的个性很强，而教学上一般只是大概地讲一下，不可能取得好的教学效果。常用的、重要的虚词必须一个一个讲，而学生也一定得一个一个地学[①]。李晓琪教授在教学中把虚词从其他语法内容中离析出来，用一个学期专讲虚词。这是一种实事求是、非常有针对性的教学安排，值得借鉴推广。我们认为，虚词教学在整个语法知识课的教学体系中应占三分之一的比例。

增加篇章教学，首先是语段教学。句子是语言的使用单位，但尚不足以充分表达说话人的意思。能够充分表达意思的是语段，语段在各级语法单位中占有重要地位，是学生最需要掌握的语法内容。语段教学应重点讲授语段内句与句的衔接方式、语段的语义中心的表现形式，并通过学生的实践活动，使学生掌握这些内容，提高成段表达能力。在此基础上，再进行语段和语段之间连接方式的篇章教学，把成段表达能力的培养从语段层面推进到篇章层面。彭小川教授在中级阶段的语法课教学中就已经引入了语段教学，课时约占总课时的三分之一强[②]，这种安排是非常符合对外汉语语法教学的实际需要的。

根据学生学习的难点，吸收新的研究成果，增强语法教学的针对性与实用性。汉语的不同语法点本身有繁简之分；与学生的母语相比，有些语法点可能差距很大，有些则可能比较接近，有些甚至完全相同，因此对学生来说自然就有难易之别；学生的母

[①] 陆俭明《"对外汉语教学"中的语法教学》，《语言教学与研究》2000年第3期。

[②] 彭小川《对外汉语语法课语段教学刍议》，《语言文字应用》1999年第3期。

语背景不同，遇到的学习难点可能也会有所不同。因此，在教学中应针对学生的不同特点，根据他们的实际需要，有针对性地进行教学：简易之处，与学生母语相近之处可以少讲、略讲；与学生母语完全相同之处甚至可以不讲，因为学生可以通过其母语的正迁移自然习得；而对汉语语法的繁难之处、与学生母语的不同之处，特别是似是而非之处，总之是学生难于理解和掌握的语法内容，例如量词与名词的搭配、助词的用法、多项修饰语的次序、比较的方法、形容词谓语句、各种补语句、"把"字句、无标记的被动句、"是……的"句、语段等[1][2]，则要详细讲，反复练，直到学生真正掌握为止。教学中还应注意吸取新的研究成果，增强教学的实用性。例如，"把"字句教学，就应吸取相关的科研成果，特别是关于"把"字句的语义语用特征的研究成果，以使学生了解用与不用"把"字句的区别，什么情况应该使用或必须使用，什么情况不能使用或不必使用，从而避免学生对"把"字句的回避与泛化，真正掌握"把"字句的用法。

教材编写方面，语法教材应简明、实用、通俗易懂，切忌内容太多、篇幅太大、学术性太强、语言不通俗。教材是"一课之本"，基本上规定了教学内容，体现着教材编写者的教学理念，与一定的教学模式相适应，在教学中具有关键作用。针对目前对外汉语语法知识课教学的具体情况，首先应当把大而全的学术专著式语法教材变为真正"实用"的语法教材，突出简明、实用的特点。在这方面，卢福波教授的《对外汉语教学实用语法》堪称典范。作者把"明确的针对性"和"简明实用性"作为追求的目标，

---

[1] 吕必松《华语教学讲习》，北京：北京语言学院出版社，1992年。
[2] 刘珣《对外汉语教育学引论》，北京：北京语言文化大学出版社，2000年。

使这本教材具备了"新颖和明辨两大特点""是一本有特色又的确实用的书"[①]。对外汉语语法教材尤其应当注意语言的通俗性，学生那种"老师讲听得懂，语法书看不懂"的感觉，非常典型地反映出语法教材的语言过于艰深，大大超越了学生实际的汉语水平，不能适应对外汉语语法教学的需要。因此语法教材急需在汉语书面语的语言运用上下功夫，从语言运用的角度来降低语法学习的难度。对外汉语教学最需要的是"通俗语法"，其主要特征是简明扼要、用例丰富、通俗易懂、便于使用。

四、结语

本研究针对语法知识课教学存在的种种问题，提出了"用法主导的教学模式"，希望能够解决一些问题，改进教学。

需要指出的是，教学中存在的种种问题与研究的不足是有密切关系的。例如"吃食堂""吃馆子"中的宾语到底是不是处所宾语？语法上对充当这种宾语的词语有什么限制？此类述宾结构在什么语境下才能使用？再比如语段教学薄弱的问题，根本原因在于"对汉语篇章，尤其是语段的研究始终处于停步不前的状态，这已经严重影响了中、高级阶段的汉语语法教学"[②]。

由于语料规模、研究方法等因素的制约，对于学生在汉语语法习得方面的真实情况，比如哪些语法点学生已经掌握，哪些还没有掌握，存在的具体问题是什么；哪些情况比较严重，哪些情

[①] 赵金铭《〈对外汉语教学实用语法〉序》，见卢福波《对外汉语教学实用语法》，北京：北京语言大学出版社，1996年。

[②] 张旺熹《对外汉语研究与评论》，北京：教育教学出版社，2005年。

况不那么严重,等等,我们可能并不十分清楚,上文"把"字句的情况就是一个典型的例子。因此,必须加强语法本体和教学两方面的基础研究,用丰富的研究成果为教学提供理论支持。在此基础上采取适当的教学模式进行教学,对外汉语语法教学就一定能够产生质的变化,达到一个比较高的水平。

第五节 预科教育的课程目标与课程体系[①]

《国家中长期教育改革和发展规划纲要(2010—2020年)》[②]指出要"进一步扩大外国留学生规模",教育部2010年9月出台的《留学中国计划》[③]将发展目标定为"到2020年,使我国成为亚洲最大的留学目的地国家"。在大力发展留学生规模的同时,中国也提出要提高留学生中学历生的比例。另一方面,中国目前把留学生数量作为衡量一所高校是否国际化的一个重要指标,并以此来进一步推进校园的多元文化建设,营造有利于人才培养的国际化氛围。而参加预科项目的留学生大都会进入中国的各高校攻读大学本科,之后还可能继续攻读硕士、博士学位,因此预科项目的发展无疑会有助于提升在华留学生的数量和层次,符合国

---

① 本节摘自蔡云凌《浅谈预科教育的特殊性、教学目标及教学内容——以北京大学留学生预科项目为例》,《国际汉语教学研究》2016年第3期。

② 国务院《国家中长期教育改革和发展规划纲要(2010—2020年)》,北京:人民出版社,2010年。

③ 教育部《留学中国计划》,2010年,http://www.gov.cn/zwgk/2010-09/28/content_1711971.htm。

家教育发展战略和高校发展的需要。

本研究将以北京大学（以下简称"北大"）留学生预科项目为例，谈谈对预科教育的特殊性、教学目标及教学内容的几点浅见。

一、预科教育的特殊性

（一）预科项目学习群体的特点

1. 从年龄结构上来看，预科学生大多是高中毕业生，因此与其他汉语项目的留学生相比，普遍年龄较小，涉世不深，比较单纯、热情、活泼，对于教师有较强的依赖性。2015—2016 学年北大预科项目的学生中，年龄最小的只有 17 岁，年龄最大的为 25 岁，19—21 岁者占大多数。预科生中的"大龄青年"有的是在韩国服完兵役后来中国求学的，还有的是已在别的国家上了一至两年本科，但因对所学专业不满而放弃学业来中国求学的。

2. 从国籍构成上来看，北大预科项目在开设后相当长的一段时间内，韩国学生一直占有极高的比例，甚至曾经"一统天下"。不过随着留学生国际化、多元化的发展目标的提出，近年来韩国学生的比例已有所下降。目前北大预科项目的学生主要来自韩国、泰国、蒙古国、俄罗斯、乌克兰、土耳其、哈萨克斯坦、吉尔吉斯斯坦、塔吉克斯坦、罗马尼亚、日本、越南、缅甸、朝鲜、加拿大（华裔）、巴西（华裔）、荷兰（华裔）17 个国家。尽管国籍分布上已呈现出国际化的趋势，不过与其他汉语项目相比，预科项目中来自欧洲、美洲的非亚裔学生仍是屈指可数的。

3. 从学习动机和学习态度上来看，所有预科学生无论水平高低，都以攻读北大或中国其他高校的本科为目标，求知欲、学习兴趣及对提高自身水平的期望要远远高于其他汉语项目的学生。再加上预科学生大多没有工作经历，学费一般由父母支付，他们也不想辜负父母的期望。因此可以说，预科学生具有明确的学习目标、强烈的学习动机和积极的学习态度。

总体来看，预科项目的学生年龄偏小，性格活泼、开朗；在国籍构成上呈多样化趋势但仍以亚裔为主；学习目标明确，学习动机极强，学习态度非常认真。这些特点对学校的管理和教师的教学工作都产生了较为积极的影响，但不可否认的是也有一定的负面影响，比如：学生们过于追求并看重成绩而忽视了学习的本质；因年龄较小缺乏处世经验，学生们在面临一些困难和挫折时会有较大的情绪波动等，这些问题都需要引起我们足够的关注。

（二）预科学生升入本科后的学习瓶颈

预科学生升入本科后遇到的困难因人而异，不过从学生的反馈来看，预科学生升入本科后遇到的学习瓶颈主要有以下两个方面：

1. 语言。很多预科学生升入北大本科之后，由于是跟中国学生一起上课，授课教师并不迁就留学生的水平，仍保持正常语速且有的有地方口音，再加上大量专业词语的出现，所以听课时会有较大的困难。如果说听力方面的问题可以通过一段时间的适应逐渐提高的话，那么困扰学生们的最大的问题还是在阅读和写作方面。与中国学生一样，留学生们要面对的是本科课程所涉及的大量专业文献的阅读，这常常让他们应接不暇，顾此失彼，随之而来的还有各门课程大大小小的无数报告，就更让缺乏这方面专业训练的留学生手足无措，难以招架。

2. 知识结构。在基础教育方面，国家之间存在着很大的差异。

以数学来说，与很多国家相比，中国基础教育阶段的数学具有相当大的难度，有些内容甚至是在国外大学才会讲授的。而北大的很多院系无论文理都设置有数学课程，因此大部分的预科学生升入本科后，要为数学课花费大量的时间且收效甚微。除了数学课以外，学生们在很多方面也表现出知识结构方面的缺陷，造成课程听不懂，文章写不出。几年前，有一名来自韩国的预科学生，他当时在预科最高班里是成绩最好、汉语水平最高的，进入北大国际关系学院本科后曾经与笔者交流。他说在新生入学会上，每个新生要自我介绍，他发现中国学生介绍自己时都能引经据典，长篇大论，自己几乎听不懂几句，一下子感到自己的汉语水平实在是太低了。其实，这不仅仅是语言水平的问题，还有知识面较窄的原因。

当然，预科生升入本科后还有着各种各样的问题，但是总体上来看，阅读、写作能力较低及知识结构上的不足给学生带来的困难和挑战是最大的。

二、预科教育的教学目标

从上述预科教育的特殊性来看，我们认为预科教育是供高中毕业的外国学生学习并帮助他们达到中国大学录取条件的基础性、过渡性阶段，一般为1—2年，其目标就是要帮助外国学生打好基础，做好必要的准备来适应中国的大学教育并顺利完成学业。虽然预科的时间并不长，但是学生在此期间学得怎么样将会直接影响其在本科阶段的学习水平和生活状态。如此重要的一个学习阶段，其教学目标应该体现在哪些方面呢？

我们认为在这样一个以学生为本的时代，预科教育的教学目标应该紧紧围绕着"需求"二字来设定。上文我们讨论了预科项目学习群体的特点和预科学生升入本科后所遭遇的瓶颈，从中我们不难发现预科学生的需求主要集中在三个方面：

（一）在语言方面，预科学生需要大幅提高汉语水平，尤其是在阅读、写作方面。留学生在进入北大预科项目时都要参加分班考试，根据其成绩进行分班。低班的学生在汉语的听、说方面都有很大的困难，而高班的学生虽然可以应付日常的听说，但是在正式的、书面语的表达方面却仍然显得捉襟见肘。因此，预科教育的首要目标就是要在1—2年的时间内，大幅提高学生们在听、说、读、写这四个方面的汉语水平，为其进入本科扫清语言上的障碍。

（二）在知识结构方面，预科学生需要拓展知识面及学术视野，尤其是在专业知识背景方面。我们对2015年北大预科项目升入本科的45名学生的专业做了统计，结果如下：

表1

升入院系	人数
中国语言文学系	11人
国际关系学院	6人
艺术学院	5人
新闻与传播学院、社会学系、元培学院	各4人
经济学院	3人
光华管理学院、考古文博学院、历史学系、社会学系、心理学系、信息管理系、信息科学技术学院、哲学系	各1人

由上述统计结果我们不难发现，大部分预科学生最终升入

了北大的文科专业。而在多年的预科教学过程中，我们发现很多学生平时说的、在作文中写的大多是与其日常生活紧密相关的琐事，知识面比较窄。如果问及与文科有关的专业知识，诸如历史典故、文化常识、新闻时事、社会变革等方面的内容时，经常会出现一问三不知或者只知其一不知其二的情况。另外，我们在前面已经提到过，除少数院系外，北大的大部分院系根据所学专业的要求在本科阶段都开设了不同水平的数学课程，这也成为进入本科的留学生的一大难题。因此，在预科教育阶段，大力完善学生的知识结构，提高学生的专业素养，为学生进入本科专业领域后的学习打下基础、做好铺垫，就自然成为预科教育的另一目标。

（三）在综合能力与素质方面，预科学生需要的是独立思考、自主学习的习惯、良好的心理素质及较强的适应能力。在学习第二外语的过程中，学生们较为习惯于被动地接受知识，比较依赖语言教师的指导，而进入本科院系之后，则需要学生发挥其主动性，具有一定的思考、判断、分析和创新的能力。这对于年龄普遍较小的预科学生来说绝非易事。另外，进入本科后，学生们将与中国学生一起学习专业课程，汉语将真正成为他们学习某一专业的工具。这种从单一地学习语言课程到全面学习专业课程的转变，会给学生带来较强的不适感，心理素质较差、学习能力不强的学生很容易被淘汰。因此，预科教育的另一个目标就是加强学生自我学习能力的培养，使学生具有较强的心理素质及适应能力，为进入本科后可能面临的种种困难做好充分的心理准备。

综上所述，我们认为预科教育要立足于学生的需求，以提高学生的汉语水平、完善学生的知识结构、开阔学生的学术视野，培养学生良好的学习习惯、心理素质和较强的适应能力作为预科教育的教学目标。

三、预科教育的教学内容

确定了教学目标之后，我们再来谈谈预科的教学内容。既然教学目标是以学生的需求为出发点的，那么我们的预科课程也当然应该着眼于为学生将来进入大学后能顺利完成其本科学业提供必备的知识和技能。不过，这只是一个大原则，在具体设置课程时，对课程内容的选择与确定是需要一个认知过程的，并且要经过教授预科项目的教师共同审定和修改。

以北大的预科项目为例，从2000年9月发展至今，针对预科学生的教学内容经历了较大的发展和变化。在预科项目成立之初，与其他语言培训项目的课程基本一致，只包括汉语精读和口语课，只是在教学进度、教学要求上有所区别。随着预科项目的发展，其特点也越来越鲜明，教师们发现原有的课程已不能满足预科学生的需求，于是先后增加了专业汉语课、数学课和中国概况课，取得了良好的教学效果。目前北大预科项目的课程分为必修课和选修课两大类，其中必修课每周20学时，包括语言课和专业汉语课；选修课程每周4—6学时，包括数学课和中国概况课。具体设置如下：

图 1

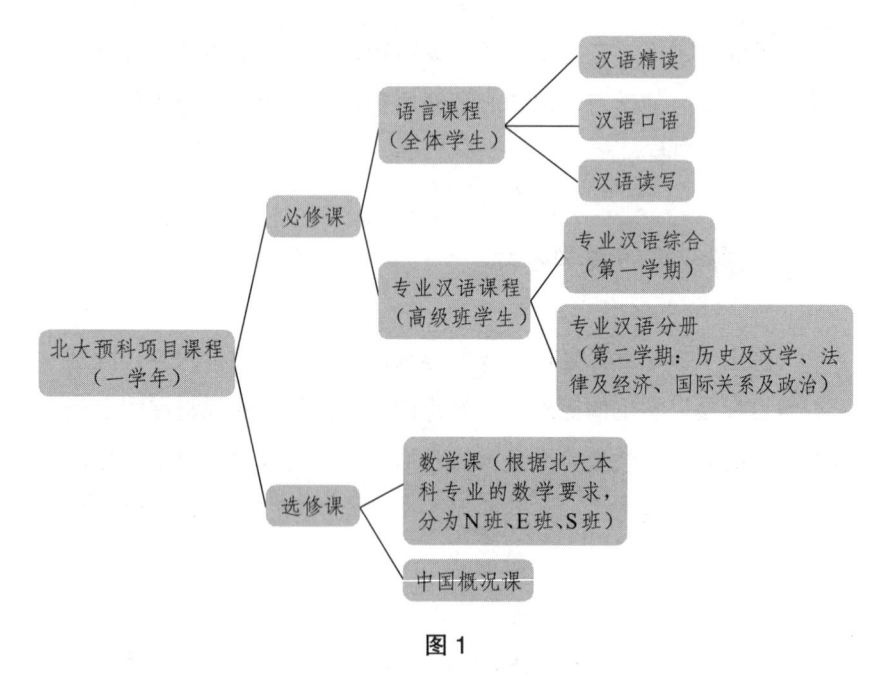

北大预科项目课程（一学年）
- 必修课
  - 语言课程（全体学生）
    - 汉语精读
    - 汉语口语
    - 汉语读写
  - 专业汉语课程（高级班学生）
    - 专业汉语综合（第一学期）
    - 专业汉语分册（第二学期：历史及文学、法律及经济、国际关系及政治）
- 选修课
  - 数学课（根据北大本科专业的数学要求，分为N班、E班、S班）
  - 中国概况课

概括来说，上述课程体系具有以下几个特点：

（一）因为我们最重要的教学目标是在较短的时间内提高学生的汉语水平，使其能在进入本科后顺利完成本科的课程要求，因此语言课程仍是学生学习的"重头戏"，是我们的教学之本。这一点在课时安排上就可见一斑：低班的语言课程共20学时，其中精读6学时，口语8学时，读写6学时；高班的语言课程共16学时，其中精读6学时，口语6学时，读写4学时。

（二）虽然都是预科学生，但他们在水平、能力和需求上也会有所差异。因此在注重提高全体预科学生汉语表达水平的同时，我们也关注不同水平学生的不同需求。这主要表现在必修课的安排上：

1. 高班和低班有较大的差异。低班学生的必修课只有精读、口语和读写三门，而高班学生的必修课除此之外还有专业汉语课，这是因为高班的学生汉语水平较高，学有余力，并且已有较为清晰的专业取向。

2. 在不同学习阶段的课程设置有所不同。在高班的第一学期，统一开设了专业汉语综合课，以便学生初步了解专业汉语的相关知识。而在第二学期则根据其自身的选择、今后的专业取向分别开设了历史及文学、法律及经济、国际关系及政治这三门课，引领学生进一步进入专业领域，开阔其学术视野。

3. 在了解到学生升入北大本科后遇到的主要瓶颈后，有针对性地将数学和中国概况设置为学生的选修课。其中，选修数学课的学生会报考本科需要学习数学的专业，根据各专业的数学要求又分为基础数学和高等数学两门，而选修中国概况课的学生则会报考本科不需要学习数学的专业。

从目前学生反馈的信息来看，上述课程设置基本能满足预科学生的需求，为其攻读北大本科的学习打下了较为坚实的基础。当然，教育是一个与时俱进的过程，预科教育也不例外。在今后的教学中，还会不断出现新情况、新需求，我们必须及时对教学内容做出调整和修订，但无论如何，最终的目标都是为了满足学生升入本科后的需求。

四、结语

本节以北京大学留学生预科项目为例，在分析了预科学生的特点及其升入北大本科进入专业领域学习后所遇到的一系列困难的基础上，对预科教育的学科性质、教学目标和教学内容进行了一些思考和探讨。除了北京大学以外，国内还有很多院校都开设了留学生预科项目，因此，如何让预科教育既体现教育上的共性又包含各院校的个性，如何让预科课程满足不同学习者的需求，如何使预科项目为中国大学输送有用之才，这一系列的问题还需要与各位同人一起进行更为深入细致的探讨和研究。

第六节 预科汉语模块化教学模式研究[①]

预科教育是高等教育国际化的重要标志和发展趋势，发达国家为了使留学生能顺利进入大学本科阶段的学习，均设立了预科教育阶段。随着"留学中国"计划的实施，中国政府奖学金来华留学生规模不断扩大，自 2010 年以来，所有中国政府奖学金来华留学本科生均须接受预科教育。由于我国留学生预科教育起步较晚，目前还处在试点摸索阶段，如何采用科学有效的教学模式，以提高预科汉语速成教学的整体质量，这是需要认真研究和努力解决的问题；同时，多媒体教学手段的运用、网络化信息交流的普及、立体化教材的建设，这些也使得预科汉语教学模式的探索成为当务之急。

---

① 本节摘自李向农、万莹《留学生预科汉语模块化教学模式的探索与实践》，《华中师范大学学报》（人文社会科学版）2013 年第 6 期。

一、教学模式与预科汉语教学的特点

（一）教学模式概说

"教学模式"是教学论的一个科学概念。早在17世纪，西方教育学界就开始对教学模式展开研究，夸美纽斯提出的"感知－记忆－理解－判断"模式就是其中的代表。20世纪以来的"实用主义教学模式""认知发展模式"以及"累积学习模式"的提出丰富了教学模式研究。国内教学模式的研究起步相对较晚，同时，由于对"教学模式"的理解视角的不同，对教学模式的界定也存在着不同的看法。在对外汉语教学研究领域，海内外学者们对对外汉语教学模式进行了诸多有意义的思考和探索。国外如巴黎东方文化语言学院白乐桑提出的"Chinese Recycled"模式[1]、莫斯科大学亚非学院的汉语言文学教育模式[2]、美国明德暑期汉语学校的"明德模式"[3]、美国AP中文教学模式[4]等。国内有代表性的教学模式主要有：语文分开、集中识字教学模式[5]；词语集中强化教学模式[6]；汉语交际任务教学模式[7]；口笔语分科、精

---

[1] 〔法〕白乐桑主编《说字解词》，北京：北京大学出版社，2002年。
[2] 康德基《莫斯科大学亚非学院的汉语教学》，《世界汉语教学》1988年第4期。
[3] 施仲谋《明德中文暑校经验的启示》，《世界汉语教学》1994年第1期。
[4] 华美《汉语将进入美国AP课程》，《课程·教材·教法》2004年第4期。
[5] 张朋朋《语文分开、集中识字的思路和具体做法》，见北京语言文化大学汉语速成学院《汉语速成教学研究》（第二辑），北京：华语教学出版社，1999年。
[6] 陈贤纯《我们能够把汉语教得更好——对外汉语教学中级阶段总体设计改革构想》，见北京语言文化大学汉语学院编《语言文化教学研究集刊》（第三辑），北京：华语教学出版社，1999年。
[7] 马箭飞《以"交际任务"为基础的汉语短期教学新模式》，《世界汉语教学》2000年第4期。

泛读并举[①]等。上述教学模式有不少值得借鉴的地方，但由于预科汉语教学对象、教学要求等方面的特殊性，我们还没有找到一个完全适合于预科汉语教学的教学模式，同时有关留学生预科汉语教学模式的研究论文也并不丰硕。关于预科教学模式研究的专篇论文，笔者以中国知网（CNKI）为例进行了搜索，结果如下：1980年至2013年，在"汉语教学"分支下，以"篇名"为检索项，输入检索词"预科"，查询到的论文数为361篇，其中关于民族预科汉语或预科语文教学的论文数为两百余篇。因此，无论是从教学实践还是从理论研究来看，预科汉语教学模式的研究势在必行。

（二）留学生预科汉语教育的特殊性

2005年国家留学基金委在全国3所高校进行预科教育试点，对部分中国政府奖学金来华留学生进行汉语和专业基础课程的补习（2013年预科教育试点院校增至8所）。为保证中国政府奖学金本科来华留学生教育质量、提高奖学金使用效益，教育部于2009年3月13日发出《教育部关于中国政府奖学金本科来华留学生开展预科教育的通知》（教外来〔2009〕20号）（下面简称《通知》），决定自2010年9月1日起，所有中国政府奖学金本科来华留学生新生在进入专业学习前均需接受预科教育。

预科留学生的特殊性表现在以下两个方面：

1. 预科汉语教学必须是速成教学

预科留学生是进入本科专业学习前的留学生，预科教育即是针对这些留学生进入专业学习前的教育。基于除全英文授课外，

[①] 鲁健骥《口笔语分科 精泛读并举——对外汉语教学改进模式构想》，《世界汉语教学》2003年第2期。

国内大学基本上是采用汉语教学的现实性,具备一定的汉语交际能力和专业汉语知识是预科留学生顺利进入专业学习的重要前提。《通知》规定:通过预科学习要使学生在1—2学年在汉语言知识和能力、相关专业知识以及跨文化交际能力等方面达到进入我国高等学校专业阶段学习的基本标准,且对这一标准进行了定性和定量两方面的概括。定性要求是一要使学生具备一定的汉语交际能力和跨文化交际能力,二要使学生具备一定的专业基础知识;定量要求是理工、农医、经济、法学、管理、教育等学科专业不得低于HSK三级(新HSK四级),文学、历史、哲学及中医等学科专业不得低于HSK六级(新HSK五级)。由于预科汉语教学时间短(一学年,不足九个月)、教学内容多、教学目标高,因此不开展速成教学是行不通的。预科汉语教学的速成性表现在:全浸式强化、短时高效、科学优化。换言之,预科汉语速成教学就是在全浸式的语言环境中,通过科学化地调配教学过程中的各种因素,在最短的时间内实现教学效果的最大化。

2. 预科汉语教学必须是能力教学

要达到《通知》规定的教学目标,我们必须完成以下教学任务:(1)基础汉语教学;(2)专业汉语教学;(3)文化知识教学。以上三个教学任务都包含了明确的知识目标与能力目标,具体如表1所示:

表1 预科汉语教学基本内容

教学任务	知识目标	能力目标
基础汉语	语音、汉字、词汇、语法	培养留学生的汉语交际能力
专业汉语	数学、物理、化学、医学等	培养留学生在汉语语境中的专业知识学习能力

（续表）

教学任务	知识目标	能力目标
文化知识	中国国情、中国文化等	培养留学生的跨文化交际能力，了解并热爱中国文化

由表1可看出，无论是基础汉语、专业汉语还是文化知识教学，最终是要落实到使预科留学生具备进入专业学习的学习能力。因此，预科汉语教学必须是一种能力教学，目标是综合培养留学生的三种能力：通用汉语交际能力、在汉语语境中的专业知识学习能力及跨文化交际能力。

二、*模块化教学模式的内容及实施*

"模块"在《现代汉语词典》中解释为"大型软件系统中的一个具有独立功能的组成部分"①，与之相关，预科汉语教学的"模块化"就是由若干个内容不同但相互联系的组件共同构建一个动态的预科教育系统。各模块之间按需优化组合，相互渗透，使预科教学尽可能适应不同学习能力和不同专业目标的需求，以达到圆满完成预科教学任务的目标。

（一）建构主义理论支持下的模块化模式

建构主义学习理论认为学习是一个主动建构的过程。学生不是被动地接受外在信息，而是在教师指导下，根据已有的认知结构对外部新信息进行主动选择与加工，从而建构内部心理表征及

---

① 中国社会科学院语言研究所词典编辑室编《现代汉语词典》（第5版），北京：商务印书馆，2005年。

新知识的意义。这点同样也适用于预科汉语教学。

预科留学生一般都具有建立在母语或先前学过的外语上的完整的认知结构,学习过程中会自然而然将接收的汉语信息与母语或先前学过的外语进行比对、选择与加工,从而建构起汉语心理表征。因此重新定位教师和学生的角色,转变学习观和教学观以及教学设计、教学方法尤为重要。教师应在教学活动中发挥主导作用、导向作用、支架作用,在教学中发挥组织者、哥伦布似的发现者的作用;学习的本质则是学习主体按照本身已有的经验与知识主动地加以建构,不是简单地由教师传授知识给学生,要变习惯性学习为创造性学习。因此,来华留学生预科教与学活动是在特定的环境下由教师指导的一种建构活动,一个螺旋上升、循环递进的过程,因此教学设计要充分考虑预科留学生原有的知识基础和学习生活经验。

此外,语言习得效果的实现还与教师的教学水平和付出程度,学生的学习态度、方法和努力程度以及学校环境、教学管理制度和水平、现代教育技术的应用、班级和社会风气等有关,教师和管理者应充分调动各种积极因素,实现预科汉语教学目标。

基于上述原因,我们提出并且在华中师范大学国际文化交流学院预科部进行了留学生预科汉语模块化教学模式的研究。

(二)模块化教学模式的原则

留学生预科汉语教学模块化教学实践中,我们始终坚持以"按阶段分层推进,按模块优化最大优化"为原则。这既可以有效突破传统预科汉语教学的局限性,符合预科留学生实际培养目标,又充分考虑学生的个性化、专业化发展需求。

预科汉语教学既要使学生具备一定的汉语交际能力和跨文化

交际能力，又要使学生具备一定的专业基础知识，而同时开展这三方面教学在汉语学习起步阶段是不可能的，因此我们提出"分阶段分层推进"。具体来说就是：第一阶段培养学生的汉语交际能力，第二阶段采取"3＋1"的组合方案，培养学生的专业基础知识及跨文化交际能力，进一步提升学生的汉语言能力（侧重于读、写能力的提升）并组织语言文化实践活动，把阶段一、阶段二的课堂学习内容应用到实践活动中去。具体如图1所示：

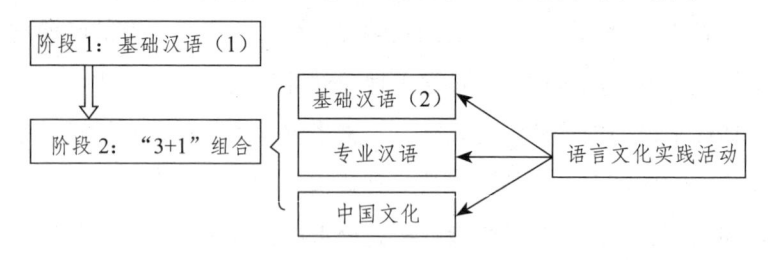

```
阶段1：基础汉语（1）
        ↓                    ┌─ 基础汉语（2）─┐
阶段2："3+1"组合  ─────────── ┤─ 专业汉语 ─────┤ ←→ 语言文化实践活动
                             └─ 中国文化 ─────┘
```

图1　预科教育阶段图

（三）模块化教学模式的具体内容

本研究的模块化教学模式是针对基础汉语教学而提出的适用于来华留学生的预科汉语速成教学模式。根据《通知》要求，我们努力探索四个模块化：一是课程设置的模块化；二是教材的模块化；三是课堂教学单位的模块化；四是教学形式的模块化。

1. 课程设置的模块化

我们将基础汉语课程体系分为三大教学模块：听说课、读写课、复练课，这三大教学模块共同形成了培养预科留学生的汉语知识网络系统。

"基础汉语"模块课程设置的思路是"化繁为简、合理安排"。"化繁为简"是将课程门类尽量精简，将听、说、读、写技能的训练集中在两门课中，新增复练课，充分体现语言课堂教学"以学生为中心,精讲多练,讲练结合"的原则。因此,"基础汉语"教学模块下设三个子模块:听说课、读写课、复练课。

子模块1"听说课"与子模块2"读写课"两者之间是一种并列的结构关系,无强制性先后顺序之分。子模块1"听说课"、子模块2"读写课"与子模块3"复练课"之间是一种线性关系,即顺序结构,如图2所示:

```
子模块1:听说  ⇅  → 子模块3:复练
子模块2:读写
```

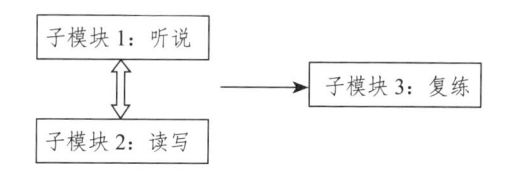

图2　预科基础汉语教学子模块结构图

每个子模块下又根据每单元教学内容具体到每节课的教学内容,形成微模块,各微模块之间是一种线性关系,即顺序结构,如图3所示:

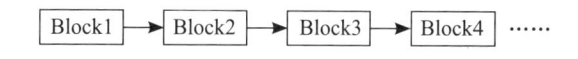

```
Block1 → Block2 → Block3 → Block4 → ……
```

图3　预科基础汉语教学微模块结构图

2. 教材的模块化

基础汉语教材依据课程设置,分为两套主干教材(听、说教程与读、写教程)和与之配套的"复练"练习册。此套教材以文字印刷教材为主,同时辅以音频与电子课件,为后续的网络教材的开发、立体化教材建设做准备。

听、说教程以功能项目为纲,读、写教程以结构为纲,两种课本互相呼应和关照,同时兼顾文化知识的介绍。基本的教学模式是"语文分开、听说领先、识读跟上、重视书写"。在汉语书写过程中，采用手写和电脑输入相结合的学习方法，使学生既提高了学习兴趣，又降低了汉字读写的难度。

3. 课堂教学单位的模块化

"划分教学单位的基本原则是保持教学内容的相对完整性。一般说来，教材中的一课书有相对完整的教学内容，因此内容相对完整的一节课（一般是45—50分钟）或若干节课的教学作为一个教学单位。"① 课程安排上，我们以两节课（90分钟）为内容相对完整的一个教学单位。

教学内容是线性呈列的文字教材，其具体落实则体现在90分钟的课堂教学之中。课堂教学活动中，教师在吃透教材的基础上，根据学生现实接受能力与教学目标，调整教学内容，切合学生由易到难、由浅入深的认知规律。教学活动应围绕课堂教学目的，以听、说、读、写能力训练为子模块，把教材的内容进行重新的综合性整合，避免教学模块之间的重复、拖沓，实现教学模块之间的相互补充与衔接。

4. 教学形式的模块化

我们将教学形式分为两个模块：多媒体与传统课堂教学形式。两者既有分工又互相配合。我们坚持以教师为主导，学生为主体，充分发挥多媒体课件的优势，形成多媒体课件、板书与课堂讲授这三个子模块的有机结合。

多媒体课件有其自身天然的优势：（1）形式更丰富多样，文字、图片、音频、视频等多种手段的灵活运用，而不局限于教

---

① 吕必松《对外汉语教学概论》（讲义），国家教委对外汉语教师资格审查委员会办公室，1996年。

师一本书、一支笔、一块黑板的传统课堂教学形式，能活跃课堂气氛，吸引学生的注意力，激发学生学习汉语的兴趣。（2）讲解更直观、更形象，有利于控制课堂教学中媒介语的使用频率。（3）高效率地利用有限的课堂教学时间，节约了教师板书时间，同时避免了因板书时间过长而导致的课堂教学环节之间的不流畅。（4）多媒体课件的素材具有可组合性，可以根据教学环节的设计多次加以合理运用，弥补了传统板书不可跨时空重复使用的缺憾。

同时，我们也认识到多媒体课件存在的不足：（1）多媒体课件的制作往往具有范式化的特点，一个多媒体课件往往是由多个模块组成，难以做到模块与模块之间的交叉与融合。（2）虽然多媒体课件实现了图片、音频、视频的整合，但在汉语教学设计中，仅仅只是做到了单个语言点（词汇、语法项目）展示的立体化，在其展示过程中，词汇与词汇之间、语言点与语言点之间始终以线性的形式先后呈现在学生面前，不能做到传统板书的多个词汇、多个语言点或者一个语言点全部讲解过程的分步、完整、实时呈现，不利于学生的整体把握。

因此，过度依赖多媒体课件，会导致教师与学生间的互动减少，使得师生互动、生生互动难以落到实处，见图4：

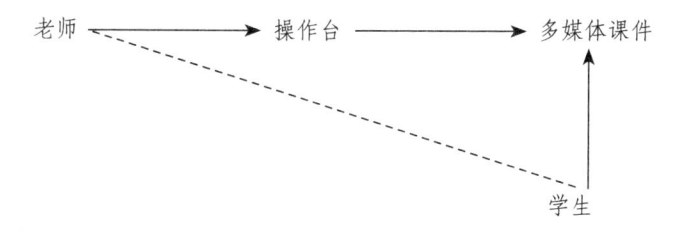

图4 教师、学生与多媒体课件关系图示

从图4中，我们可以看到，如果不合理地控制多媒体课件的运用，那么课堂上将会出现的局面是：教师面对的是操作台，学生直接面对的是多媒体课件，师生间的互动成为空谈，另外，课本也变得可有可无，不利于学生课后利用课本进行复习巩固。

因此，课堂教学中引入多媒体教学，一定要把握住使用的合理度，既发挥多媒体课件的优势，同时，要坚持以教师为主导，学生为主体的原则，教学内容有机融合，使得整个语言教学活动落到实处，具体方法为：（1）多媒体课件重认读、重练习，以输入大量语言材料来提高课堂活动的效率。多媒体课件能在帮助学生认读生词、认读课文、复述课文及处理课后练习等方面起到积极的作用。（2）传统课堂教学形式中的板书与讲解要发挥教师的主导作用，把课本中讲练内容进行有机的整合，精讲多练，做到当堂识记、当堂消化，着力提高学生听、说及认读的能力。

综上所述，预科汉语教学模块化模式具有立体化、灵活性、动态化、实践性强等特点，各大模块相互渗透、相互关联，各子模块间可根据教学内容、教学对象，实现实时灵活组合（如图5所示），使得预科汉语教学在集体教学、强调共性的基础上，突出学生的个性，因材施教，从而激发、维持学生学习兴趣，加强教学效果。

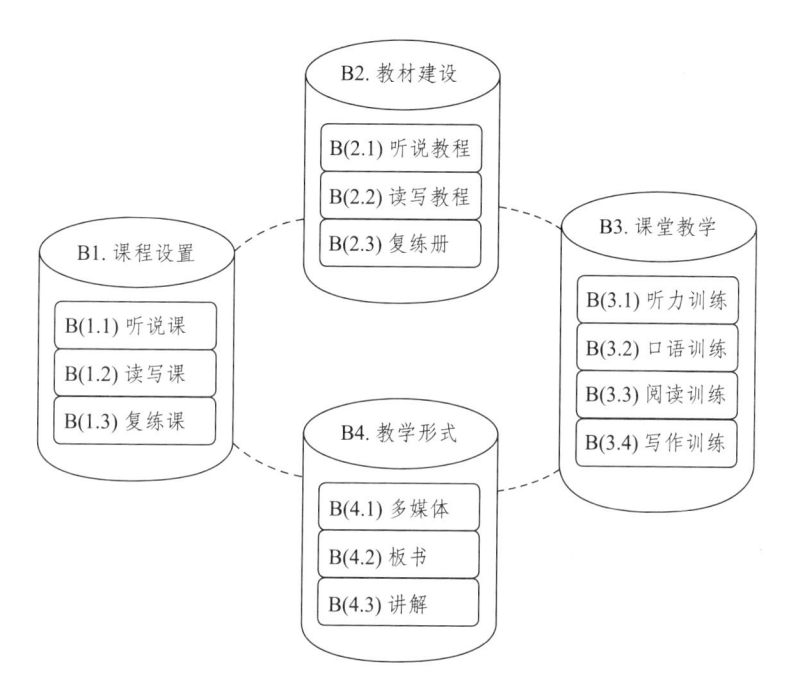

```
        ┌─────────────────┐
        │ B2. 教材建设    │
        │ B(2.1) 听说教程 │
        │ B(2.2) 读写教程 │       ┌─────────────────┐
┌─────────────────┐         │ B(2.3) 复练册   │       │ B3. 课堂教学    │
│ B1. 课程设置    │         └─────────────────┘       │ B(3.1) 听力训练 │
│ B(1.1) 听说课   │                                   │ B(3.2) 口语训练 │
│ B(1.2) 读写课   │                                   │ B(3.3) 阅读训练 │
│ B(1.3) 复练课   │         ┌─────────────────┐       │ B(3.4) 写作训练 │
└─────────────────┘         │ B4. 教学形式    │       └─────────────────┘
                            │ B(4.1) 多媒体   │
                            │ B(4.2) 板书     │
                            │ B(4.3) 讲解     │
                            └─────────────────┘
```

图5　立体式模块教学模式

（四）模块化教学模式的实施

我们从制度、师资及管理三个方面来保障模块化教学模式的切实执行。

1. 制度保障

为保障预科教育顺利进行，在教学管理中做到有章可循，同时，确保管理的规范化、程序化，我们制订了学生、教师两本教学管理守则，即《华中师范大学国际文化交流学院中国政府奖学金预科留学生学习守则》（下面简称《学习守则》）、《华中师范大学国际文化交流学院中国政府奖学金预科留学生教育教师工作守则》（下面简称《工作守则》）。《学习守则》逐条细化了对学生学习纪律的要求以及奖惩措施；《工作守则》明确了预科教师的工作职责及工作流程，还包括问题出现时的处理流程等。

2. 师资保障

首先，华中师范大学国际文化交流学院预科部配备了最优良的师资队伍，任课教师都是30岁出头的青年教师，既有丰富的预科汉语教学及管理经验，又有充沛的精力和活力；其次，组建教学团队，每个教学团队负责若干个模块的教案撰写、课件制作等工作，并提交给该课程小组，参与集体备课、修订教案，完善课件，实现成果共享。

3. 管理保障

科学细致的教学管理是保证教学任务顺利完成的重要保障。

第一，细致服务，树立良好开端。华中师范大学国际文化交流学院预科教育从一开始就注重从思想上统一学生的认识。由于学生来自不同国家、母语不同，我们在开学时分语种进行学前宣讲，力求让每个学生都明白预科学习的目标、学院的规章制度、出勤的重要性等。

第二，建立班主任全程负责制。一位班主任老师自始至终负责一个班，最大限度地激励每一位班主任老师尽自己最大的努力管理好自己的班级，抓好本班教学质量。

第三，建立"预科部主任—留管干部—分管副院长"多级谈话制。学生如有无故旷课、缺勤严重等情况，班主任老师先谈话，谈话无效的情况下，预科部主任、留管干部、分管副院长逐级约谈，让学生意识到问题的严重性。

第四，教学管理网络化。华中师范大学国际文化交流学院实现了预科留学生管理信息网络化。任课教师可网上记载、查询学生出勤情况，可网上录入学生考试成绩；班主任、教研室主任可网上查询本班、本教研室所管理班级各门课程的学生出勤情况；学生可网上查询个人每门课程出勤情况、考试成绩，并打印。

三、推行模块化教学模式的效果

作为 8 所预科教育试点院校之一，华中师范大学从 2009 年开始承担中国政府奖学金本科来华留学生预科汉语教学任务。三年来，该校预科教育合格率逐年提高。2009—2010 学年，该校预科教育考核合格率刚到 50%；2010—2011 学年，该校提出了预科汉语教学模块化教学模式，合格率达到 92.2%，同比增长 40% 多；2011—2012 学年，该校进一步完善和推行模块化教学模式，合格率达到 98.2%。

该教学模式是以新 HSK 四级大纲为标准的基础速成汉语教学，因此这里研究者仅对新 HSK 四级考试成绩进行统计分析，以保证统计数据的真实可信。这两届预科留学生新 HSK 四级成绩统计分析详见表 2—表 4。

（一）数据统计结果

表 2　2010—2011 学年新 HSK 四级描述统计量

	N 统计量	全距统计量	极小值统计量	极大值统计量	均值		标准差统计量	方差统计量	偏度		峰度	
					统计量	标准误			统计量	标准误	统计量	标准误
听力	93	66	29	95	79.99	1.213	11.701	136.902	−1.641	0.250	3.923	0.495
阅读	93	77	19	96	74.14	1.503	14.493	210.056	−1.046	0.250	1.849	0.495

（续表）

	N统计量	全距统计量	极小值统计量	极大值统计量	均值		标准差统计量	方差统计量	偏度		峰度	
					统计量	标准误			统计量	标准误	统计量	标准误
写作	93	59	33	92	65.90	1.488	14.354	206.023	−0.434	0.250	−0.296	0.495
总分	93	167	112	279	220.78	3.383	32.627	1064.497	−0.840	0.250	1.323	0.495

（二）统计结果说明

表2样本容量是93，表明有93名预科生参加了新HSK四级考试，听力、阅读、写作最高分与最低分之间全距差值分别是66、77、59，全距越大，高分与低分间的差距越大；听力、阅读、写作分数的均值分别是79.99、74.14、65.90，表明听力、阅读、写作平均分均在及格线（60分）以上；峰度小于3，表明好成绩不是很多。

表3中95%的置信区间说明统计的有效值比较多，表明统计结果是比较准确的。

表3 2010—2011学年、2011—2012学年新HSK四级成绩均值的95%置信区间

	2010—2011学年 均值的95%置信区间		2011—2012学年 均值的95%置信区间	
	下限	上限	下限	上限
听力	77.58	82.40	78.52	81.16
阅读	71.15	77.12	74.78	78.08
写作	62.95	68.86	70.77	74.35
总分	214.07	227.50	225.81	233.73

表4 2011—2012学年新HSK四级成绩描述统计量

	N统计量	全距统计量	极小值统计量	极大值统计量	均值		标准差统计量	方差统计量	偏度		峰度	
					统计量	标准误			统计量	标准误	统计量	标准误
听力	171	42	54	96	79.84	.670	8.782	77.131	−0.500	0.185	−0.230	0.368
阅读	171	47	49	96	76.43	.834	10.943	119.744	−0.578	0.185	−0.378	0.368
写作	171	58	40	98	72.56	.906	11.881	141.160	−0.028	0.185	−0.295	0.368
总分	171	121	166	287	229.77	2.006	26.302	691.805	−0.006	0.185	−0.698	0.368

表4样本容量是171，表明有171名预科生参加了新HSK四级考试，全距是42、47、58，比表2小，这说明高分与低分间的差距较表2小。听力、阅读、写作分数的均值是79.84、76.43、72.56，比表2（2010—2011学年）略好。标准差是8.782、10.943、11.881、26.302，比2010—2011学年略小，标准差越小说明成绩表现越好。

综合对比表明：（1）样本容量加大，精度更准确；（2）全距缩小，表明2012—2013学年最好的学生和最差的学生的分数差距（特别是听力和阅读部分）较2010—2011学年明显缩小；3.均值略有提高，但不明显；标准差明显缩小，偏差变动不明显。综合来看，使用模块化教学模式使学生成绩在去年基础之上进步很快，更多的学生集中到平均分附近。可见，预科汉语教学模块化教学模式是行之有效的。

该校预科汉语教学模式的改革紧紧围绕预科留学生培养目标，着眼于留学生专业学习能力的培养。经过两年的教学探索与实践,取得了一定的成效。今后,该校拟建立汉语自主学习中心,培养学生自主学习能力,同时,搭建网络汉语教与学的平台,做到分层教学,体现个性化学习,使得预科汉语教学实现"个性化、协作化、模块化和超文本化"[①]的发展。

第七节　短期来华"任务—全浸式"教学模式探索[②]

短期教学,一般指教学周期在 8 周以内的教学活动,由于具有时间的灵活性和学习的高效性,因此受到具有不同背景的汉语学习者的欢迎。这一特点也符合孔子学院"汉语国际推广"的办学理念,因此在孔子学院的课程设置中占有越来越重要的地位,探索短期教学的特点和规律也因此成为学界讨论的重要课题。

学界一般认为,常规教学的内容安排多建立在语言要素的系统性之上,教学过程往往分为多个前后相继的阶段,教学周期则基本遵循半年或一年的建制。在常规教学中,留学生能够通过一段时间的学习,比较系统地掌握汉语知识和技能,而相对于常规教学的系统性,短期教学则更强调灵活性和高效性。对此,崔永华认为,在常规语言教学过程中,至少在 8 个方面存在着潜能,

---

① 胡壮麟《大学英语教学的个性化、协作化、模块化和超文本化——谈〈教学要求〉的基本理念》,《外语教学与研究》2004 年第 5 期。

② 本节摘自刘荣、李韵、徐蔚《孔子学院在华短期培训的新探索——"任务—全浸式"教学模式》,《云南师范大学学报》(对外汉语教学与研究版) 2012 年第 4 期。

包括学习者、教授者、教学过程、课堂教学、课外时间、教材、教学管理、学习环境。那么要整合教学资源,挖掘教学中各要素的潜力就必须首先对整个教学过程进行系统的设计①。

美国学者乔伊斯(B.Joyce)和威尔(M.Weil)以《当代西方教学模式》一书拉开了教学模式研究的序幕,而我国对教学模式的研究则始于20世纪80年代中期。什么是教学模式?很多学者都从不同的角度对其下了定义,一般认为:教学模式是在一定理论思想指导下,为实现特定教学目标而设计的比较稳定的教学程序及其实施方法的策略体系②。从这一定义出发,汲传波认为一套教学模式应该具有整体性、理论性、简明性、可操作性、创新性、目的性6大特点③。我们认为只有针对短期教学的特点,设计出真正符合短期教学规律的教学模式,才能对教学活动进行有效的指导,从而最终实现教学目标。

一、教学模式设计

(一)四川大学&华盛顿州(State of Washington)孔子学院、亚利桑那州立大学(ASU)孔子学院短期汉语项目(为行文简洁,下文均简称为SWA项目)

1. 项目简介

SWA项目自2009年开始已经成功举办了三届,学生人数呈

---

① 崔永华《略论汉语速成教学的设计》,《语言教学与研究》1996年第2期。
② 李雁冰《简论教学模式》,《山东教育科研》1994年第3期。
③ 汲传波《论对外汉语教学模式的构建——由美国明德大学汉语教学谈起》,《汉语学习》2006年第4期。

逐年上升的趋势。从学生的反馈调查来看，多数学生都给出了"满意"的评价。项目的教学时间为每年6月到8月，教学周期为8周。整个项目共分为三个年级，每个年级又细分为平行的小班，每个班的人数严格控制在15人以内。项目学生将在两个月的时间内完成在美国正常校历安排的一个学年（两个学期）的学习任务。

2. 学生情况总结

按照项目要求，可以进入二年级的学生必须已经完成了语音的习得，掌握1000个左右生词和部分的基本语法结构，能够进行一些简单的交际活动；将进入三年级的学生则应该已经习得了2000个左右生词，完成了基本语法结构的学习，并开始对一些话题进行成段表达；将进入四年级的学生则基本达到新汉语水平考试五级的水平。

虽然具有不同的学习背景，但项目学生总体上体现出三大特点：第一，由于均来自美国，母语都为英语，因此常常表现出相似的偏误；第二，学习风格相似，多体现为冲动型，即反应迅速，但容易出错；第三，具有明确的学习目标和比较强烈的学习动机。

（二）"任务—全浸式"教学模式

1. 指导思想

结合对外汉语教学的一般规律和短期教学的特点，我们认为教学模式的设计必须坚持两个原则：实用性和高效性。实用性是指教学内容必须紧扣交际需要，而高效性则要求充分挖掘各教学要素的潜力。这两大原则要求我们的教学内容不能是完整的语法系统和对听、说、读、写4项技能的全面兼顾，而必须是以交际能力为侧重点。

目的语环境不仅是在华汉语教学的优势资源，也是实现教学实用性和高效性的有力支撑，因此，SWA项目采用了"全浸式"

（total immersion）的教学模式，以充分挖掘学习环境的潜能。"全浸式"教学模式是指学习者在学习期间完全使用目的语进行交际的教学模式。这种模式能够很好地适应短期教学的特点，为很多短期项目所采用，比较知名的包括美国的明德暑校、北师大的普林斯顿班等。而我们根据项目学生的学习特点，在"全浸式"教学模式的基础上设计了"任务—全浸式"教学模式，即以交际任务为核心统筹教学计划。

2. 课程设置

SWA项目没有按照传统的技能分科，而是以交际任务为核心，将课程分为讲练—辅练—体验三大部分。

（1）从周一到周五，每天上午为讲练课，具体又分为主讲课和操练课，由不同的教师担任。在主讲课上，教师根据课文内容，补充真实语料，引导学生建立交际任务，同时展示必要的语法结构和词汇用法。然后，由操练课教师组织学生对语言点进行反复操练，并引导学生在语境中设计任务方案。这一部分课程是每一个交际任务的实施基础，因此是最为重要的环节。其中，我们根据学习者的不同水平和教材内容，选取了不同的交际任务（见表1）。

表1 交际任务设计

年级	任务特征	任务举例
二年级	简单交际任务，满足日常生活的基本交际需要	1. 讨论居住情况 2. 在餐厅就餐 3. 在商场购物
三年级	一般交际任务，就与生活密切相关的话题进行成段表达	1. 了解并简单说明中国大学生就业问题 2. 了解并简单介绍中国人的婚恋观 3. 了解并简单介绍中国人的休闲生活

（续表）

年级	任务特征	任务举例
四年级	复杂交际任务，就正式话题进行篇章表达	1. 分析并阐述中国当代经济情况 2. 描述并讨论中国当代建筑 3. 说明并讨论中国当代家庭模式

（2）每周三、四、五下午为辅练课，由教师对学生进行"一对一"的辅练。在这个环节中，教师和学生共同根据交际任务模拟语境，并分步骤实施任务计划。

（3）每周末组织体验课，充分利用目的语语境，为学生感受和了解中国的历史文化和发展现状提供机会。在体验课中，教师全程陪同学生参与活动，引导学生在真实语境中完成交际任务，或提示学生建立与交际任务相关的思考，并最终形成任务报告。

（4）测试是教学过程的重要环节。不同阶段的测试不仅是对教学效果的评估，也是教学计划完成的保证。SWA 项目的测试主要分为 3 类（见表 2）。

表 2 测试方式设计

测试种类	测试方式
入学测试	口试
任务测试	（二年级）在语境中完成交际任务，并就语言点进行笔试
	（三年级）就话题进行分组讨论，并形成简单报告
	（四年级）在完成书面报告的基础上，对全班进行相关阐述，并接受提问
期中和期末测试	笔试

入学测试是分班的重要参考；任务测试则是在每个任务完成后进行，由主讲教师组织并对任务完成情况进行点评，同时进行必要的纠错；期中和期末则分别设有正式的书面考试。以上所有测试的成绩都按比例计入总评，最后由教师综合并对学生学习效果进行评估，评估的结果将为学生能否进入下一阶段的学习提供参考。

3. 教学组织

讲练课的教学任务由四川大学和两所孔子学院的教师共同担任；辅练任务则由四川大学对外汉语和国际汉语教学两个专业的硕士研究生与学生"一对一"共同完成；其他体验活动则由来自四川大学不同专业的学生配合。讲—练—体验三个环节分年级实行集体备课，明确每个教学步骤，以确保教学计划的实施。平行班的每次测验也统一进行，保证其信度和效度。

SWA 项目所使用的教材均为专门针对美国学习者的原版教材。具有国别性的教材配有完备的母语解释，语言点的设置也充分考虑了母语负迁移的因素，有助于学生课前的预习和课后的自学，从而为课堂教学做好准备，有助于提高教学效率。

4. 课堂教学

以交际任务为核心必然要求课堂教学以学生为中心。讲练课严格遵守"精讲多练"的原则，而且必须紧扣交际任务，控制教学进度；辅练课采用"一对一"的形式，可以根据学生的实际情况进行补充讲解和练习，不增加语言点；体验课则要求教师将实践活动与交际任务紧密结合，实现实践活动为交际任务服务。总之，所有的教学活动都必须以交际任务为核心进行设计。

虽然坚持以交际任务的设计、实施和完成为核心，但是我们并不排斥其他教学法，SWA项目强调没有最好的教学法，只有最合适的教学法。针对不同的课型、教学对象和交际任务，研究者一直在探索多种教学法的综合使用。例如，针对初级阶段学生的"基本结构操练法"已经被很多教学实践证明是一种行之有效的对外汉语教学法，因此在二年级的操练课上常常使用；在对学生的偏误进行纠错时，教师有时会进行汉英对比，利用"翻译法"加快教学进度，提高教学效率。同时，根据学生冲动型的学习风格，研究者还引入了快问快答、词语速记等游戏和比赛，以活跃课堂气氛，提高学生兴奋度。

二、关于教学模式的要点和思考

（一）实施要点

SWA项目教学模式的设计以交际任务为核心，坚持实用性和高效性的原则，因此要求在实施中必须注意以下几个要点：

1. 还原真实环境和语料

依托目的语环境这一优势教学资源，我们对教学各个环节的设计都强调真实。从交际任务的选择到语言点展示，从语料选用到任务实施，甚至测试方式的设置，都尽量保证学生能够在真实的交际语境中实现汉语习得。同时，四川大学和孔子学院的师资力量也是教学任务顺利完成的重要保证。主讲课和操练课由两位经验丰富的对外汉语教师分别担任；辅练课则由专业研究生及时提供补充讲解和练习，特别是帮助水平较低的学生跟上进度，从而保证了教学计划的顺利推进；体验课上负责活动配合的大学生往往与留学生年龄相仿，经历相似，因此常常充当采访的对象、辩论的对手和多角度讨论了解当代中国的窗口。

2. 以任务为核心贯通各个教学环节

坚持以交际任务为核心进行课程设置保证了学习内容的一致性，从而有利于学生注意力的集中和对所学内容的快速内化，而将体验活动纳入整体教学计划，不仅使教学时间最大化，而且实现了文化教学与语言教学的紧密衔接。

3. 强调学习过程

马箭飞认为："人们的交际过程应当是：设定目标—完成任务—产生结果（如信件、说明、留言、报告、图表等等），语言教学也应当围绕这些环节来进行。"[①]"任务—全浸式"教学模式即强调教学重点不应该是教学的最终状态，而应该是教学和学习过程本身。

4. 强化听、说技能

在课堂上模拟真实交际，以及在真实语境中实施任务可以促使学生尽快地将知识内化，最终熟练掌握听、说技能。当然，我们并非全盘放弃读、写技能的培养，特别是三、四年级，教师会引导学生加强阅读语料、篇章写作等能力的训练。但是我们的教学内容仍然坚持侧重于听、说技能。

5. 突出语用知识

语用知识不同于语言要素知识的习得，在课堂教学活动中很难完成，也比较容易受到母语的负迁移。将学生完全置于真实语境之中，可以迫使学生充分注意自己的语用偏误，并在交际中实

---

① 马箭飞《以"交际任务"为基础的汉语短期教学新模式》，《世界汉语教学》2000年第4期。

现自我监测和调整,最终真正掌握语用知识。

6. 加强学习动机

由于强调任务的实用性,学生们能够在高强度的学习中及时获得成就感,从而促进了学习的热情。

7. 选择多样化的课堂教学手段

强化是短期教学的特点和目标,因此保证学生在压力下仍然保持较好的学习状态是教师在教学过程中常常思考的问题。根据不同的交际任务,我们认为应该选择多样化的教学手段,例如,针对语境型交际任务可以采用表演的教学手段;针对话题型交际任务则可以增加辩论环节;各种针对语法、词汇、汉字等语言知识的小游戏也常常可以收到事半功倍的教学效果。

(二) 对教学模式的思考

每届SWA项目完成后,研究者都会从多方面对教学模式进行总结和评估,从而对进一步完善教学模式提出思考:

1. 如何将交际任务与语言知识点相结合

"任务—全浸式"教学模式坚持以交际任务为核心,所以不可避免地会在一定程度上影响语言要素习得的系统性。这一矛盾在二年级的教学中比较突出:由于学生尚未完成对基本语法结构的习得,因此如何安排任务中的语法结构成为教师们反复讨论的问题。

2. 专门短期教材的编写

我们所用的教材虽然都是针对美国学生专门编写的国别性教材,但是并不是为短期教学量身定制的,因此存在语言点不够集中、交际练习较少等问题。如何选择最具实用性和趣味性的交际任务,搜集或加工真实语料,设计交际练习,编写出一套真正体现短期教学规律的教材是我们将进一步思考的问题。

三、小结

随着"汉语热"的不断升温,为了适应来自不同背景的学生需求,孔子学院的课程设置越来越丰富和灵活,而每一种课程都自有其特点,比如说常规教学重视系统性而短期教学则强调高效,而面对不同类型的学习者,孔子学院也需考虑选取不同的教学方法,这些因素如果单靠教师个人是很难面面俱到的,因此制订出符合不同类型课程特点和学习者需要的教学模式就成为完成教学任务,实现教学目标的重要保证。李雁冰指出,教学模式既是教学过程理论体系的具体化,又是教学实际经验的系统总结。相对于教学的基本理论而言,它是低层次的,因而具体、简明、易于操作;相对于教学而言,它又是高层次的,因而是概括、完整和系统的,便于教师理解和掌握,有利于提高教学质量[①]。

由于教学周期短、教学强度大等特点,在进行教学之前设计一套完整而详细的教学模式对于短期培训来说尤为重要。因为只有这样才能明确教学目标,缩短师生间磨合的时间,提高教学效率。因此,我们根据短期教学的规律和SWA项目的特点设计了"任务—全浸式"教学模式。首先,这一模式充分利用了目的语语境的有利条件,除了在课堂教学中模拟真实交际环境之外,还进一步利用了课外时间,促使学生在真实语境中尽快实现语言知识的内化,从而保证了学习内容的实用性和习得的高效性;第二,这一模式突破了传统的技能分科模式,以交际任务为中心设置"讲—练—体验"三大环节,突出了交际能力的习得,从而保证了学生

---

① 李雁冰《简论教学模式》,《山东教育科研》1994年第3期。

将注意力集中在最重要的信息上,体现了强化的教学目标;第三,这一模式在"任务—全浸式"的大框架下,综合使用多种教学方法,保证教学效果的实现。总之,这一模式充分体现了短期教学的特点,进一步挖掘了学习环境、教师、学生、学习时间等教学要素的潜力。教学实践证明,SWA 项目的学生能够在压力下保持良好的学习状态,在有限的时间内快速提高交际能力。三届项目学生共 113 人都完成了既定的学习任务,达到了学习目标,93%的学生都在回国后顺利进入了下一个阶段的汉语学习。

第八节 短期来华"汉语—文化"双目标项目的模式研究[①]

经过几十年的发展,汉语国际教育形成"一体两翼"的新格局:"一体"指汉语国际教育,"两翼"指的是"请进来"的来华留学生汉语教育和"走出去"的汉语国际推广。这一新格局对来华留学生教育的影响巨大而深远:一是在海外完成汉语学习和中国文化"初体验"的学生越来越多,来华留学生教育将更多地转变为向来华进行"深接触"的留学生提供要求更高的"汉语—文化"双目标教学;二是伴随中国文化"走出去"以及"一带一路"的建设和发展,由中国政府资助的短期来华汉语进修项目发

---

① 本节摘自李先银、魏耕耘《新形势下短期来华"深接触"汉语项目的模式化构建——以北京语言大学汉语速成学院暑期 AP 项目为例》,《国际汉语教学研究》2016 年第 1 期。

展迅速。在学生来源、学习需求、教学内容、教学组织形式等诸多方面，短期进修项目与常规教学班存在较大差异，需要有针对性地对课程及相关活动进行特殊设计和设置。本节以北京语言大学汉语速成学院承办的暑期"AP中文青少年国际领导力项目（AP International Youth Leadership Program，下文简称'AP项目'）"为例，探讨新形势下短期来华"深接触"的"汉语—文化"双目标项目的模式化构建，实现教学理论的实践化和可操作化，为国内外类似的教学项目提供一种模式化的范式选择，以期引起教学界的交流和讨论。

一、*AP项目介绍*

（一）AP项目概况

AP项目是中国国家汉办"新汉学计划"的一部分，由国家汉办和美国大学理事会（The College Board）主办，北京语言大学汉语速成学院承办。该项目的运作机制是，国内教育机构和海外教育机构通过国家汉办这个平台和桥梁实现"走出去"和"请进来"的深度合作和对接。三方既各司其职，又互相配合：国家汉办提供资助和宏观指导；美国大学理事会负责AP项目的前期组织、前期调研和前期教育；北京语言大学汉语速成学院负责为AP项目量身定制特殊的教学大纲和课程计划，进行总体设计，并承担教学、活动组织和日常管理等各项工作。

美国大学理事会负责以"AP项目"的名义面向全美大学招募学员，每期20—30人。参加者必须在高中参加AP中文考试并达到3分以上（含3分）。"AP中文考试"是根据美国外语教学学会公布的五大外语教学目标和三种沟通模式①而设计的。AP中文考试的成绩为五分制，即1—5分②。

AP项目每年暑期举办一次。截至目前，已经成功举办了两期。

（二）AP项目的特殊性

不同于常规短期汉语教学项目，AP项目在很多方面代表了新形势下"走出去"和"请进来"深度结合和对接的一种较新的教学样态，这种样态在以下多个方面呈现出新的特点：

第一，单一语言教学目标向"语言—文化"双教学目标的转变。

AP项目的学生来自不同大学、不同专业，有不同的学习需求和学习兴趣。有的学生以语言学习为主要目标，有的学生以文化了解为主要目标，有的学生对中国的经济感兴趣，有的对中国的教育感兴趣，有的则对中医文化感兴趣，等等。这些学习需求和兴趣，在前期调研中会得到完整的呈现和反馈，并在项目的总体设计和运作中被充分照顾到。作为教学方，我们的教学设计也会适应学习者的需求、目标和兴趣，相应地调整为"需求驱动型"的教学设计，将该项目确定为"语言—文化"双目标。

第二，单方组织向多方合作的转变。

常规的来华留学生汉语教育基本上是以院校自主招生为主要形式，以语言教学为主要目标，学习期限、目标、课程设置、教学方式和方法等完全由院校单方面主导，学生多是被动接受已经

---

① 五大外语教学目标为沟通（Communication）、文化（Cultures）、贯连（Connections）、比较（Comparisons）和社区（Communities）。三种沟通模式为语言沟通（Interpersonal Communication）、理解诠释（Interpretive Communication）、表达演示（Presentational Communication）。

② 曾妙芬《推动专业化的AP中文教学：大学二年级中文教学成功模式之探讨与应用》（简体），北京：北京语言大学出版社，2007年。

设计好的课程和教学安排。

AP 项目是三方合作共建项目，各方都有既定目标和要求，项目的安排和实施必须充分考虑各方要求。国家汉办是资助方，"新汉学计划"的目的是"帮助世界各国青年深入了解中国和中华文化……增进中国与各国人民之间的友好关系"[①]。项目的总体设计需要考虑将"新汉学计划"的宏观目标分解，并融入具体的课程设置和活动安排中去。美国大学理事会希望通过多方合作，将 AP 项目做成品牌，组织更多的已经完成汉语"初体验"的美国学生来中国进行"深接触"，实现语言水平的提升和对文化的理解。汉语速成学院在合作的过程中，深入了解并综合各方需求，融合传统与新兴的教学理念，在此基础上重构教学模式。

第三，从"初体验"到"深接触"的转变。

随着海外汉语教学的兴盛，越来越多的外国人将在本土完成汉语和中国文化的"初体验"。但是"初体验"对于学习汉语、了解中国文化是远远不够的。我们需要吸引完成"初体验"的汉语学习者到中国来实现汉语和中国文化的"深接触"，通过实地考察、接触，更深入地了解并沉浸于中国文化。一方面增进不同国家人民之间的相互了解和信任，另一方面实践中国文化"走出去"的国家战略。当然，这就需要国内教育机构更新教学模式和观念，升级课程设置和教学方法，优化资源配置，加强与社会资源联合、合作，等等，以实现汉语国际教育新形势的转型和提升。

（三）AP 项目的目标

根据美国大学理事会对学生需求的前期调研结果和国家汉办

[①] 参见 http://www.hanban.edu.cn/node_43061.htm。

"新汉学计划"的性质，我们将 AP 项目定位为"知华之旅"，旨在从较高层次上为美国优秀青年学生提供来华"深接触"的机会，培养具有较强汉语交际能力、具有中国视野的知华青年，为中美两国未来的互知、互信和互通奠定基础。这是 AP 项目要实现的宏观目标。

作为一个"语言—文化"双目标的沉浸式项目，项目的具体教学目标是：

1. 语言目标：通过沉浸式、任务式的语言学习，充分利用目的语环境的优势，迅速提高学员的汉语水平，培养在真实交际中实际使用汉语的能力。

2. 文化目标：通过沉浸式的文化接触和社会实践调查，使学员有机会亲身感受中国历史文化，认识中国朋友，从而更加了解中国。

3. 社会目标：通过沉浸式的专题社会活动，尽可能多地接触中国人、中国社会，以及身处中国的外国人的生活，使学员了解当代中国社会的方方面面。通过讨论、访谈、座谈、调研和报告等多种方式，更为深入地领会中国社会形成、发展的历史和现实原因。

二、教学模式与 AP 模式的构建

（一）教学模式

关于教学模式，有不同的定义和层级[①]。国外的研究始于乔

[①] 吴勇毅《汉语作为第二语言/外语教学模式的演变与发展》，《华东师范大学学报》（哲学社会科学版）2009 年第 2 期。

伊斯等（1972）的《教学模式》①，提出一种教学模式就是一种学习环境。我国教育界对教学模式的讨论，围绕教学范式或范型、教学结构或教学框架、教学程序方法与策略、方法论体系或策略思想等方面展开，分歧也很大②。对外汉语教学界对于教学模式的定义和指称也存在较大的差异③。根据教学模式的指称范围，对外汉语教学界目前的教学模式涉及以下几个层级：（1）特定教学样态的总体设计，涉及教学活动的全部过程，是构成课程设置、选择教材、指导教学活动的一种计划或范型，如明德模式、普北模式、速成教学模式等④。（2）课程设置及课堂教学的设计范式。对外汉语教学的课程和课堂教学设置经历了"讲练—复练"模式到"分技能模式"的转变⑤。分技能模式是目前国内高校普遍采用的课程设置模式⑥。此外，学界针对具体课型也提出了一些模式，如张朋朋（2007）⑦提出的语文分开、集中识字教学模式，孟国（2003）⑧提出的实况视听教学模式。（3）教学理念和

---

① 〔美〕乔伊斯、韦尔、卡尔霍恩《教学模式》（第七版），荆建华等译，北京：中国轻工业出版社，2009年。
② 段胜峰《汉语二语教学模式研究二十年述评》，《湖南工业大学学报》（社会科学版）2014年第2期。
③ 吴勇毅《关于汉语教学模式创建之管见》，《华文教学与研究》2014年第2期。
④ 刘丽艳《对外汉语超短期教学模式的构建》，《黑龙江高教研究》2012年第12期。
⑤ 鲁健骥《口笔语分科 精泛读并举——对外汉语教学改进模式构想》，《世界汉语教学》2003年第2期。
⑥ 刘颂浩《中国对外汉语教学模式的创建问题》，《华文教学与研究》2014年第2期。
⑦ 张朋朋《语文分开、语文分进的教学模式》，《汉字文化》2007年第1期。
⑧ 孟国《关于实况汉语教学的几个问题》，《语言教学与研究》2003年第4期。

教学法层面的设计范式。如马箭飞（2000）[①]提出的汉语交际任务教学模式、谭春健（2004）[②]提出的"理解后听"听力教学模式、李先银（2011[③]、2014[④]）提出的表达导向的语法教学模式，等等。

近年来，不少学者提出要重视对外汉语教学模式和模式化研究[⑤][⑥][⑦][⑧]。教学模式既是教学理论的具体化，也是教学经验的抽象化[⑨]。一个完整的教学模式包括5个要素，即理论基础、教学目标、操作程序、实现条件和评价[⑩]。这是相对宏观的教学模式。

（二）AP项目模式化的必要性

伴随中国国力的提升、文化外交"走出去"以及"一带一路"

[①] 马箭飞《以"交际任务"为基础的汉语短期教学新模式》，《世界汉语教学》2000年第4期。

[②] 谭春健《"理解后听"教学模式探讨》，《云南师范大学学报》（对外汉语教学与研究版）2004年第4期。

[③] 李先银《表达导向的对外汉语语法教学模式及"把"字句教学》，见迟兰英主编《汉语速成教学研究》，北京：北京语言大学出版社，2011年。

[④] 李先银《表达导向的对外汉语语法教学模式探讨——以"了"的教学为例》，《国际汉语教学研究》2014年第3期。

[⑤] 崔永华《基础汉语教学模式的改革》，《世界汉语教学》1999年第1期。

[⑥] 马箭飞《汉语教学的模式化研究初论》，《语言教学与研究》2004年第1期。

[⑦] 赵金铭《对外汉语教学模式创新与教材编写》，见《第八届国际汉语教学讨论会论文选》编辑委员会编《第八届国际汉语教学讨论会论文选》，北京：高等教育出版社，2007年。

[⑧] 李泉《教学模式与分技能设课教学模式思考》，见蔡昌卓主编《多维视野下的对外汉语教学研究——第七届国际汉语教学学术研讨会论文集》，桂林：广西师范大学出版社，2009年。

[⑨] 〔美〕乔伊斯、韦尔、卡尔霍恩《教学模式》（第七版），荆建华等译，北京：中国轻工业出版社，2009年。

[⑩] 同⑥。

倡议的提出，会有越来越多类似AP项目的奖学金项目学员来华进行"深接触"。中国政府公布的《推动共建丝绸之路经济带和21世纪海上丝绸之路的愿景与行动》提出，在教育文化上将每年向沿线国家提供一万个政府奖学金名额。当前形势下，在海外完成汉语学习和中国文化"初体验"之后，来华进行"深接触"的以"语言—文化"为双目标的短期项目越来越多。如何促进"请进来"和"走出去"的深度结合和对接，将是新形势下汉语国际教育转型的重要一环。在汉语国际教育的新形势下，进行教学模式的研究、探索和实验是值得鼓励和提倡的[1][2]。

在教学实践的基础上，建构适合短期来华特殊项目的教学模式，会是一种重要并值得鼓励的尝试。根据AP项目的需求分析，综合考量美国AP中文课程的5C目标，以汉语言文化为核心，以维果茨基（L. S. Vygotsky）的"社会文化理论"为基本理念，遵循特殊目的教学的规律[3][4]，我们尝试将AP项目模式化，构建"语言—文化"双目标的短期来华特殊汉语项目的AP教学模式（下文简称"AP模式"），为类似的短期来华"深接触"项目提供借鉴和支持。

---

[1] 汲传波《论对外汉语教学模式的构建——由美国明德大学汉语教学谈起》，《汉语学习》2006年第4期。
[2] 李泉《教学模式与分技能设课教学模式思考》，见蔡昌卓主编《多维视野下的对外汉语教学研究——第七届国际汉语教学学术研讨会论文集》，桂林：广西师范大学出版社，2009年。
[3] 王静《基于"需要分析"的特殊目标汉语教学设计》，《语言教学与研究》2005年第5期。
[4] 李泉《论专门用途汉语教学》，《语言文字应用》2011年第3期。

（三）AP 模式的理论基础

鉴于本项目的学员都是已经通过美国AP中文考试的大学生，个性突出，学习积极性强，富有创造力，有较强的自学能力，在设计模式时我们采用"社会文化理论"为理论指导。

"社会文化理论（Socio-cultural Theory）"是由苏联心理学家维果茨基创立的，20世纪80年代被引入第二语言习得领域。社会文化理论强调，社会文化因素在人类认知功能发展过程中起着核心作用。这一理论主要有四个核心部分："调节论（Mediation）""最近发展区（Zone of Proximal Development）""个体话语和内在言语（Private Speech & Inner Speech）"及"活动理论（Activity Theory）"[①]。

以"最近发展区"理论为基础，维果茨基在教学方面提出了一种具体的方法——"支架学习法（Scaffolding）"。这种方法强调，教师或是有经验的母语者在与学习者的交流和互动过程中，可以通过指导性的语言，帮助学习者发现知识特征，克服学习中遇到的困难。也就是说，利用搭"支架"的方式，可以在互动和交流中，激活位于最近发展区内的知识。对于语言教学来说，"支架学习法"也同样起作用。这种支架，既可以是"专家—学徒支架（Expert-Novice Scaffolding）"，即教师或其他母语者与学习者之间的支架，也可以是"同伴间支架（Peer Scaffolding）"，即学习者之间的互动和交流。两种支架都会促进学习者的进步和提高。也就是说，具体到课堂教学中，无论是"师生互动"，还是"生生互动"，都有利于学生"最近发展区"内的知识被激活。

---

① 王建勤主编《第二语言习得研究》，北京：商务印书馆，2009年。

"活动理论"中的"活动"并非是通常意义所说的"课堂活动",而是指社会文化环境中的集体互动、交流合作等社会实践,是社会和物质环境内的人类间的各种互动。与"任务"不同,"活动理论"关注的是实践过程而不是知识本身,即关注人们在语言发展过程中使用工具的本质、不同环境对语言发展的作用、社会关系以及活动目的与意义,最终达到对主体或客体进行改变的过程和结果。因此,"活动理论"强调的是人的实践过程。

AP模式强调,学习者通过在具体交际和文化环境中,参与各种主题式的社会语言文化活动,与汉语教师、领队教师、中国大学生志愿者、在华国际友人,以及活动现场的中国人的交流,运用汉语和汉语言文化知识进行人与人之间的互动调节,达到内在语言的自我内化与自我调节,并进一步得到提升与转化。

三、AP模式的总体设计

(一)AP模式的设计原则

教学模式的构建必须立足于典型示范意义和广泛应用价值,是针对当前的各方面条件提出的一种解决当前任务的最优化方案[①]。北京语言大学汉语速成学院依托成熟的特殊目的汉语教学模式,组建专业团队,以发展汉语言文化综合能力为教学目标,以"社会文化理论"为理论基础,参考美国AP中文课程的特

---

① 马箭飞《汉语教学的模式化研究初论》,《语言教学与研究》2004年第1期。

点①，进行总体设计。AP模式的总体设计原则如下：

1. 以学生的"自主学习"为主体。所有的学习活动和实践活动均以学生的需求和自主学习为主。围绕学生设置"课堂学习→专题讲座→参观实践→交流报告"等课程，学生需要在上述一系列的活动中实现汉语交际能力的提高，完成对中国文化的体验和了解，并形成有深度的语言文化报告。

2. "语言"与"文化"的全沉浸。学生始终处于与社会以及社会中的人互相接触和交流的包裹之中。学生需要与汉语教师、中国大学生志愿者、领队教师、在华国际友人，以及中国社会中的各类人（设定的及非设定的）进行接触和交流，完成特定的任务清单。课程学习的内容会在当天融入专题讲座和社会活动中进行充分的实践，使"学有所用"，实现"学中用、用中学"。学习者在与真实社会互动的过程中，并非是被动地从"专家"或"同伴"处获得帮助，而是自行搭建支架，自行寻求理解的互动。他们会主动地将个人的理解与已经获得的经验整合，构建自己的思想。随着能力的发展，学习者对于支架的依赖性会慢慢减弱，到最后可能不需要支架的帮助，这就实现了从"他人调控"到"自我调控"的过程，逐渐搭建起自己的知识框架。这一过程也是从"合作学习"到"独立学习"的过程。

3. 社会文化主题系联课堂学习和社会活动。根据前期对学生们需求和兴趣的调研，两周的"深接触"分为科技、教育、中医和经济四个专题。课堂学习和社会活动内容以此四个专题系联，

---

① 陈绂《对国内对外汉语教学的反思——AP汉语与文化课及美国教学实况给我们的启发》，《语言文字应用》2006年第S1期。

学生结合成组，与志愿者配对，每组选择一个专题，以小组为单位完成课堂学习、讲座总结、专题讲座、实地考察、深度调研以及专题报告。

（二）AP 模式的七大模块

根据项目目标，AP 模式分为课堂学习、专题讲座、社区活动、文化体验、实地考察、小组研究、专题报告七个模块，同步组块，分组实施。

1. 课堂学习：汉语速成学院选聘具有丰富汉语教学经验的资深教师，特别是具有海外教学经历的教师组成教学团队。教师组共同制订语言课的教学大纲，编选针对性强的教材和教学资料，制订教学方案和形成性评价方案。根据学生的实际水平，选取特定的学习资料。此外，教师组还为社区活动及实地考察提供语言文化资料和实际指导。

课堂学习采取"支架式"教学法，课程内容按专题设置，分别涉及中国的教育、文化、经济、医学等方面，主题系联。课程内容与活动内容高度结合，形成当日日程的主题链。

2. 专题讲座：根据学生感兴趣的方向确定主题，如第一期确定了四个主题，中国文化、中医养生、中国经济发展和科学技术，邀请专家学者开设多次专题报告。

3. 社区活动：安排社会交际性活动，如去银行开设账户、校园采访、与中国人交谈，与在华留学生的交流活动、与在华工作或创业的美国朋友交流等。

4. 文化体验：为了使学员实现中国文化的"深接触"，项目安排了多项 2.0 版的文化体验项目，如中国茶艺、中国书法和太极拳等。这些文化"深接触"活动不仅是体验，更是结合中国哲学和思想的深入教学，加强学员对中国文化的理解和感知，有助于正确处理由于文化差异产生的矛盾冲突。同时，文化体验活动也在提供语言学习和实践机会、增强学习动机和兴趣等方面起到促进作用。

5. 实地考察：围绕"我心中的中国"这一主题，AP项目安排了多个实地考察活动，既有名胜古迹，又有现代的科技园，既有文化底蕴深厚的教育机构，又有充满现代气息的文化产业园。考察单位照顾了学生的多方面需求和兴趣。在安排实地考察时，充分考虑到汉语课、学术讲座、主题报告和考察单位之间的有机联系，让学生能有机会全方位感知中国，通过亲眼看、亲耳听、亲手触摸，增加对中国历史和文化认识的现实感。

6. 小组研究：学生根据个人兴趣进行分组，每组4—5名学生，完成设定的小组任务。每个小组有两名中国学生志愿者协助。

7. 专题报告：各小组按照事前选定的主题，根据在中国的亲身经历和感触撰写书面报告，并就此内容进行口头报告。例如，有一个"中国经济"组的学生，他选择的口语报告题目是"中国的高铁"。在学习期间，这名学生一直注意调查这方面的资料，还特地请中国志愿者陪同参观了铁道博物馆，为最后的专题报告收集了丰富的资料。学生之间也会就彼此的报告进行讨论并提出建议。

（三）AP模式的具体教学安排及学习方法

AP项目每日的教学安排包括课堂学习、专题讲座（或文化体验）、实地考察和小组活动四大板块。板块由主题系联，使"课堂学习→聆听讲座与互动→实地考察/亲临北京→完成语言文化任务"成为系列主题活动并贯穿起来。例如某一天的主题是"中国建筑艺术"，当日的教学活动都围绕此主题展开，具体安排如下表。

表 1 　AP 项目每日教学安排示例

时间	项目	主题
8:00—10:00	课堂学习	《中国首都北京》，主课文为《胡同与四合院》，副课文为《五道口的小联合国》和《北京的酒吧街》
10:00—12:00	专题讲座	从紫禁城到四合院——中国建筑的文化艺术
13:00—17:00	实地考察	参观天安门、故宫
19:00—21:00	小组活动	讨论并完成小组任务

这种教学模式强调语言形式与表达内容相结合，以主题为线，把课堂学习看作整个社会活动的环节之一，将语言文化学习延伸到社会活动中，强调"在做中学"，通过"活动"来学习。

帮助学生建立学习活动小组，促成学生之间的合作式学习，并请中国学生作为志愿者为其提供帮助。汉语教师在课堂上作为专家，可以通过搭支架帮助学生学习汉语知识，提高汉语技能水平；而在实际的生活中，中国朋友和同学也可以提供帮助。从学生的反馈看，他们对小组合作的学习方式很认可。例如：

"非常喜欢以小组的方式，到北京的各个角落去探险，这就给我们一种的确生活在这个城市中的感觉。"

"中国大学生作为志愿者的安排非常好，跟他们学到了很多。"

当前的新一代汉语学习者，已经不满足于仅仅坐在课堂中学习语言和文化知识，而是要通过各种亲身体验，积累在不同国家、不同城市的社会经历。

（四）AP 模式的评价体系

AP 项目采取形成性评价，评价贯穿项目的始终。评价包括两大部分：一是课程评价，二是行为评价。评价的结果以改进的成绩单的形式呈现。成绩单包括成绩和评语两部分。成绩等级根据学生各个学习项目获得的总成绩换算。具体的学习评价包括学习表现、学习能力和汉语水平的等级描述。

1. 课程评价

课程评价指的是对学生的课程及学习任务的完成情况的评价，具体内容和标准简述如下：

（1）预习和听写

学生需要在课前预习学习材料，课后复习所学内容。材料中涉及的重点生词、语法、句型结构以及中国概况知识等，会成为听写的内容。

课程要求体现为学习单和复习单。课上阅读课文以后，还有一些课后的阅读任务，如根据课文内容填空，回答问题，用英文或用中文解释课文中的词语、短语和句子，等等，此类任务要形成书面功课交给教师。

（2）作业

作业既是学习的手段，也是重要的反馈手段。AP模式的作业包括两个部分。

① 写作作业：每两天写一篇日志，记录在北京的生活和感受，每篇日记最少10个句子。

② 实地考察任务单：AP项目安排了一些实地考察和交流活动，此类活动有语言文化任务单，需要学生完成。任务形式包括回答指定问题、访谈、写观后感等。

（3）项目最终报告

AP项目结束时有一个大型的口头专题报告，全体学生按照感兴趣的专题分为不同的小组，专题分别是科技、教育、医学和经济。每组准备一个项目报告，每个成员负责一个主题内容。报告要先写成文本,经教师修改以后分组做口头报告。书面报告由教师评分,口头报告由遴选出来的专家、教师和学生组成的评审团进行评分、点评等。

2. 行为评价

行为评价指的是对学生参与项目期间的表现评价,如出勤情况、课堂表现、参加活动的表现等。AP模式是全沉浸式的"语言—文化"教学模式,要求学生签订语言誓约,全程不准说母语,一旦违反,会有相应的处罚。

四、AP 模式思考

第一期 AP 项目为期 10 天,语言课 7 次,专题讲座 5 次,实地考察活动 5 次,亲临北京活动 5 次,文化体验 5 类。第一期项目结束时的调查显示,各方反馈良好,对融合了语言、文化双目标的模式化教学设计评价很高。学生普遍认为达到了预期的"语言—文化"双目标,对项目实施的总体满意度为 100%,其中对语言课程"非常满意"的占 94%。在开放性的反馈中,学生也多次提到语言水平以及对中国的了解的提高。例如:

"我相信自己的口语和听力水平都得到了提高。通过这次旅行,我确定了自己日后会继续学习汉语,这样我就能够理解更多的语言。而且,我肯定会再次回到中国来进一步提高我的汉语水平,并深入了解中国文化。"——A 同学

"在过去的两个星期里,我的汉语绝对有了非常大的提高。而且这两个星期也改变了我对中国的看法。在过去,每当我父母要带我跟他们来中国的时候,我都是宁可待在美国。现在我认为,

中国是一个充满机会的国度。"——B 同学

"这个项目教会了我很多东西，我有机会见到了世界各国一些成功人士。我改变了以前对中国的看法，我希望什么时候能再回到这里，能让这里的文化融入我的生活。"——C 同学

由此可以看出，尽管这期 AP 项目时间并不长，但是基本达到了"深接触、促了解"的目的。

由 AP 模式的探索与试行，我们可以得出以下值得借鉴之处。

（一）教学目标方面：单纯的语言教学模式越来越无法满足短期来华学习者，特别是年青一代的学习者的需求。"语言—文化"相结合的双目标教学模式，已经成为短期来华留学项目的主流倾向。我们在进行课程设置时，文化因素也已成为重要的考量内容之一。一些国际基金组织资助的短期来华项目也开始针对社会文化活动提出自己的特殊需求，要求教学单位量身定制课程，例如中美交流基金会的短期来华汉语项目。而常规的汉语教学项目，也开始逐渐将社会文化活动纳入教学模式的设计。

（二）教学内容方面：关注意义的"以内容为主"的教学模式受到广泛的青睐，主题式或专题式教学资料的选取更适合短期特殊目的汉语项目。课堂上所学到的内容，如果能真正地在实际生活中听到、看到、说到、读到，会使学生有成就感，从而增强其学习的积极性和主动性。对于初、中级学习者来说，富有交际意义的教学内容更有实际价值；而中、高级学习者，则会对富有社会意义及文化内涵的学习内容感兴趣。

（三）教学方法方面：要以学生为中心，充分认识到教师并不是课堂的中心，而是帮助学习者完成从"他人调节"到"自我调节"路径的一个助手或支架。教师要通过搭支架提供帮助，协

助学生进行"合作学习",或督促提醒学生参与社会文化活动,来帮助其完成"自主学习"。

(四)语言学习的环境方面:要充分突出目的语环境的优势和特点,将课堂教学与社会文化主题系联,把语言文化教学从课堂内有效地延伸到课堂外,再由课堂外收回到课堂内,使学习者的内部言语得到进一步的提升和转化。

五、结语

在"一体两翼"的新形势下,国内院校应该更多地为汉语国际推广提供支撑,如教学大纲的制订、教材研发、海外教师的培训等。教学模式作为一种具有典型示范意义的教学范式,同时具有一种品牌效应。我们作为汉语的母语国,在推广和普及汉语教学工作中必须建立自己的有说服力的品牌,必须具有国际意识,即国际领先和模式输出意识[1]。北京语言大学汉语速成学院承办的 AP 项目是海外机构和国内机构合作,海外汉语教学和来华汉语教学相结合的一次有益尝试。由此构建的 AP 模式是以"社会文化理论"为基础,基于学生需求和特点而量身定制的"语言—文化"双目标的教学模式,具有良好的实践性、可操作性和可复制性,可以为类似的短期来华"深接触"的"汉语—文化"双目标项目提供范式和模式支持。

---

[1] 马箭飞《汉语教学的模式化研究初论》,《语言教学与研究》2004 年第 1 期。

第三章

专门用途汉语课程研究

第一节　经贸汉语综合课的定位[①]

随着中国改革开放和现代化建设的不断深化，中国经济持续高速发展，对外经贸活动日益频繁，综合国力不断加强，外国人对经贸汉语的热情也不断升温，需求也越来越强烈。这就为对外汉语教学特别是经贸汉语教学提供了更大的空间，并提出了更高的要求。经贸汉语综合课是为学习经贸专业的留学生开设的经贸语体的语言课，是"将语言技能与经贸知识相结合形成的一个新课型"，"既具有普通汉语课的共性，又突出了专用汉语——经贸汉语的个性"[②]，在对外汉语教学中具有特别重要的地位。在目前这种时代大背景下，这门课程既受到了留学生的普遍欢迎，同时也受到了与时俱进的挑战。本研究将从对外汉语教学实际出发，就经贸汉语综合课的定位做一些探讨，以期抛砖引玉，就教于同行。

---

①　本节摘自沈庶英《经贸汉语综合课的定位》，《语言教学与研究》2006年第5期。
②　李杨《对外汉语本科教育研究》，北京：北京语言文化大学出版社，1999年。

一、经贸汉语综合课的性质和功能定位

经贸汉语综合课是为第二语言学习者开设的经贸专业高级汉语课。从内容来看，这门课首先是语言课，是以汉语作为外语来教学的语言课。语言是交际的工具，这就决定了这门课的技能性和工具性。其次，这门课是综合课，具有综合性，它同对外汉语教学其他专业的综合课一样，是以教授汉语言知识为主的语言课，包括汉语的词汇、语法、修辞等，也包括语音和汉字等教学内容。再次，作为经贸汉语的综合课，它又与经贸方向的课程体系紧密相连，直接联系着经贸方向专业知识的教学，是专用汉语课，它的词汇、语法、修辞有其专门的系统：词汇偏重于经贸用语，语法偏重于经济活动中经常出现的语法现象，修辞偏重于实际经济生活中的礼貌、寒暄、商业文化的介绍。最后，经贸汉语综合课是为特定的职业设置的专用汉语课，属于职业性汉语，具有很强的实用性和交际性。经贸汉语综合课的性质定位可以初步确定为：以语言为经，以经贸知识为纬，或者说以语言为纲，以经贸知识为目，系统讲授高级汉语的语言知识，间接介绍中国经贸知识，通过渗透的方式，使学习者在语言的听、说、读、写、译能力综合提高的同时，能够基本掌握经贸活动的语体特点，大致熟悉中国的经济生活背景，初步了解中国的商业文化。这里我们着力强调"渗透"的意义，就在于对经贸知识不是以专业知识的形式做专门的系统讲授，而是在语言学习中，通过对课文内容的理解来了解其中蕴涵的点滴经贸知识。也就是说，教学内容不可能是经济学原理、国际贸易实务等纯经济学的知识，最多是通过课文的内容了解股票、证券、国内生产总值（GDP）、恩格尔指数、基

尼系数等经济学术语，或者是了解关于改革开放、计划经济、市场经济等的政策知识。

经贸汉语综合课的功能定位可以从三个方面确定，即，综合性、基础性和交际性。综合性在于帮助学习者深入学习汉语的基本要素，全面了解运用汉语从事经贸活动常用的语体特点，整体把握中国商务活动中可能出现的场景以及其中蕴藏的文化内涵；基础性在于引导学习者运用汉语及其文化进行思维，为经贸专业课的学习打下语言基础，也为将来的商务实战做准备；交际性是这门课的最根本的功能，学习的最终目的在于运用，语言的学习目的就是为了交际，经贸汉语的学习目的主要就是使学习者所学的知识在商务活动中得到具体运用，最终实现交际的目的。

二、经贸汉语综合课的教学对象定位

（一）教学对象定位的第一个标准是需求

个人需求是教育中的重要因素，需求决定了动机和目的。人本主义心理学家马斯洛认为，需要是动机产生的最根本的心理基础，动机是直接推动人的行为活动的内部原因和动力。需要和动机紧密地联系在一起，离开需要的动机是不存在的[1]。教育学理论认为，学习者个人需求所形成的动机，往往能获得更大的成功。人做任何事情都要受目的的支配，目的是指导人行为的重要航标，王初明（1990）[2]认为，一个人不可能毫无目的地去为学外语吃苦。

---

[1] 车文博《人本主义心理学》，杭州：浙江教育出版社，2003年。

[2] 王初明编著《应用心理语言学——外语学习心理研究》，长沙：湖南教育出版社，1990年。

语言学属于应用科学,语言本身属于工具,经贸汉语是语言体系的一个分支,大多数学习者选择它的动机就是为了在具体的语言环境中运用,即从事商务交际。因此经贸汉语综合课的教学对象,不仅有学习汉语言的要求,还应该具有学习经贸知识的要求。这种要求的来源,或者是因为兴趣爱好,或者是为了研究经贸语言,或者是为了将来求职,或者是为了继承家族企业,或者是为了将来和中国做生意……总之,无论来源于何种动机,都是一种客观形势下的主观需求。

(二)教学对象定位的第二个标准是学能

克拉申(1982)[1]认为,语言学能属于认知能力,它与监察系统的使用相关。学能也就是有意识学习语言的能力,而不是潜意识的语言"习得"能力。有的学者把第二语言学习的学能定义为:学习第二语言的潜在能力,包括辨音能力、解释语法现象的能力、听觉能力、归纳学习能力、记忆能力以及智商等。经贸汉语综合课的教学对象的学能可以确定为:对语言的理解和言语交际能力的综合掌握以及运用汉语进行思维的能力,也就是具有汉语语法、词汇、表达等方面的基础知识和初步用汉语进行思维的能力。

以上两点是学习经贸汉语综合课的最起码要求。正如卡罗尔所认为的,能力强,动机也强烈的学习者能够利用较少的机会把外语学好[2]。

---

[1] Krashen, S.D., *Principles and Practice in Second Language Acquisition*, Oxford: Pergamon, 1982.

[2] 王初明《应用心理语言学——外语学习心理研究》,长沙:湖南教育出版社,1990年。

三、经贸汉语综合课在课程体系中的定位

作为汉语综合课,就是把汉语言基本要素与相关文化内容结合在一起,进行听、说、读、写、译综合训练,目的在于培养学生综合运用汉语的能力。而作为经贸汉语综合课,除了听、说、读、写、译各种技能的综合训练以外,还应该有经贸知识和语言技能的综合训练。语言技能是指高级汉语课中各项基本技能;经贸知识既包括经贸活动的词语、专业术语、特有的语体形式等,也包括中国社会经济生活中的诸多文化现象。这些知识的学习,可以带动和影响经贸方向其他专业知识的学习,为其他专业知识课的学习打下良好的基础,并且对经贸理论知识的理解从表象上起到导引的作用。经贸汉语综合课在经贸系的全部课程体系中处于基础和核心地位,又为各门课程的相互联系起到了中介作用。它的定位应该是:它是语言课,重在传授语言知识和技能,全面提升汉语听、说、读、写、译的综合能力。它是经贸专业课的准备课,为经贸专业知识的学习做好铺垫,打下语言基础。它是商务文化的基础课,通过相关文化知识的学习,为外国人了解中国"商情"文化做好铺垫。

四、经贸汉语综合课内部语言知识和经贸知识的定位

经贸汉语综合课的课程内容可以分为三部分:(1)汉语通用语言知识;(2)经贸语体特有的语言知识;(3)经贸文化知识。其中,汉语通用语言知识包括汉语的基础词语、句法、结构、篇章等内容;经贸语体特有的语言知识包括经贸词汇、经贸活动中的特殊句式表达等;经贸文化知识包括经济形势、经济现象、经

济背景、经济心理等跨文化交际内容。语言知识应该包括（1）和（2）两个方面的内容，经贸知识应该包括（2）和（3）两方面的内容。可见，语言知识和经贸知识是融合交织在一起的，二者不能割裂开来，语言是载体，经贸是内容的一部分；语言是外在的表现形式，经贸知识是内在的实体。二者是相辅相成的，语言知识不足就背离了汉语教学的主旨；经贸知识缺失又失去了经贸汉语的特点。汉语言知识和经贸知识这两个方面共同建构了经贸汉语综合课的知识体系。好比一棵大树，汉语通用语言知识是主干；经贸语体所特有的语言知识是细枝或树叶；而其中蕴涵的文化内容是树下的土壤。也就是说，经贸语言知识是汉语基础语言的分支，而任何语言都植根于文化的土壤中。

经贸汉语综合课的这三方面内容又不是平行并列的，而是按照课程的特点分为三个层级：汉语通用语言知识属于基础层级，它是这门课的基础。如果说经贸汉语综合课是汉语言经贸系的基础课程，那么就可以说汉语通用语言知识是本专业中所有课程的基础，是学好其他课程的前提和保障。而经贸语体特有的语言知识则处于第二层级，是在学习基础汉语言要素的同时进一步学习的经贸方面专业词语及句式表达。经贸文化知识则处于第三个层级，包括政治文化、经济文化、心理文化、习俗文化、民族文化背景及历史知识等。这就是说，从课程内容来看，经贸语体的语言知识和文化知识同属于经贸汉语课所特有的内容，统称为经贸知识，这是区别于其他方向的综合课的根本所在。但从知识层面的划分看，汉语通用语言知识和经贸语体特有的语言知识是分不开的，同属于一个层面——语言知识层面，而经贸文化知识则属于文化知识层面。它们共同建构了经贸汉语综合课的课程体系。

可以用图表示为：

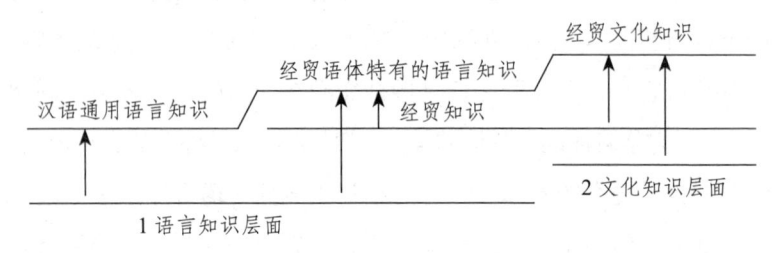

```
汉语通用语言知识 / 经贸语体特有的语言知识    经贸文化知识
                ↑           ↑              ↑      ↑
                          经贸知识
                  1 语言知识层面              2 文化知识层面
```

图 1

第一个层面的内容属于基础层面，相对来说是容易掌握的，而第二层面的内容却是很难掌握的，需要有一个逐渐积累的过程。因为经贸文化属于一个人的文化修养层次的内容，是学习汉语的一个新的境界，不是短时间可以速成的。

经贸汉语属于专用汉语，越是专用汉语，越有更多的文化内涵。经贸文化的内容可以说是包罗万象，深不可测。文化本身就是博大精深的，而商家对文化的接受与运用大多情况下是从实用主义的角度出发的，因而经贸文化涉及的面非常之广，中国的传统文化在商业实践中都可以找到影子，可以说儒、释、法、道、阴阳、纵横、杂、兵等各家学派的思想都被中国商家兼收并蓄了，我们一般说的"儒商"，只是对商家文化修养高的一种评价。因此，对经贸文化不能只是从某一个侧面去分析判断，要做全面的理解。在具体事例中分析其中蕴藏的商业文化及相关的文化心理，从而使学习者从中体会到中国商业文化的特质。比如，中国人常常是羞羞答答谈钱。一个企业为了鼓励员工推销积压产品，实行奖励制度，中国员工在推销产品时会声明"我不是为了得到奖金，而是为了企业的发展和全体职工的利益"。当拿到奖金时，尽管心花怒放，却还要表现得无所谓的样子，究其文化根源，应归于中国儒家"重义轻利"的传统思想的影响；而在推销过程中，可能什么欲擒故纵，什么兵不厌诈这些兵法手段都要派上用场。再比如，从中国人常说的"酒香不怕巷子深""桃李不言，下自成蹊""皇帝的女儿不愁嫁"等，可以看出中国商家在推销自己时的矜持，这实际是道家的无为而治思想的体现。

五、经贸汉语综合课的内容选取定位

一门课程的内容选取要体现针对性，经贸汉语综合课的针对性就是要结合其教学实际，对听、说、读、写、译等做出具体的要求。第一，语言针对性。有目的地对语言进行选择，结合经贸汉语的实用性要求，对词语、句型的需求做出选择，选择那些与学生将来工作有关的词语和句型。第二，情景针对性。所选择的语言项目必须围绕中国的经济生活组织起来。如果离开了中国社会经济生活的大背景，就不是经贸汉语了。第三，意念与功能针对性。把意念与功能联系起来，强调语言的交际能力，包括如何去发现并传递信息，如何去表达情感，如何去实现各种交际目的，等等。比如，受到邀请时，中国人习惯客气，那么就应该顺应他的客气，并找到适当的理由再次发出邀请。第四，修辞针对性。表达不仅要正确，还应该准确得体，针对经贸活动的各种不同场合可能出现的表达需要，运用汉语手段来表达连贯的思想，达到成功交际。比如，同样是推销商品，针对不同国家、不同年龄的顾客，就要用不同形式的言语来向他介绍，这就要求我们的课程内容要有多场景的训练。第五，交际针对性。学习用语言来影响别人，针对经济活动中的各种场所，适时发出信号，使话题沿着自己希望的方向发展，从而达到交际目的。这就要在课程中教给学习者如何把握谈话的主动权。

经贸汉语综合课的各部分内容选取还要体现宏观性。从文章的选取来说，应是能够反映时代主旋律、代表当前经济社会进步倾向、在当前及未来的一定时期具有很大影响的题材。比如，介绍中国的经济形势，就要选取积极向上的，能够代表中国改革开放主流的背景；介绍一个企业的发展情况，这个企业一定是能够代表中国企业正面形象的，并且在一定时期不会发生危机的。从场景的选取来说，可以涉及经济活动的不同领域，但只是合理利用这些场景，而不是学习这些具体场景的专业词语。比如，可以选择银行为场景，但不涉及银行的具体业务，也不介绍各种银行卡等；保险公司可以作为场景，但不涉及保险的各种险种及相关业务。对经贸词汇要区分层次，分出常用的基本商务词汇、一般阅读词汇、专业术语等。教学中更重视的应该是基本商务词汇，从宏观上掌握，而不是针对某一领域的专门术语来做大量的介绍。比如，炒股、股票可以介绍，但具体的 A 股、B 股等专业知识就不是教学内容应该选取的了。这一点是由教学性质和教学对象决定的。

六、经贸汉语综合课的各部分内容比例定位

汉语通用语言知识、经贸语体特有的语言知识、经贸文化知识在这门课中各自所占的比例到底以多少为宜，这是确定一门课程必须考虑的问题。但是这个问题恐怕很难做到完全量化。因为语言是不好用行业来完全界定的，经贸特有词汇的界定是很难做到的，纯粹的商务用语可以找到，比如"成交、畅销、亏损、融资、投资、资产、报价"等等一看就知道是商务用语，但"风险、超额、

买单、刷卡"等是不是完全属于商务用语，恐怕很难说清，再比如"光临、幸会、致辞、致谢、意愿"等礼节用语就更难说是商务所独有了，还有"暴富、暴发户、财大气粗"等词语也不好界定。我们就把这些与商务有关系的词语都算作经贸汉语的词语。

我们统计了近期出版的几部商务汉语教材中的生词，其中经贸词语所占的比例分别为：《商务汉语入门·基本礼仪篇》[1]（初级）占16.82%；《新世纪中级商用汉语·下》[2]（中级）占18.01%；《中级商务汉语教程·上》[3]（中级偏上）占21.25%。平均为20%左右。

我们在教学中也对每篇课文中各项内容的比例大致做了统计。从课文来看，以所占汉字的比例来计算，经贸语体特有的语言知识所占的比例大约是20%，而经贸文化知识所占的比例为10%。由此可以大致推测，以1000字的课文长度来计算，在经贸汉语综合课的课文中，汉语通用语言知识所占的比例应该是70%，经贸语体特有的语言知识所占的比例应该是20%，经贸文化知识所占的比例应该是10%。即这三项内容的比例为7：2：1。课堂教学情况也验证了这一点：上课时，教授经贸语体特有的语言知识所用时间的比例大约是五分之一，教授经贸文化知识所用的时间比例为十分之一。经贸词汇一般以一节课出现3—4个为宜，最多不能超过5个；经贸文化知识点以每节课一个为宜。按每节课50分钟计算，三项内容的比例与上面相同，也是7：2：1。

---

[1] 张黎主编、沈庶英编著《商务汉语入门——基本礼仪篇》，北京：北京大学出版社，2005年。

[2] 郭珠美《新世纪中级商用汉语课本·（下）》，北京：北京语言大学出版社，2005年。

[3] 王惠玲、黄锦章主编《中级商务汉语教程·（上）》，北京：北京大学出版社，2004年。

所以，我们可以把经贸汉语综合课中的汉语通用语言知识、经贸语体特有的语言知识和经贸文化知识三项内容的比例大致定在 7 : 2 : 1。

当然这个比例只是一个大概的情况，比如文化，可能在课文中隐藏很多，但我们不能全部介绍。不过通过课文的学习，学生会从中悟出很多文化的内涵。

七、结语

经贸汉语综合课是一门独立的课型，在对外汉语教学中占有不可或缺的地位。由于它的独特功能和特有的内容，构成了这门课特殊的课程体系。这门课程在目前很受留学生的青睐，我们相信，随着中国经济不断走向世界，世界经济一体化的进一步发展，这门课程会更为重要。因此，对这门课程的研究具有很强的实用价值。

第二节 商务汉语口语交际课的教学方法[①]

一、交际策略与交际策略教学

交际策略（Communicative Strategy）的概念最早是 Selinker（1972）[②] 提出的，用于解释外语学习者中介语的一种主要过程，

[①] 本节摘自张黎《交际策略教学法研究——以"商务汉语口语交际"课为例》，《语言教学与研究》2011 年第 2 期。

[②] Selinker, L. Interlanguage, *International Review of Applied Linguistics*. 1972(10).

是学习者使用目的语进行交际时的策略。其后，Canale & Swain（1980）[①]、Ellis（1994）[②]进一步将交际策略划入语言能力范畴，认为它是语言学习者因其他能力欠缺而无法进行交际时所采取的弥补措施，可作为学习者对无法完成的某一表达计划的替代。而Bachman（1990）[③]则拓展了交际策略的内涵，认为交际性语言能力是由语言知识和策略能力两大部分组成，前者包括结构知识和语用知识，后者包括目标确定、评价能力及策划、实施能力。在此模式中，策略能力处于中心地位，它将语言能力与语言使用者的知识结构及交际环境特征贯穿起来，调动语言能力的各个要素，连接它们并使其发生互动，从而有效地进行交际，而不是充当在交际困难时才被使用的单纯的角色。因语言知识不足所采取的弥补措施只是策略能力的一部分。Bachman的分析实际上超越了外语学习的层面，站在语言本体角度，将交际策略看作是所有语言使用者的语言交际能力的一个表现。

欧洲理事会文化合作教育委员会发布的"欧洲语言共同参考框架"将交际策略视为"衡量语言能力的一个实用基础"，具体界定为"语言使用者综合运用自己的资源，发挥能力、组织活动，以满足当时交际情境的需要，并根据当时特定的交际目的，以最完美、最经济的方式成功地完成交际任务而采取的手段"，并认为"学习者懂得如何加入一项具体的语言活动，并知道采取

[①] Canale, M. & Swain, M. Theoretical Bases of Communicative Approaches to Second Language Teaching and Testing, *Applied Linguistics,* 1980(1).

[②] Ellis, R., *Understanding Second Language Acquisition*, New York: Oxford University Press, 1994.

[③] Bachman, L., *Fundamental Consideration in Language Testing*, Oxford: Oxford University Press, 1990.

一定的交际策略,这是学习者取得语言学习进步的最好体现"[1]。"共同框架"是在 Bachman(1990)[2] 的界定上理解交际策略的,并明确地将其纳入外语能力考查的指标体系中。这为我们在对外汉语教学中进行交际策略的教学提供了重要参照。有关汉语口语交际策略的研究迄今为止还非常少,只有张犁(1993)[3]、张黎(2002[4]、2007[5])、彭林霞和黄莉(2006)[6]以及李俊敏(2007)[7]等所做的一些零星研究。

我们认为,交际策略是指在言语交际过程中,为有效实现交际意图而采取的语言表达方式。交际策略是实现、控制言语行为的枢纽,统制言语行为的实现过程、制约言语行为的效力,决定说什么和怎么说。交际策略控制着从句型、词汇、语调到篇章顺序的整个组合,语法、词汇等语言单位的选择和使用,是言语形式的总文法(张黎 2002)[8]。相比于语音、词汇、句法结构层面上的规则,交际策略不容易从语言结构单位以及成分上被直接观察到,而是要从大量的真实的言语交际行为及语料中概括出来,

---

[1] 欧洲理事会文化合作教育委员编《欧洲共同语言参考框架:学习、教学、评估》,刘骏、傅荣主译,北京:外语教学与研究出版社,2008 年。

[2] Bachman, L. *Fundamental Consideration in Language Testing*, Oxford: Oxford University Press, 1990.

[3] 张犁《寒暄的策略》,《语文建设》1993 年第 6 期。

[4] 张黎《言语策略与语言教学——中高级汉语教学向语用扩展》,《语言文字应用》2002 年第 2 期。

[5] 张黎《现场促销员的会话策略分析》,《语言文字应用》2007 年第 3 期。

[6] 彭林霞、黄莉《商务电子邮件与传统商务信函中礼貌策略的对比分析》,《温州大学学报》2006 年第 5 期。

[7] 李俊敏《中外商务信函和电子邮件中的礼貌原则》,《商场现代化》2007 年第 28 期。

[8] 同[4]。

第二节 商务汉语口语交际课的教学方法

而且不同的言语社团在一些交际行为中的交际策略会有所不同，体现出语言的文化差别。在语言表达的输出上，交际策略能力体现在两方面：一是逻辑—语义内容的选择、组织能力，即话语/语篇结构的构建；二是语言项目（语调、词汇、句法、语篇形式等）的选择使用能力。

对于非母语的语言学习者来说，交际策略是高层次的和综合性的语言能力，是语用和交际层面上的能力，学习目的语就需要掌握这些模式。在语言教学中，学习交际策略就是学习语篇组织和语言项目选择的能力。对于语言水平达到较高阶段的语言学习者来说，交际策略是他们语言水平进一步提高的重要标志。针对这一情况，我们经过长期的商务汉语口语教学实践和研究，总结出了一套交际策略教学法，就是以交际策略为纲安排语言教学内容，以交际策略为出发点组织、实施课堂教学，训练学生在特定的交际功能中选择和组织语言形式，充分、得体地进行语言表达的能力。交际策略教学法的总体目标是要训练学生在特定的交际活动中更有效、更于己有利地表达。具体做法是：根据学习需求，针对特定的交际功能（如命令、拒绝等）划分出若干典型的交际策略类型，揭示每一种策略下语篇的各种逻辑—语义结构，并给出不同语体、不同风格的语言项目让学生鉴别并学习掌握。这一方法力图从可把握的语义结构方面解决成段表达的训练问题，并把语言项目的语用特征作为训练内容，这也是对语篇教学和语用教学的进一步探索。通过交际策略的教学，最终可使学生了解目的语在特定交际功能下的交际策略类型，并能够根据交际策略需要合理组织话语，以及选择适当的语言成分。

交际策略是高层次的语言运用能力，掌握目的语的交际策略，需要学生已经掌握足够的目的语词汇、语法、语用知识。所以，交际策略教学法更适合于高级阶段的第二语言教学，特别是商务汉语这类更注重交际效果的专门用途语言教学。本研究以北京语言大学汉语言专业经贸方向四年级的"商务口语交际课"[①]的教学实践为例对交际策略教学法的运用作一介绍。

二、交际策略教学法在商务汉语口语教学中的应用

（一）教学目标与基本内容

以交际策略为纲的商务口语教学，其基本目标是使学习者能够在特定的商务交际活动中，恰当地运用交际策略，充分、准确、得体地完成信息传递、表态、劝说等交际行为。充分性体现在话语结构的长度、结构类型的种类等；准确性体现在能够运用恰当的成分和方式准确、清晰地表达语义；得体性则要求能够选择适当的语体和表达风格，要符合合作原则和礼貌原则。与其他教学方法的课程目标设定量化指标的角度略有不同的是，策略教学法除了规定全部课程周期内要掌握的语言形式的总量之外，更注重语言形式的选择性，即注重让学生掌握在同一交际功能下，有哪些常见的语言形式可以使用，每一种语言形式在什么情况下使用。

商务汉语交际策略教学主要训练语段、语篇的组织和承担特定交际功能的语言单位项目的语用特征这两方面的技能。重点教

[①] 该课为来华本科留学生汉语言专业经贸方向的必修课，周课时4，开课周期为一学年，使用教材为《商务口语教程》（张黎、张静贤、聂学惠编著，北京语言大学出版社，1999年）。该教材以交际策略为纲编写，归纳出20种商务汉语口语交际功能下各种常见的交际策略类型。

学内容是教授在特定的交际功能下可以用来有效完成交际目的的各种语篇（话语）结构形式以及相应的可供选择的语言成分。它是针对一个个具体的交际功能来设计的，所以先要确定需要教哪些交际功能，教学单元内容就以所选定的交际功能为单位进行。

（二）课堂教学方法

在具体的课程单元教学中，交际策略教学法要求根据话语分析的成果，以话语（语篇）为单位，在话语分析框架内进行具体的训练。同时，话语分析也是交际策略教学法实施的一个组成步骤。与所有的语言教学都分为输入（获取语言学习材料以及相关语言知识）和输出（尝试使用所学语言知识）两个阶段一样，交际策略教学法也分输入和输出两个阶段，但这两个阶段的教学都是在话语分析的框架内进行的。

1. 话语分析

在输入阶段，教师对样本语料的话语特征进行分析，我们称之为话语分析。具体分析内容包括以下几个方面。

（1）交际目标与交际意念分析

交际目标分析就是让学习者知道要学习的语言能力可以解决什么交际问题，如，说服对方购买、拒绝对方更改协议等。怎样说话首先取决于所说的话要达到什么目的，而在课堂教学中，交际目的和场景都是虚拟的，特别是商务汉语口语教学中，对真实交际的模拟难度更大，而且很多时候学习者本身没有商务经验，所以需要准确、清楚地展示交际的意图以及要考虑的有关因素，让学习者能够尽可能把模拟的交际意图内化为自己的认知图式，确切知道要做什么样的事。这个分析的核心是交际功能，具体操作时先确定要完成什么交际功能（如"劝说、请求、拒绝"等），然后通过课文或练习当中的具体交际事件（如讨价还价、产品介绍等）来展示和训练具体表达方式。

交际意念分析就是揭示为达到某个交际目的，除交际的核心功能及相对应的说法外，还需要哪些知识或信息来为交际目的提供支持。例如，在许诺按时交货时，除了核心的表达方式（如"我们保证按时交货"）外，还可以介绍自己以往的信用情况、本方的生产能力以及完不成计划就提供赔偿等方法来支持自己的承诺。这些用来辅助和支持交际目的的信息就是相关意念，它们既是使学生模拟真实商务交际的前提，也是说出成段的、表达充分的语言形式的依据。

交际目标与交际意念分析的基本方法是在展示学习材料之后向学生提问"课文里的 A 主要想要达到什么目的""哪些话表达了这个目的"等，让学生找出核心的交际功能以及所使用的语言形式（句子）并展示出来，然后再问"他有什么理由来支持自己"或"为了达到目的，他还说了什么"等问题将所涉及的意念概括地展示出来。

（2）交际角色分析

交际角色分析就是揭示交际双方各自的地位以及相互之间的关系，比如双方的地位是否平等、关系是否亲近、交易中谁占据优势等等情况。这些是决定交际双方采取什么样的语体风格说话的因素，说话人对这些有了明确认识才能准确地选择如何组织语言以及使用什么样的语体风格，才能够将语言形式与交际对象对应起来。

交际角色分析的具体做法是由教师提出一些关于样本语料当中交际双方的关系和地位的问题，如"A 是什么人""谁的地位高""谁应该更主动"等，追问"从哪些话可以看出来"等，并将这些问题概括地展示在黑（白）板上。在学生熟悉学习材料（课文）的活动中，比如分组练习课文之前，再次确定双方的关系，强化角色定位。

(3) 语体风格分析

语体风格分析就是对语言材料当中出现的语言成分（句法结构、词语）所属语体和风格特点进行说明，使学习者了解所学的语言成分适用于什么场合、什么内容以及什么对象，从功能角度掌握语言成分。具体分析要素包括正式/随意、直接/委婉、礼貌/无礼、清楚/模糊等。在操作中可直接讲解，也可以问学生某个语言形式是正式的还是随意的、是礼貌的还是无礼的等问题，帮助学生判断。同时，应将一些意思相同但语体风格不同的语言形式放在一起，让学生比较有何不同。例如"君子一言，驷马难追"属正式语体，语气庄重。在使用时，语调高亢，重音在句尾，与其具有相同表意功能的语言成分还有"说到做到""说……就……""说话算数"等，但语体、风格都不如其正式、庄重。在课程设计时，要对具有相同交际功能的核心语言表达成分进行归纳、对比并呈现在课文以及练习中。

(4) 话语结构分析

话语结构分析是对样本语料的话语（语篇）的线性构成方式进行归纳，使学习者了解为实现某种交际目的可以说哪些话以及先说什么后说什么。这种分析与交际意念的分析也是相对应的，有哪些意念，就会在语段中出现相应的语句。具体的分析包括宏观结构分析，也包括句段的衔接方式（如连接词等）和对话毗邻对特征（如话语标记、对话引导成分等）的分析。例如"君子一言，驷马难追"可以用于表示许诺的交际功能，使用语境具有以下特征：

A. 用于对话中的回应话轮，在对方要求确认承诺而做出明确许诺时所作的回答。如回答"真的吗"或"你可要说话算数啊"之类的话。

B. 在使用这一语言形式时，可独立成句，也可与前后其他成分组合构成一个语段。例如：

当然，君子一言，驷马难追！我从不食言，你放心吧！如果做不到，我甘愿受罚。

上例的语段结构为：确认→"君子一言，驷马难追"→提供依据→安慰→从反面承诺。

这是话语分析的重点，也是交际策略训练的重点，目的是增强学习者根据交际需要组织、调整语段及语篇的意识，为充分并且有条理地表达打下基础。

话语结构分析的具体操作方法是以提出问题导入，如可以问"在这段对话中，A先说什么后说什么"，然后以流程图的方式画出宏观结构框架，在学生复说课文时，可以让他们看着这个框架图来组织语言。在遇有新的衔接成分或会话成分时，教师还应提醒学生注意这些成分，可以用直接指出的办法，也可以用提问的方式。在进行话语分析的过程中，也会遇到新的语言项目（词汇、句法结构等），这时候可以将这些语言项目的讲解和练习穿插其中。

2. 交际策略训练

在输出阶段，教师引导学生按照话语分析的提示，模仿样本语料，尝试进行交际与表达练习，我们称之为交际策略训练。这是在话语分析基础上进行的训练，所以其具体训练步骤和内容也与话语分析的四个要素相对应，下面具体说明每一步的操作方法。

（1）交际目标与交际意念设定。①教师提出虚拟的商务交际任务，比如客户担心不能按时交货，请学生模拟卖方向客户做出按时交货保证。可以由教师模拟客户，提出有关的问题或要求，如"我们对你们能否按时交货比较担心""你们真的能按时交货吗"等，问学生该如何回答。②输入相关意念，具体做法是由教师提出问题，比如与要谈的事情相关的问题是什么、有什么障碍、需要什么理由来说服对方、还需要什么信息来支持自己等，引导学生思考，然后列出可能有用的意念，展示给全体学生，让他们决定选择使用哪些。

（2）交际角色定位。教师与学生协商，确定说话人要模拟的交际者的身份（如业务员、经理、老板等）以及双方关系（如熟悉、陌生、长幼、尊卑、强势或弱势等），还要选择一个情景（如在会议室、在电话里等），并让学生复述或写下自己的角色以及与对方的关系。

（3）语体风格选择。教师与学生协商应该以什么样的语体风格和对方交谈，首先让学生根据交际对象以及双方关系判断是否应该正式、直接、礼貌、清楚等，并进一步协商在哪些问题上可以正式、直接、礼貌、清楚，哪些问题上不需要这样。然后让学生根据语体需要，寻找与之相应的语言表达成分。

（4）话语与语篇结构组织。让学生根据交际意念，确定要谈话的内容结构，然后在与老师或同学协商后确定对有关意念进行排序，设计先说什么、后说什么。然后将语体风格选择所确定的语言成分分别与意念对应，加上必要的衔接成分或对话提示成分，设计交际的过程。最后，将这个设计说出来。

在进行交际策略训练时，应注意交际事件的设计尽可能典型、易懂，人物关系、场景要尽可能具体、清楚，而且要达到什么交际目标也要清楚地交待给学生。实践中，最好采用真实案例，以其为"剧本"来引导学生学习交际策略。

具体训练过程，可以采用小组活动的方式由学生自己协商上述问题，还可以将写和说结合起来，由学生先写下自己的设计再说出来。

总体上，交际策略教学法主要由话语分析和交际策略训练两大部分构成，而每个部分又有具体的步骤和方法。在教学中，在某些环节上它也可以跟其他教学方法如听说法、交际法或任务法等相结合进行。例如，话语分析和交际策略训练也可以在任务模式下进行，从开始就给学生布置一个完成某个交际目的的任务，然后让他们自己来分析样本语料，总结其话语特征，然后再去协商、设计完成任务的语言表达形式及过程。

三、教学效果分析

我们从 1997 年开始即采用以交际策略为纲的教学方法，在北京语言大学汉语言专业经贸方向四年级的"商务口语交际"课程中进行教学实践。为了对该课的实际教学效果做出更准确的评估，我们曾采用测试和问卷调查的方法，对该课的学习者进行了调查，从调查结果看，交际策略的训练取得了较为令人满意的效果。

（一）对学生表达能力的测试

为了解交际策略教学法对学生在表达的充分性、准确性和得体性方面的影响，我们对北京语言大学汉语言专业经贸方向三年级下学期（以下简称"三下"）和四年级下学期（以下简称"四下")的留学生做了一次测试,用同一套题让他们分别作答,并把答案写下来。四下学生已经学完"商务口语交际"课,三下的学生还没学过,但也已经完成三年级的学习。测试题有两道,第一题是让学生根据要求说一段话并写下来,要求写出的句子不少于 8 个,并注意说话的方式,目的是测试学生如何组织话语、能够说出多少话、能否准确得体地表达出意思。第二题给出 5 个随意语体的口语句子,前两个为日常用语,后三个为工作用语,让学生尽其所能改成正式语体的说法。有效完成测试的三下学生有 47 人,四下学生 61 人。测试结果如下。

1. 在表达的充分性方面,三下的学生平均使用了 11.36 个句子,四下学生平均使用了 13.62 个句子,四下学生比三下学生多 20%。对两个年级学生使用句子数量的中位数、众数、最大数、最小数的统计,都显示四下学生的句子数量明显多于三下学生。

2. 在表达的准确性方面,我们主要考查学生准确使用表达核心交际目的的核心句的情况。如交际功能是劝说,应该使用表达劝说的句子,如"希望你不要走""我请你留下来"之类的说法。测试结果,三下学生总共只有 11 次使用核心句,平均每人只使用 0.23 次;四下共使用核心句 49 次,平均每人使用 0.8 次,远远高于三下学生。可以看出,四下学生明显地更清楚哪些说法可以用来准确表达自己的交际目的。另外,三下学生的核心句有 10 次是在话语中间使用,有 1 次在话语结尾处使用,没有人在话语开头使用。而四下学生虽然也以在话语中间部分使用为主(40 次),但也有一些人使用在话语开头(2 次)和结尾处(7 次)。这说明四下学生能更灵活地使用这些核心句。

3. 表达得体性情况。学生在回答测试问题时出现的语体以及风格上的对错可以反映学生的语用表达情况。在第一题中，三下学生总共出现 7 次得体性错误，与总人数相比，出错率为 14.9%；而四下学生也出现了 7 次得体性错误，但与人数相比的出错率为 11.5%。第二道题三下与四下的出错率差距更明显，对五个句子的改写，三下学生的总答对率为 41.1%，四下的答对率则为 61.6%。其中，前两个生活用语答对率差距较小，而后三个工作用语的答对率差距很大。这说明，四年级学生在正式语体的使用能力方面，特别是工作用语的语体把握上，明显强于三年级学生。

（二）对学习者的问卷调查

我们于 2009 年夏和 2009 年冬，先后两次对刚刚学完"商务口语交际"课的两届共 77 名学生做了问卷调查，让学生自我评价在学过该课以后口语能力的提高情况以及对该课的看法。我们根据教学目标的基本要求，即充分、准确、得体地表达，设计了六项指标：说话的长度、语段的组织、表意的准确性、对谈话技巧的了解、语体转换、风格转换，让学生评价自己在这六个指标上提高的情况。这六项指标可以具体化为：A.连续说更长的话；B.更好地组成一段话；C.更准确地表达意思；D.了解中国人的谈话技巧；E.根据情况使用正式和非正式语体；F.根据情况使用直接或委婉的说法。调查结果见表 1。

表 1　六项指标的调查结果（%）

	A	B	C	D	E	F
提高很大	31	34	36	53	35	45
有些提高	60	56	55	36	53	49
没有提高	6	9	8	8	9	3
说不清楚	3	1	1	3	3	3

总体上看，认为通过该课学习在能力上有提高的学生占据了绝对多数，其中 A、B、C、F 四项指标认为有提高的人占到 90% 以上，D（89%）、E（88%）两项也接近 90%，整个数据呈现出较好的结果。从调查结果可以看出，该课程对于交际策略能力的培养是有效的。

（三）结论

从上述测试和调查的结果看，通过"商务口语交际课"的学习，学生在交际策略能力方面有明显提高，学生对于学习的效果是满意的，这说明该课教学总体上是成功的，我们所使用的交际策略教学法在高级阶段的商务口语教学中是有效的。但同时我们也应该看到不足，为今后继续改进教学，进一步提高教学质量提供依据。目前，我们认为在话语语篇组织的能力上，学生提高还不够大。从测试的结果看，学生的表达中出现的衔接问题还不少，问卷调查中这部分回答"提高很大"的人所占比例在所有 6 个指标中是最低的，说明这方面的教学和研究还需要进一步加强。

第三节　科技汉语的课程设置[①]

随着中国的全面发展，"汉语热"正在国际范围内持续升温。普通汉语教学已逐渐不能满足留学生的学习需求。近年来，中国的科学技术得以迅猛发展，尤其是在"神五""神六"成功升空

---

① 本节摘自单韵鸣、安然《专门用途汉语课程设置探析——以〈科技汉语〉课程为例》，《西南民族大学学报》（人文社科版）2009 年第 8 期。

之后，中国科学技术的进步举世瞩目，来华学习理工、科技类专业的外国学生人数逐年攀升。根据我们的教学经验，大部分学生在完成普通汉语进修以后直接进入专业学习。然而，他们在一、二年级总是很难适应以汉语为主要媒介语的学习，不时有学生出现多门课程不及格、被迫退学的情况。为了让这类学生能尽快适应学习，我们就有了开设科技汉语课程的设想。

科技汉语，顾名思义，教学内容应当与科技相关。它跟目前较常见的非普通汉语课程商务汉语、旅游汉语等类似，与普通汉语课程相对，不以日常生活中使用的汉语为主要教学内容。那么，这些课程和普通汉语课程的关系如何？课程要如何定位和设置？定位和设置所依据的理论是什么？本研究以科技汉语课程为例从理论和具体设置方面进行探讨。

一、课程定位和设置的理论依据

综观对外汉语教学中各方面的研究，不少理论及研究方法都借鉴并沿袭了西方盛行的语言学与应用语言学理论（如偏误分析、语言习得研究），英语是世界上学习人数最多的外语学习语言，在给科技汉语等非普通汉语课程作定位和设置以前，我们不妨参考英语作为外语教学的分类。

根据语言教学的性质，英语作为外语教学这棵大树，可分为通用英语（EGP，English for General Purpose）和专门用途英语（ESP，English for Specific Purpose）两大分支[①]。专门用途英语是指与某种

---

① Hutchinson, T. & Waters, A., *English for Specific Purposes: A learning—centred approach*, Cambridge: Cambridge University Press, 1987.

特定职业、学科、目的相关的英语。它有几个明显的特点[①][②]：一是学习者有明确的学习目的，他们的学习目的是把英语作为一种手段或工具来学习，以便进一步进行专业学习或有效地完成各项工作；二是通过学习，学习者能在某些学科内或职业范围内具备使用英语的能力；三是教学有特殊、专业化的内容。有关专门用途英语教学的理论早在 20 世纪 60 年代的西方就开始萌芽并经历了数十年的发展，理论已经比较成熟。按照学生的学习需求类型和学习内容，在 ESP 之下还有各级分支，详见下图（应惠兰等，1998）[③]：

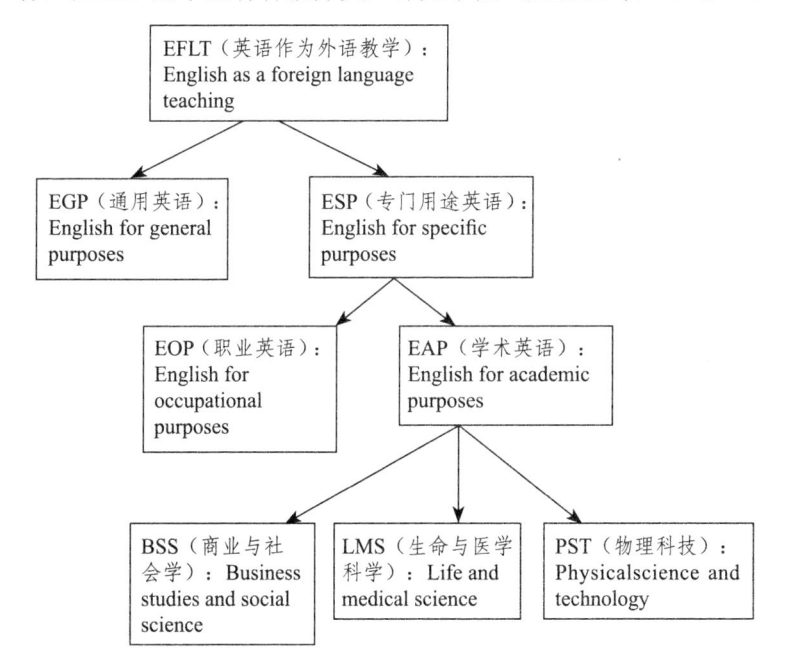

```
EFLT（英语作为外语教学）：English as a foreign language teaching
├── EGP（通用英语）：English for general purposes
└── ESP（专门用途英语）：English for specific purposes
    ├── EOP（职业英语）：English for occupational purposes
    └── EAP（学术英语）：English for academic purposes
        ├── BSS（商业与社会学）：Business studies and social science
        ├── LMS（生命与医学科学）：Life and medical science
        └── PST（物理科技）：Physicalscience and technology
```

图 1　英语作为外语教学的分类

---

① 程世禄、张国扬《ESP 的理论与实践》，南宁：广西教育出版社，1996 年。
② 张欢《浅谈专门用途英语教学》，《中国成人教育》2006 年第 2 期。
③ 应惠兰、瞿云华、庞继贤《大学 ESP 阅读教学最佳模式初步设想》，《浙江大学学报》（社会科学版）1998 年第 1 期。

图中在 ESP 之下的职业英语（EOP）课程和职业培训有关，学术英语（EAP）课程和高等学校的各专业相关。以此为借鉴，我们提出可以把对外汉语教学分为通用汉语（CGP，Chinese for General Purposes）和专门用途汉语（CSP，Chinese for Specific Purposes）。一般的普通汉语进修课程为通用汉语，科技汉语、商务汉语等，就是专门用途汉语。其中，科技汉语又属于专门用途汉语、学术汉语类目下的一个分支。这样定位的原因是：（1）对专业生来说，科技汉语是帮助他们学习专业知识的工具。（2）专业生需要具备在其专业学科中使用汉语的能力，科技汉语和其专业密切相关。（3）科技汉语涉及的内容与基础汉语的教学内容差别很大，它包含大量科技专业知识，而且科技文章频繁使用专业术语和抽象词汇，保留部分文言词语，句法结构复杂，语体严肃，行文程式化[1][2]。科技汉语课程作为专门用途汉语中的学术汉语课程，能够帮助学生在较短的时间内适应科技类汉语言的特点，在学科范围内通过理解和使用汉语达到获取专业知识的目的。

根据 Hutchinson 和 Waters（1987）[3]给出的以学习者为中心的专门用途英语教学模式框架，我们认为以学习者为中心的专门用途汉语教学模式框架完全可以沿用其模式（见图 2）：

---

[1] 黄振英《科技汉语中的长句试析》，《语言教学与研究》1986 年第 2 期。
[2] 杜厚文《汉语科技文体的语言特点》，《语言教学与研究》1981 年第 2 期。
[3] Hutchinson, T. & Waters, A., *English for Specific Purposes: A learning-centred approach*, Cambridge: Cambridge University Press, 1987.

第三节 科技汉语的课程设置

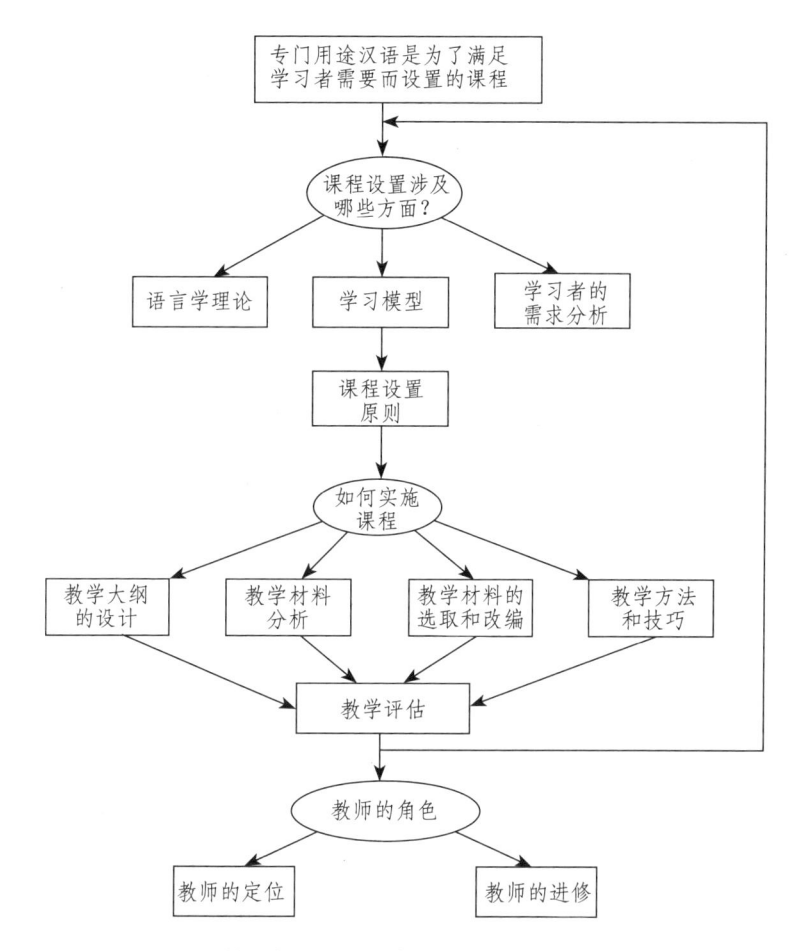

图 2　以学习者为中心的专门用途汉语教学模式框架

由图得知，从课程设置到教学评估形成整个教学过程的循环，课程设置是教学得以顺利开展的基石，而学习者的需求分析又是决定课程设置原则的重要因素之一。Jack Richards[①]把语言教学计

---

① 夏纪梅《现代外语课程设计理论与实践》，上海：上海外语教育出版社，2003年。

划中的需求调查看得非常重要,特别是为专门用途英语(语言)课程设计时,需求调查更具有意义。他认为需求调查要包括教与学、需求者和供给者的双向调查和分析,以便能最广泛地把这些需求体现在教学目标和内容的设计与实施的全过程中。因此在课程设置以前,全面细致的调查必不可少。

二、调查概述

据了解,在20世纪80年代,我国部分理工院校已开设过科技汉语课程。但是由于当时学生不多,教学效果不理想而一度中断开设。如今随着学习理工专业的留学生日益增多,又有一些理工院校重新开设了科技汉语课程。现在的科技汉语课程开设现状如何?效果理想不理想?为了能更合理地设置课程,让更多学生获益,我们围绕"教"与"学"两个方面,在理工院校和学生当中做了全面的调查,了解目前科技汉语课程的设置现状、存在问题以及学生需求等。

我们采用采访(电话采访或面访)和问卷调查两种方法。首先采访了全国20所理工类院校,它们是:清华大学、浙江大学、北京理工大学、北京科技大学、北京交通大学、北京化工大学、天津大学、大连理工大学、哈尔滨工业大学、哈尔滨工程大学、上海交通大学、同济大学、华东理工大学、南京理工大学、华中科技大学、武汉理工大学、华南理工大学、西南交通大学、西安交通大学、西北工业大学。采访对象是各校留学生汉语教学部门的负责人或汉语教师。采访问题包括:该校就读理工科专业的学生人数;有没有为他们开设科技汉语课程?如果有,课程定位、课时量安排、教材选用、师资安排如何？课程效果如何？存在的问题是什么？

接着我们用问卷调查的方式调查了在读理工专业生和理工专业预科生共 55 名。预科生是指在进入专业学习以前，先在中国高校进修以汉语为基础课程的外国留学生。之所以把预科生也放入调查范围，是因为他们的学习目标非常明确，就是为了以后的专业学习。这些预科生都将在 2006 年 9 月入读理工专业，目前正处于汉语进修后期阶段。学生来自越南、印尼、朝鲜、泰国、尼泊尔、德国、中非等 10 多个国家；专业涵盖了计算机、建筑、机械、食品工程、生化、交通、造纸等等。调查内容涉及学习目的、学习内容、学习长度和强度、教材等与科技汉语课程相关的问题。调查后，有 4 名学生没有交回问卷，因此，收回有效问卷 51 份，其中专业生 30 份，预科生 21 份。根据调查结果的需要，我们还与部分学生面谈，进一步了解他们的想法。

三、调查结果与分析

（一）科技汉语课程的现状分析

根据 20 所院校的情况，大致可分为四类：（1）没有开设，（2）正在开设，（3）曾经开设，（4）考虑开设。四类院校比例见下图：

曾经开设（4所），20%
考虑开设（1所），5%
正在开设（6所），30%
没有开设（9所），45%

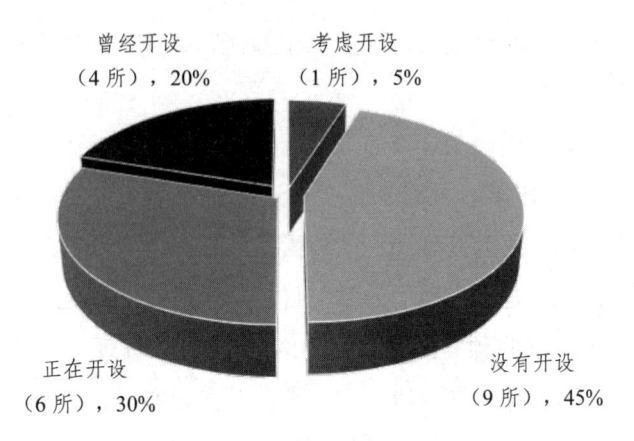

图 3

情况不禁使人产生疑虑，科技汉语课程究竟有没有开设的必要？现在我们再来看看学生的意见（表1）：

表 1

非常需要	需要	不需要	无所谓
22 人	23 人	1 人	5 人
43.1%	45%	1.9%	9.8%

绝大多数（近90%）的学生认为需要甚至非常需要学习科技汉语，那为什么这么多学校不开设科技汉语课程呢？据采访所得，有的教学负责人认为"学生入学前通过HSK考试，并达到要求级别，应该没有问题，学习专业以后会慢慢适应"；有的觉得"学生专业不同，不好开课""课不好上"；有的说"没有相关教材"。总结起来，没有开设的原因可归纳为几个：（1）学生不存在很严重的语言问题，让学生自己适应；（2）学生分散于各专业，科技汉语课程设置比较困难；（3）课程定位不明确，课堂操作比较困难；（4）没有专门的科技汉语教材。

按现行入读高等院校的汉语要求标准，学生只需要通过 HSK 考试 3 级或以上即可进入理工专业学习。任何一位有教学经验的汉语老师都知道，学生达到 3 级水平，对于日常生活，也只能算可以勉强应付，远远没到游刃有余的地步，更不要说能自如地应付理工专业学习。因此，第一个原因说明有的院校还意识不到专业学生的语言困难，或者仍然停留在让学生独自面对和解决语言困难的阶段；后 3 个原因说明有的院校可能已经意识到专业学生的语言困难，但因为开科技汉语课存在种种困难而不了了之。

再看曾经开设的院校。他们有的曾把课定为必修课，有的定为补习课。有的教学负责人反映"上课教师要付出很多，因为没有教材"，也有的感觉"成效不大"，可见没有专门的教材，课堂效果不明显，是导致他们停止开课的重要原因。

综合起来，科技汉语对于理工专业学生来说非常重要，不是没有必要开课，而是定位模糊、缺乏教材阻碍了课程的开设，影响了实际效果。

正在开设的院校共有 6 所，4 所把课型定为综合课，1 所定为阅读课，1 所定为读写课。5 所设为必修课，学习时间为一学年，每周 2 或 3 节更甚者为 4 节；1 所大学设为选修课，学习半年，每周 2 节。4 所大学采用自编教材，1 所大学采用天津大学出版社的《科技汉语教程》系列用书。据了解，《科技汉语教程》现已停版，目前使用的是教材的存货。

很明显，即使是正在开设的院校，对课程定位、课时量的安排和教材处理也都不太一致。师资来源更是五花八门，有的聘请理工科老师，有的聘请文科老师或直接由汉语老师授课。情况就如"八仙过海，各显神通"。那么到底"神仙"能不能"过海"，上课效果理想不理想？3所大学表示效果不明显，他们把这归咎于没有专门的教材或教材太陈旧；2所大学表示学生反映良好，认为自编教材能在一定程度上帮助学习，但是内容系统性较差，比较宽泛，难度不及专业课。6所院校课程的现状至少向我们揭示了两点：第一，科技汉语课程设置仍然处于探索阶段，急需理论指导；第二，编写专门、合适的教材是解决开课问题的当务之急。

（二）学生的需求

1. 学习目的

我们让学生选出"学习科技汉语主要的目的是什么"（可以多选），如图4所示，学生学习科技汉语的目的非常明确，选择"认识专业词语和科技术语"和"看懂科技文章"的学生超过半数，"听懂专业课"紧随其后，这说明科技汉语课程应当具有针对性和实用性，首先要扫清专业词语和科技术语给学生带来的障碍。我们问过数名专业生，他们认为不认识专业词语和科技术语严重影响理解专业知识，"看书的时候看不懂，听课的时候也不知道那个（词语/术语）是什么意思"。其次是要解决好学生阅读和听力理解的问题。读和听是语言输入的问题，很好地理解输入的语言是获取知识的先决条件，假如连输入的语言都无法理解，专业学习很难进行下去。其实学生认识专业词语和科技术语，就会减少看书"看不懂"，听课"不知道那个（词语/术语）是什么意思"的情况出现，究其本质，"认识专业词语和科技术语"也属于解决理解输入语言的问题。

至于"和中国人交流"和"能做专业课的作业""能写科技文章"实际上是说和写的问题，属于语言输出，这些在输入、理解并经过自身的思考以后发生,与读、听相比,暂时不是最首要的。而"提高汉语水平"则显然不是学生在科技汉语课程里的主要学习目的。

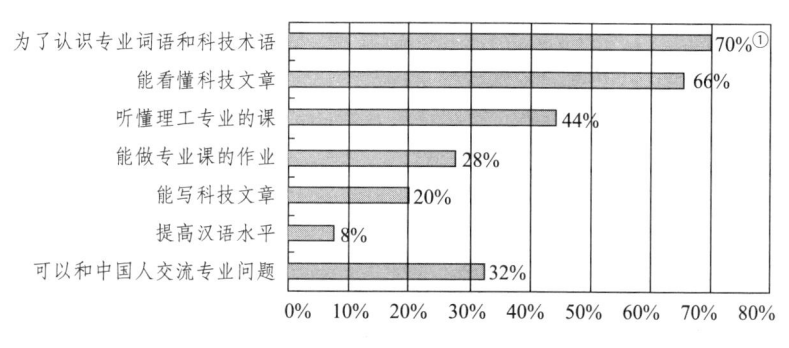

项目	百分比
为了认识专业词语和科技术语	70%①
能看懂科技文章	66%
听懂理工专业的课	44%
能做专业课的作业	28%
能写科技文章	20%
提高汉语水平	8%
可以和中国人交流专业问题	32%

图4

2. 学习内容

我们列出6项供学生选择,还设了"其他"为开放性选项,要求他们按重要性给各项打分②,如果认为还有其他未涉及内容可在"其他"处写出。我们统计并按总分排序如下:

表2

学习内容	非常重要(2分)	重要(1分)	一般(0分)	不太重要(-1分)	根本不重要(-2分)	总分	排序
学习专业词语和科技术语	68③	13	0	0	0	81	1
学习专业理工知识	40	21	0	0	0	61	2

---

① 51份有效问卷中,50人选择"需要"或"非常需要"开设科技汉语课程,所以35/50×100%=70%,以下的百分数计算,分母都为50。

② 表内各项单个分值的设定(2, 1, 0, -2, -1)参考了《速读教学:调查与分析》(连先《外语界》1998年第2期)内对类似因素分值设定的方法。

③ 计算公式为:该项单个分值×所选人数,即2×34=68,本表其他各项得分算法相同。

（续表）

学习内容	非常重要 (2分)	重要 (1分)	一般 (0分)	不太重要 (−1分)	根本不重要 (−2分)	总分	排序
学习科技文章的阅读方法	38	22	0	0	0	60	3
学习一般词语的用法	40	15	0	−4	−2	49	4
学习科技论文的写作方法	12	26	0	−3	−2	33	5
学习语法	6	14	0	−8	−2	10	6

"学习专业词语和科技术语"与最主要的学习目的"为了认识专业词语和科技术语"相对应成为最重要的学习内容，分数遥遥领先。排在第二位的"学习专业理工知识"和第三位的"学习科技文章的阅读方法"得分接近，几乎并驾齐驱。值得注意的是，前三项大都集中在"非常重要"和"重要"两个评价内，没有一个学生认为它们不重要。可见，科技汉语课程不仅需要大量灌输与专业学习相关的科技词语，也要使学生有理工知识方面的收获，还得帮助他们提高阅读理解科技文章的技能。三者紧密联系、缺一不可。几名学生在"其他"上写了意见，有的表示要"学习单位、化学符号的汉语表达"；有的表示要"学一些科技常识"。他们的意见归纳起来也就是第一、二项的内容。

学习一般词语的用法和语法不是重点。我们理解学生的选择，因为对于一般词语的用法和语法的学习是汉语基础课，尤其是精读课上的主要学习内容，不必再重复花时间。不过，除了专业术语以外，如果有些词语是科技文章里的"常客"，经常被频繁使用，应该引起我们的注意，有必要也在课上进行适当的讲授。

3. 学习开始时间、学习长度和强度

约 50% 的学生认为应该在专业课开始以前就学习科技汉语；46% 的学生认为两个学期比较合适，认为学习三个学期或一个学期的学生比例分别是 28% 和 26%；有意思的是，在学习强度上，专业生和预科生意向不一致。绝大部分专业生希望每周两节，而预科生则更倾向于每周三节甚至四节。为此，我们专门跟数名专业生和预科生面谈过。一名专业生的看法是"我们专业每天有很多课，有很多作业，我们很忙，而且专业很难，我们真的没有时间"，一位预科生表示"我们以后学专业很忙，现在学习汉语，多学一点，以后轻松"。他们的回答解释了为什么他们有不同的选择：上专业后，他们需要投入大量的时间和精力学习专业课程，他们希望科技汉语能帮助专业学习而不是成为专业学习外的又一个负担；相反，预科生不存在专业学习的问题，在预备阶段大部分是汉语基础课程，为了能更顺利地应付今后的学习，他们愿意提前多花时间学习科技汉语。

四、基于调查结果的课程设想

（一）课程基本设置

调查结果显示，科技汉语对理工科留学生来说十分重要，我们认为，课程应该定为必修课，分两个学期设置，为时一年。一般来说，进入专业以前的一个学期开始学习，一直持续到专业一年级第一学期结束。这样做一方面顺应了学生的需求，另一方面也比较符合语言学习规律。开课的时候，预科学生大多经过了半年，甚至更长时间的普通汉语进修,具有初级汉语水平,让他们提早一些接触科技汉语有利于他们更快地适应日后的专业学习。进入专业后再学习一个学期,能使科技汉语和专业课顺利衔接起来。

值得注意的是,因为科技汉语本身的语言层次较高,我们建议学习科技汉语的预科生需要具备至少 HSK3 级的水平。假如没有一定汉语基础而过早学习,效果必定不理想。

调查"学习强度"一项时,预科学生表现出要尽量多接触科技汉语的愿望。由此,我们安排在预科阶段,科技汉语课穿插于普通汉语课程当中,课时量每周可达 4 节;到了专业一年级阶段,为了不增加学生的负担,每周课时量一般不超过 3 节。在专业一年级第一学期开学之初,留学生因为不用参加军训而有一个月的空闲时间,可以充分利用那段时间,适当增加课时量。一学年总计学时量以最多不超过 160 学时为宜。

课型为综合课,因应两个学期不同阶段而有所侧重。第一学期首先解决学生理解输入的语言的问题,侧重培养他们阅读科技文章的能力和科技专业的听力理解能力。第二学期,听、说、读、写四项技能的培养齐头并进。继续提高读、听能力,在此基础上,培养良好的口头表达能力和规范的写作能力。目标是:学生完成一年课程以后不仅能快速正确地理解视觉和听觉上的语言输入,还能与中国人用适当的汉语进行一些专业性问题的交流,写出一些较为通顺规范的学术报告。

(二)教学内容和教材建设

教学内容和教材两者密不可分,教材内容往往决定教学内容。据调查所得,过去专门为留学生编写的科技汉语教材只有天津大学出版社在 20 世纪 90 年代初出版的《科技汉语教程》和北京语言学院出版社20世纪80年代出版的《科技汉语教程》两套系列用书。前者包括三册讲读课本和三册阅读课本；后者分四册听说课本，也有四册阅读课本。暂且不说这些教材均已停印，对开课造成极大的不便，现今科学技术的发展日新月异，教材内容早已不合时宜，急需更新换代，跟上时代的步伐。因此编写一套精炼、简洁、又不失系统、富有时代气息的科技汉语教材迫在眉睫。

教材内容应遵循由浅入深、循序渐进的原则。第一学期选用通俗易懂、具有趣味性的科普文章，以减轻学生的畏难情绪，让他们愿意学，乐于学，能在学习中感觉到有所收获。读得懂，听得懂，这样学生才会增强学习的信心。Bloor（1984）[①]认为专业英语阅读技能属于高层次的语言技能，即使是母语为英语的学习者也需要经过学习和训练才能掌握。它被列入ESP的教学大纲中，在大学专门用途英语教学中受到高度的重视。此理论同样适用于专门用途汉语，专业阅读应纳入教学内容，从第一阶段开始就要重视，并一直贯穿于整个学习过程。第二学期从宽泛的科普知识向精专过渡，以点带面地扩展，可以出现难度与专业水平接近的专业文章，增加口头表达和书面写作的教学内容。

教材内容还要切合学生学习目的，要体现"新"，要与时俱进。现代科技的新理念，新思想，新探索，新词汇将作为学生最重要的学习目的以及学习内容。同时，教材要鲜明地体现科技汉语词汇、句法、语篇和语体的特点。有关专门用途汉语教材编写定位、

---

① Bloor, M., *Identifying the Components of a Language Syllabus: A Problem for Designers of Course in ESP or Communication Studies*. R.Williams, J. Swales, I. Kikman. *Common Ground: Shared Interests in ESP and Communication Studies (ELT Documents 117)*, Oxford: Pergamon Press, 1984.

原则、课文及练习设计等问题我们有另文详细论述[①]。

（三）教师队伍

Dudley-Evans 等（1998）[②]认为从事专门用途英语（语言）教学的教师不仅是语言教学的教师，而且还是学生的合作者、课程设计和材料提供者、研究者和评估者。

同样如此，科技汉语课的教师应当是复合型的人才。尤其是第一学期，教学内容以科普知识为主，又是培养学生读、听能力的初始阶段，需要跨学科知识的汉语老师来指引学生上路。教师本身必须具备深厚的汉语言功底和良好的理工知识基础，同时，科技汉语教师必须懂得课程设置原理并能应用相关标准来评估自己的教学水平。只有教师自己的知识结构为复合型，才能驾驭课堂，成为学生的合作者，有效地帮助学生从单纯的语言生向专业生转型。

第二学期，学生已进入专业学习，接触各类专业的教师。那些教师的授课方式和普通话都可能跟汉语老师有巨大的差别，所以不妨采用"汉语老师＋理工科老师"的搭配。这样既能满足学生学习语言和理工知识的需求，又提供了学生适应（特别在听力上）非汉语老师使用汉语进行专业授课的机会。教学应该是一个互动过程，教材也应该是多种材料的综合，而非一本教科书能解决的，教师应随时追踪学生的学习情况，进行研究，对整个课程、教学效果进行评估，并根据评估结果对课程、教学材料和教学方

---

① 单韵鸣《专门用途汉语教材的编写问题——以〈科技汉语阅读教程〉系列教材为例》，《暨南大学华文学院学报》2008 年第 2 期。

② Dudley-Evans, T. & Maggie-Jo, S. J., *Developments in English for Specific Purposes: A multi-disciplinary approach*, Cambridge University Press, 1998.

法等做出适当的调整。

最后，我们想指出，设置科技汉语课程以及编写科技汉语教材的目的不仅仅是让学生多一点科技词汇或科技常识，而是通过教材和课程的设置，提供给学生一套尽快进入学术汉语学习的方法，让他们通过这个学习过程学会怎么学，从而达到能自主和独立学习的程度，这样，才能真正起到学习科技汉语的作用[1]。

科技汉语是学生从汉语作为第二语言学习通向理工专业学习的桥梁，我们借鉴了西方应用语言学的理论，提出将科技汉语课程定位为专门用途汉语课程。通过对"教"与"学"两方面的调查，并顺应学生的需求，制订出较为合理的科技汉语课程方案。希望以此起到抛砖引玉的作用，唤起对外汉语教学业界更多同行对科技汉语课程乃至其他专门用途汉语课程的关注。从架构科技汉语课程引申到其他专门用途汉语课程的架构设想，从而全面铺开专门用途汉语课程体系的构建。

第四节　中医汉语的课程定位[2]

作为专门用途汉语教学（Teaching Chinese for Specific Purposes）的门类之一，中医汉语教学活动及理论研究的开展为时较早。20

---

[1] Offord-Gray, C.& Aldred, D., A principled approach to ESP course design, *HongKong Journal of Applied Linguistics*, 1998(1)。

[2] 本节摘自周延松《中医汉语课程与教学的目标定位》，《海外华文教育》2015年第3期。

世纪 90 年代初，即有相关论文问世，如阚道翠（1991）的《留学生中医汉语教学方法初探》[①]、王砚农（1992）的《谈谈"中医汉语"系列教材》[②]。教学活动的展开则更早。但此后，却经历了一个较长的停滞期。21 世纪以来，随着中医药高等教育国际化进程的加快，中医药专业来华留学生预科教学取得了长足的发展，中医汉语课程的开设渐趋普遍，理论研究也日益深入。中外合作和境外独立开办的中医药课程，以及海外中医孔子学院的设立，有力地拓展了中医汉语教学的实施空间。但与经贸（商务）汉语相比，中医汉语教学及研究的进展却相对缓慢，正如李泉（2011）所说："21 世纪以来由于中外经贸交流的扩大，经贸汉语特别是商务汉语教学研究及教材编写呈现一花独秀的趋势。"[③] 这主要表现在：虽有不少自编教材或讲义，而正式出版的教材数量极少；相关教学研究论文数量不多；各教学单位在教学内容与课时安排等方面各自为政，存在着较大的差异。总体而言，虽然已逐步脱离普通汉语教学的模式，但与专业教学的衔接还很不够，这在一定程度上影响了实际教学的效果。本研究试从性质与功能、教学对象、知识与技能以及教学内容与要求等不同层面，对中医汉语课程作一定位，以期为中医汉语教学提供一些有益的参照。

---

① 阚道翠《留学生中医汉语教学方法初探》，《南京师大学报》（社会科学版）1991 年第 4 期。
② 王砚农《谈谈"中医汉语"系列教材》，《世界汉语教学》1992 年第 4 期。
③ 李泉《论专门用途汉语教学》，《语言文字应用》2011 年第 3 期。

一、性质与功能定位

从系统的角度来说,中医汉语教学与经贸(商务)汉语、科技汉语、法律汉语、医学(西医)汉语、旅游汉语、艺术汉语等教学一样,同属于专门用途汉语教学,以区别于普通汉语教学(Teaching Chinese for General Purposes),这两者则共同构成作为第二语言教学的汉语教学。它与同样作为第二语言教学的英语教学、法语教学等一起,又和母语教学相区别。而母语教学和第二语言教学均涵盖于语言教学的范畴之内。中医汉语教学的上述性质决定了其既有语言教学、第二语言教学、作为第二语言教学的汉语教学以及专门用途汉语教学的共性,同时也必然具有自身的特性。

中医汉语教学的特性决定于中医的性质,其本身既属于中国文化的重要组成部分,且以同样诞生于中华文化母体的汉语作为传承的载体与工具。中医和汉语有着共同的本源,两者在很多方面具有一种"自相似性",对汉语、汉字的把握有助于理解中医思维及深层的中医文化基因。这是中医汉语教学的便利之处。同时,以现代汉语为介体的中医药文本中保留着众多古代汉语的遗存,使之具有较多不同于现代普通汉语的特殊表达方式,且蕴含着更多传统文化的内涵,这便增加了教学的难度。与其他门类的专门用途汉语教学相比,以上两方面的差异表现得都更为明显。即便如医学(西医)汉语教学,虽然中西医同属于医学的范畴,但两者无论在专业术语还是表达方式上均存在着很大的不同。

总体而言,中医汉语教学通过对中医药文本的听、读与表达训练,使学习者积累一定量的中医药专业词汇,熟悉中医药文本的特殊表达句式，了解有关的中医文化背景和知识，从而更为深入地理解中医药学。当然，由于教学对象有异，上述功能的发挥也各有侧重，或旨在中医药知识内容的理解，或偏于中医药话语方式的把握，或重在中医文化的感知与领悟。

二、教学对象定位

总体而言，中医汉语教学的对象为与中医相关的汉语学习者。教学对象不同，学习的动机与需求随之而异，课程与教学的目标自然有所区别。中医院校预科的来华留学生是中医汉语教学的主要对象。针对这部分群体开设中医汉语课程，是为了"在汉语教学和中医药专业知识的教学之间建立起有效的衔接与沟通""从而为较顺利地进行以汉语为授课语言的中医药专业课的教学打下基础。"[1]着眼于教学实际，中医汉语教学需在初级汉语的基础之上进行；考察出版于不同时间且较有影响的两套中医汉语教材，也能看出这一点。王砚农、阎德早（1999）[2]主编的《中医汉语》系列教材以汉语零起点学生为教学对象，分读写、听力和口语3种课型，每种课型又分上、下两册，各45课。通观上册读写教材，在全部课文中仅有2课涉及看病的内容，而这样的内容在很多普通汉语教材中同样存在，其余的则与中医毫无关联。教材的下册

---

[1] 周延松、姚力峰、金瑛《中医院校对外汉语教学课程结构刍议》，《医学教育探索》2009年第11期。

[2] 王砚农、阎德早主编《中医汉语上 口语课本》，北京：北京语言文化大学出版社，1999年。

才是真正意义上的中医汉语。王育林、罗根海、薄彤（2010）[①]主编的《实用中医汉语》系列教材以完成初级阶段汉语学习者为教学对象，分精读、听力和口语3种课型，每种课型又分基础篇和提高篇，各15课。其设定的读者对象需"具有初级汉语水平"，因而从基础篇第一课开始，就完全是中医药知识内容，体现出专业汉语教材的特点。可见，从学生汉语水平的发展程度来说，中医汉语教学大致处于初级后期或中级的阶段。

李泉（2011）[②]认为，"随着中外经济、政治、商业、文化、旅游等在广度和深度上的密切交流，海内外特别是海外，对特定领域的'业务汉语''工作汉语'等实用汉语存在着巨大的潜在市场需求"。这已成为专门用途汉语教学新的"增长点"，而且为中医汉语教学提供了更为广阔的空间。在传统中医药现代化及国际化的进程中，海内外高校合作办学，共同培养中医药专门人才，已形成一定的规模；由境外组织或机构独立开办的中医药课程不断涌现，多所大学设立能够授予当地政府认可学历的中医药学专业。如澳大利亚，"大约有20所大学提供中医课程。其中皇家墨尔本理工大学、悉尼理工大学、西悉尼大学还提供研究生课程"[③]。海外中医教育多以非汉语为授课语言，不少中医专业学生需要在中国完成一定时间的专业实习任务，中医临床汉语的学习因而成为一项迫切和现实的需求；即便无须赴中国实习，深

---

① 王育林、罗根海、薄彤总主编《实用中医汉语》系列教程，北京：外语教学与研究出版社，2010年。
② 李泉《论专门用途汉语教学》，《语言文字应用》2011年第3期。
③ 刘菲《换一种思路教中文（点点滴滴）》，《人民日报》（海外版）2011年11月28日第5版。

入领会中医及其文化的动机也内在地规定了专业汉语学习的必要性。随着中医孔子学院在全球范围内的开办,以中医药为特色,面向海外中医从业人员和对中医药感兴趣的非专业人士,形式多样的汉语教学也陆续展开。

三、知识与技能定位

从本质上说,中医汉语首先是一门语言课程,而掌握语言知识、培养语言技能是语言教学的共同目标。作为专业汉语课程,中医汉语教学必然还要涉及中医药专业知识内容。所以,中医汉语课程与教学应分别在汉语知识和中医药专业知识两个方面确定自己的教学目标,并且理清其相互之间的关系;同时,对知识的学习和掌握最终要服务于听、说、读、写等各项技能的训练,也就是说,以中医药文本的听、读及口头与书面表达为旨归。

教学对象对教学目标具有规定性。在中医药专业来华留学生预科的中医汉语教学中,首先应注重基础性。在语言方面,要使学生掌握课堂教学和自主学习所需最基本的汉语知识和交际技能;在专业方面,则应掌握最基础的专业词汇、表达方式及中医文化背景知识,和听、读中医药简易文本并进行表达的基本能力。同时,中医汉语教学的对象既非汉语言专业学生,中医汉语课程也不是中医药专业学生的专业课,但就知识方面的要求来说,既有语言知识,也有专业知识,更需在两者之间寻求一种平衡。否则,便容易偏向两个极端,或者与普通汉语教学无异,或者成为中医学基础理论的"简编"或"速成"。仍以《中医汉语》读写教材为例。上册是零起点的基础汉语,完全可以作为普通汉语教材独立使用；下册则基本按照中医专业本科《中医基础理论》和《中医诊断学》课程的章节顺序排列课文，几乎是两门课程的"浓缩版"，至于语言点，便缺乏等级上的考虑和总体性的设计与编排。

由于语言环境的差异，针对海外学习者的中医汉语教学目标与来华留学生不同，这明显体现在海外出版的中医汉语教材的编写理念中。David Benn（2005）[1]在为 Chinese in contemporary TCM training 所作的序言中说："一般说来，西方（中医）课程对汉语能力的要求是最低限度的，正如可以预期的，它并不倾向于训练学生会说流利的汉语。"[2]以此为指导，教材中虽然也有汉语基本知识的介绍和日常生活会话的内容，但跟中医相关的6章全部是专业词汇。《中医中文·文法与词汇》（Chinese Medicine Chinese: Grammar and Vocabulary）[3]的第二部分同样如此。从语言交际的角度来看，词汇是最小的有意义单位。在中医临床实践中，把握了专业词汇，便能大体达成交际的目的了。从这样的观点出发，基于语法规则的整句输入应先服从于"最低限度"的专业词汇教学。《中医中文·文法与词汇·自序》认为："正如西医学生需要掌握拉丁文一样，中医学生对中文有一个基本的了解是很重要的。"[4]拉丁文目前只是一种书面语言，不能用于

---

[1] Benn D., Chinese in contemporary TCM training, Marchment R. *Chinese for TCM Practitioners*, Melbourne: Jisheng, 2005.

[2] 作者译自英文："Generally, the requirement for Chinese language proficiency in western courses is minimal and as can be expected it is not intened to train students as fluent Chinese language speakers."

[3] Wiseman N. & Y.Feng, *Chinese Medicine Chinese: Grammar and Vocabulary*, Brookline: Paradigm Publications, 2002.

[4] 作者译自英文："Just as a medical student of Western medicine needs to have a grasp of Latin, it is important that the TCM student has a basic understanding of Chinese."

口语交流，中医古代文献也多不在口头交际中使用，但两者对深入理解中西医学具有同等重要的意义，因而教材"文法"部分的内容多为古代汉语表述的中医学文本，更适合用作阅读单项技能训练的教材，这也是很多学习中医、研究中医药学的海外人士所需要的。事实上，有不少西方学者几乎不会现代汉语口语，却能够比较顺利地阅读中医古代典籍，并从事相关研究工作。由此可见，海外中医汉语教学的目标更为基本和直接，而并不追求各项语言技能的综合发展与全面提高。

四、教学内容与要求定位

中医汉语课程的主体内容呈现为由汉语所表述的中医药文本。从语言学的角度来说，中医药专业术语、话语方式及文化内涵分别在词汇、语法、语用等不同层面上构成了中医汉语教学的知识要求与技能训练目标。

（一）中医药专业术语

术语是一门学科所特有的词汇系统。中医药术语发端于中华民族的先祖对待健康与疾病的生活与医疗实践，由于其适用对象的普遍性，许多术语早已进入全民常用的词汇体系，作为基础性词汇而成为人们日常生活的一部分，或者经过引申、转化、比喻等途径，具有了更为丰富的语义及文化内涵。但也有一部分术语逐渐退出了现代中医的诊疗实践，只具有研究、借鉴的意义与价值。随着现代医学的发展，中医学正经历着基于传承基础上的现代性转换；中西医结合融合中西医学，形成一种新的医学理论。这些都在一定程度上拓展和扩充了中医药学所固有的词汇体系。

无论中医还是西医，其面向人类的健康和疾病的总体目标都是同一的，但采取的视角则存在着显著的差异，在对待相同的生理或病理现象时，两者使用的术语的内涵与外延有时也会有一定的区别。如"心"在西医，仅具有解剖学上的意义；而在中医，除了作为人体最重要的脏器这一"结构"上的意义，更重要的还在于"主神明"与"主血脉"等功能上的意义。所有这些因素的存在，造成了中医药术语体系的复杂性。

为此，在中医汉语教学中，需要明确中医药术语的以下两组具有区别性的语义及用法，并有所侧重。

1. 作为普通词汇的语义和作为专业用语的含义

如"气"，在日常使用中有"气体""空气""气息""气味"等多种不同语义；而在中医学中，"气"则特指"构成人体和维持人体生命活动的最基本物质"[①]。再如"菊"，作为一种常见植物名，日常使用多注重其形状、颜色等外部特征及其在文学艺术中的象征意义；而作为一种药物名称，药性和药效则是关注的目标。

2. 中医学含义和西医学含义

如上举"心"。与分别侧重"心"的结构和功能相关，西医学中有"心脏病"，而中医学没有这种病症名，但有与"心"有关的一系列"心系统"疾病。

（二）中医学话语方式

中医药学具有悠久的历史，其话语方式在长期演化的过程中也经历着不断的变迁。尽管当下使用的主要是以现代汉语为主的

---

① 郑守曾主编《中医学》（第五版），北京：人民卫生出版社，1983年。

语言，但也有极为明显的古代汉语的遗存，或者具有显著的书面语体特征。

瑞典著名汉学家高本汉（2010）①说过："人们在书写的时候不大需要现代口语中大量累赘的词语，而只要有简单的单音词就完全可以了。"中医学传承至今，在很大程度上正和汉语的这一特性紧密相关。现代汉语日常口语词汇的常见形式是双音节词，而即便是现代出版的中医药文献中，也还大量使用单音节词。如"肝喜条达""肺司呼吸"中的"喜""司"等。汉语的这一特性也和句法相关，如"外感六淫邪气所致的病证"中的"……所致"，"就饮食因素而言"中的"就……而言"，都与现代汉语口语有别。如用后者来表达，可以分别说成"……所导致"或"……所引起""对……来说"。对于已经具备初级汉语基础的学习者来说，教学过程中不仅需把这些单音节词与同一语义的双音节词进行比较，更应训练学生熟悉进而使用这样的方式进行表达。而对于从未学习过现代汉语，以古代汉语为起点，直接阅读中医药文献的海外学习者而言，因为无须经过现代汉语和古代汉语之间的转换，这种"简单的单音词"似乎更容易引领他们进入由中医文献所构建的中医"世界"。《中医中文·文法与词汇》的"文法"部分正好可以满足他们的学习需求。

除了历时差异，总体而言，作为孤立语的汉语还具有不同于其他语言的特性。高本汉（2010）②指出："如果把多少年来的

---

① 〔瑞典〕高本汉《汉语的本质和历史》，聂鸿飞译，北京：商务印书馆，2010年。

② 同①。

汉语看作一个整体，那么汉语的一个词就不是局限在一个确定的词类里的。一个词可以用作名词、动词，也可以用作形容词。"较之普通汉语，在中医药文本中，这样的"词类活用"现象更为普遍。如"脏病多虚"中的"多"用为副词，"活血化瘀"中的"活"用作动词，都与其一般使用时的形容词用法不同。又如"肺主气""心为五脏六腑之大主"中的"主"，一为动词，一为名词。

在中医汉语教材的编写过程中，为了降低语言难度，有时会把上述表达方式转换为较为通俗的现代汉语口语。如"肺管呼吸""肝管疏泄"[1]，原本该用"主"或"司"的词汇被替换成一般动词"管"，暂时回避了词汇等级靠后的"司"和"主"的词类活用现象，这丝毫不会影响理解。如果这只是一般的科普读物倒也罢了，当学生进入专业课学习阶段以后，他们依然会面临这样一个无法绕开的语言现象。大概没有一本中医文献中会出现"肺管呼吸""肝管疏泄"这样的表达的。与其把这一问题抛给中医药专业课教师，不如在语言学习阶段即加以解决。毕竟，中医汉语首先是一门语言课程，"主""司"与"管"的关系也只是一种语言现象。

（三）中医文化

季羡林（2000）[2]认为："中华民族的优秀文化大部分保留在汉语言文字中。中华民族古代和现代的智慧，也大部分保留在汉语言文字中。中国人要想弘扬中华民族的优秀文化，外国人要

---

[1] 罗根海、赵熔主编《实用中医汉语·精读（提高篇）》，北京：外语教学与研究出版社，2011年。

[2] 季羡林《我们要奉行"送去主义"》，见张德鑫主编《对外汉语教学：回眸与思考》，北京：外语教学与研究出版社，2000年。

想学习中华民族的优秀文化，都必须首先抓汉语。"明确地指出了语言和文化的关系与地位。在中医汉语教学中，要保证汉语教学的"优先策略"及"主体地位"，而"文化教学应摆在第二位。"①这也是中医汉语文化教学必须遵循的首要原则。

　　文化具有层级性，文化内容的呈现方式也随之而异。"初级阶段的文化内容层次主要体现在用'X 是什么？''X 有哪些？'或者'X 叫什么？'这类由'什么'引出的问句所得到的答案。""在中级阶段，文化内容的层次主要体现在由'怎么'引发的问题的答案。"② 学习者的汉语水平决定了中医汉语文化教学的内容。对于初级阶段的学习者，应介绍最基本的中医文化常识，如经典中医古籍、历代著名医学家等可回答"什么"或"哪些"等问题的文化内容；对于中级阶段的学习者，则需以回答"怎么"的问题的内容进行介绍，如中医民俗和中国医学史中的一些基础知识、文化背景等。

　　中医药学集中体现了中国文化的特性。除了上述"显性"的中医文化知识以外，中医药专业术语及话语方式中也包含着很多中医文化的因素。如"山药""莲子"等，既是药材，同时也是人们日常生活中的食材，于此可见"药食同源"的传统；从"心主神明"和"肝喜条达"，能够看出中国人看待生理现象的人文主义视角。因此，文化意识应贯穿中医汉语教学的整个过程之中。以汉语言现象为基点，以中医药知识为支撑，向文化拓展，进而

---

　　① 李泉《文化教学定位与教学内容取向》，见周小兵主编《国际汉语》（第一辑），广州：中山大学出版社，2011 年。
　　② 邢志群《试论汉语语言、文化的教学体系》，《世界汉语教学》2010年第 1 期。

把三者融合为一个有机整体,使学习者获得一种整体性的感知和领悟。

第五节　汉语文化课程设置[①]

随着中国综合国力的不断增强和国际地位的不断提升,世界已越来越重视与中国的沟通与合作。汉语,作为世界与中国最重要的交际工具,也越来越受到世界各国人民的青睐。20世纪80年代以后,对外汉语教学得到迅速发展,除了来华留学生正逐年增多以外,汉语办学层次也逐渐多样化[②]。譬如,不仅短期汉语教学、汉语预备教育得到迅速发展,汉语专业教育规模也不断扩大。随着办学层次的不断提高,文化课的比例在增大,教学中的文化内容也在不断增加。

新疆地处中国西部,与俄罗斯、中亚五国、阿富汗毗邻,是重要的对外汉语教育基地。近三年留学生人数达到六千余人,并有不断增加的趋势。

我国各高校对来华留学生的培养目标和教学任务基本相同,即了解中国概况,具备一定的汉语基础和一定的听、说、读、写的能力,具备一定的汉语表达能力和交际能力,对中国的政治、经济、外交、社会、历史、文化有较广泛的了解。而在具体的对

[①]　本节摘自胡炯梅《汉语教学中的文化导入机制研究——以新疆高校外国来华留学生文化课课程设置为例》,《民族教育研究》2014年第1期。
[②]　邢福义主编《文化语言学》,武汉:湖北教育出版社,1990年。

外汉语教学中,存在两种不同的文化教学,一种是除语言教学外为学生设置文化课程的文化教学,一种是语言课内的文化因素或文化内容的教学①。本研究是针对前者进行的。

一、研究设计

(一)调查对象的选取

为了解新疆高校外国来华留学生对中国文化的认可度,对中国文化是否有系统认识,对现在开设的文化相关课程是否满意及其兴趣需求,研究者根据新疆教育厅提供的留学生信息,分别对新疆大学、新疆师范大学、新疆农业大学、新疆医科大学、新疆财经学院、新疆农业职业技术学院等21个非学历班、9个本科班、8个硕士班进行了515份随机抽样,其中非学历生274份、本科135份、硕士106份,收回有效问卷共512份。

为了解在新疆高校任教的教师对现在开设的文化相关课程的评价及建议,在教师中随机发放调查问卷158份。其中,女教师114人,男性44人;担任班主任的68人,未担任班主任的90人。

(二)研究方法

通过访谈,了解来华留学生对现在开设的文化相关课程的感受、需要差异性及兴趣所在。运用问卷法,广泛地采集学生意见(以下简称"学生问卷"),因考虑到学生的汉语水平有差异,就把中文问卷译成俄语问卷。然而,由于文化背景差异,单单考虑留学生意见就显得不那么有说服力,因此,研究者针对性地为

---

① 刘珣《对外汉语教育学引论》,北京:北京语言文化大学出版社,2000年。

新疆高校任教的教师制订了一套问卷（以下简称"教师问卷"），以便发现现阶段留学生文化课设置方面存在的问题。

二、开设文化课的现状分析

（一）现行开设的文化课概况

根据调查可知，新疆高校目前没有开设系统文化课，但有与文化相关的兴趣小组及社团，社团活动内容涉及剪纸、曲艺、民族乐器、太极、国画、书法等，每种课程每次一小时。各个课程之间在时间上没有冲突，对于有较强学习动机的学生来说，几乎可以参加所有社团。参与方式有强制和自愿两种，汉语国际教育硕士、本科生采用强制式，非学历学生多为自愿式。

（二）开设文化课的现状分析

目前，新疆高校开设的文化课还存在以下几方面问题：

第一，学生对中国文化没有系统认识，不知道为什么要学习中国文化。仅有24.6%的学生认同中国文化，较多学生（51.3%）认为中国文化仅包括地理、历史、宗教和哲学，33%的学生认为中国文化仅为中国地理概况。

第二，课程较单一，偏重艺术，忽略了文化的其他方面。学生希望学习的文化依次是：中国哲学、中国宗教、中国历史、中国地理、中国文学、中国艺术、中国伦理道德。58%的学生认为提高学生参与度的最佳方式是丰富课程内容，使课程形式灵活多变。

第三，没有充分利用周围的教学资源，未能调动学生的积极性和兴趣。40%的学生认为兴趣对文化学习最重要。学生希望教师运用多媒体、图片、道具来讲解,希望教师讲解相关文化背景。

第四,重视文化实践,不重视文化知识。几乎所有课程(社团)均为"文化行为",虽然可以使学生自己动手,满足学生的好奇心和表现欲,却忽视了文化的系统性。

第五,时间规划不合理,与晚自习有冲突,造成一定的混乱。

第六,明显的强制色彩使学生产生逆反心理。50%的教师认为强制学生参加社团效果更好,因为跨境民族留学生好动不喜静,如不强制学习,学生会一无所得;33%的教师认为应让学生自愿参加;17%的教师认为是文化课程缺乏吸引力,如果课程生动有趣,不用强制学生也能自愿参加社团活动。

第七,未充分考虑学生的年龄、性格和未来的发展要求。49%的学生认为文化课的设置应与学生的未来发展结合起来。89%的教师认为在文化课课程设置中,应把学生兴趣及需要放在首位。

三、影响文化课课程设置的因素分析

新疆高校主要接收的是来自中亚五国及俄罗斯的留学生,另外有极少量的韩国、蒙古学生。俄罗斯及哈萨克斯坦、吉尔吉斯斯坦、乌兹别克斯坦、巴基斯坦、土库曼斯坦的语言属斯拉夫语系,塔吉克语属印欧语系,而汉语属汉藏语系,汉语有拼音、汉字,是中亚及俄罗斯学生学习的难点[1]。因此,受到学生语言水平的限制,文化课的课程设置应由浅到深,由易到难,即在文化教学

---

[1] 罗常培《语言与文化》,北京:语文出版社,1989年。

中由具体到抽象，由图画、道具、多媒体、动手操作到文字性的讲解等。同时，学生年龄多在20岁上下，性格活泼，缺乏耐心，好奇心强，有较强的表现欲，跨境留学生不喜欢长时间地学习一种课程，而更愿意接受灵活多变、可充分调动学生感官的课程。另外，对留学生的培养，尤其是非学历生，应更多地定位于给学生建立一个文化体系，培养学生对中国文化的兴趣，使学生广泛全面地了解中国文化知识，在此基础上，鼓励学生自己动手，进行观摩体验，以加深对中国文化的印象，而不仅仅要学生掌握某一门文化课程的知识。

本研究认为，对来华留学生的文化课课程设置，应注意以下几个因素。

（一）设置原则

文化课课程设置要有"实用性原则"，即文化的交际作用，应在现语言课的基础上开设"交际文化课"，旨在将学生的文化学习与日常交际结合起来，例如打招呼，"你好""您好"当然是最保守也最正确不过了，可中国人，尤其是熟人间却很少这样彼此招呼，因为这样的招呼礼貌但客气，显得很生分。那么见到小孩、女性朋友、男性朋友、亲人、邻居、上司领导、长辈等，打招呼的方式都是不一样的。再比如在不同场合遇见同一位长辈，如何把握说话的分寸，并使自己表现得进退有仪，都涉及中国"潜文化"的影响和支配。

此外，考虑到现在社团活动内容更偏向于"可操作性的艺术文化"，本研究认为，这是不够全面和系统的，留学生来华就是为了系统地了解中国，能够掌握一至两门中华才艺固然好，可作为对外汉语教学中的文化教育，留学生对中国有基础的、概括的、广泛的认识才是更重要和可取的。因为学生应用和展现中华才艺的机会毕竟是有限的，而留学生对中国文化知识的了解却会贯穿学生运用汉语的方方面面，因此，应开设"知识文化课程"，让学生从知性及理论的方面深入对中国文化的了解。

为方便留学生继续学习中华才艺，现开设的社团活动形式可作为文化课课程改革的一部分延用。

在课程改革中，交际文化课与知识文化课并重，均为必修课；应适当丰富社团活动，并在提升学生兴趣的同时，将社团活动设置为"任意必修课"，即在完成相应学分的情况下，可任意选择课程。每个学生每学期要修满4个社团活动学分。开学前两周为文化体验观摩周，学生可在亲身体验后，选择自己喜欢的课程，并递交课程表。第三周，社团活动正式开始。社团内各个活动小组，少于15人不开设。

（二）开设课时

由于来华留学生整体性格活跃、好动、缺乏耐性，交际文化课、知识文化课、社团活动的时间设置，应采用小课时的时长，即每节课50分钟。所有课程均在16:00—18:50之间开设，这样就与晚自习的时间没有冲突，晚自习会更加有序，学生休息也更加充分。目前，新疆师范大学留学生每周语言课有15个小时左右，按20%的比例，文化课应占3小时。

（三）开设内容

开设文化课要有层次差别，由浅入深，对低年级的留学生，课程设置要配以较多的图片、视频、短片、实物道具、音频内容，以充分调动学生的体验热情，要避免长篇大论，因为如果学生根本听不懂老师在表达什么，会打击其学习的积极性，以至于放弃学习。对非学历生来说，学生培养目标的定位应更多为"了解"而不是"理解"，更谈不上"掌握"。

中国文化博大精深，海纳百川，无论从其历史、艺术、文学还是风貌，都散发着迷人和不可抗拒的魅力，从学生的未来发展及学校生源考虑，给学生展示中国绚烂多彩的文化，建立系统完整的文化知识体系都非常必要。这些课上好了，好到了学生有要"理解"、要"掌握"的渴望，学生自然会要求来华深入学习。

（四）教师配置

社团活动课应尽量任用具有才艺、表现力、责任心、活力和教学热情的教师。老教师的教学往往求扎实稳重，这与来华留学生活泼好动的脾性相悖。年轻教师尽管知识不够扎实，却愿意采用更多的方式方法，因此课堂往往更有朝气。留学生对中国文化的学习，比较基础和概括。相比之下，年轻教师更适合社团活动的教学。

四、对留学生文化课课程的拟设

目前，新疆高校对来华留学生开设的文化课既不系统也不全面，留学生对文化的认识也不到位，因此应改变当前散漫的社团活动制。同时，为使留学生学习的中国文化更实用、更贴近生活，更完整、更广泛，并使留学生能够继续学习中华才艺，可将文化课程初步拟设如下：交际文化课、知识文化课、社团活动。考虑到课时及学生特征，应适当缩短单节课时，但要保证文化课在总课时中所占的比例（不低于20%），并且课程应有"一定范围内的兴趣自由"，而为保证课程质量和留学生的学习效率，应在学生可接受的限度内开设必修课；同时，为使学生提高对文化课的重视度，还应对留学生的学习结果建立一定的评价制度。

（一）非学历生的文化课课程拟设

非学历生在中国学习汉语的时间非常有限，不管是半年还是一年，甚至一两个月，都应为学生提供充分了解中国及中国文化的机会。因此，非学历生的文化课课程设置应较基础，"蜻蜓点水"点到即可。非学历生学习时间分为半年和一年，由于学生基本不具备语言基础，因此，给此类学生开设的文化课较多为欣赏课，上课课时可根据学生的掌握情况，由教师自行调整。其中，如表1，交际文化课总课时中，半年生为17课，即交际文化课课程内容排号序列1—17的课程；一年生为31课，即交际文化课课程内容排号序列1—31的课程。知识文化课中，半年生为8课，即知识文化课课程内容排号序列1—8的课程；一年生为16课，即知识文化课课程内容排号序列1—16的课程①。

表1　非学历生文化课课程设置（半年/一年）

交际文化课内容				知识文化课内容	
1. 就餐	2. 住宿	3. 购物	4. 看病	1. 中国地理分布	2. 中国城市
5. 称呼	6. 招呼	7. 介绍	8. 打电话	3. 主要节日	4. 十二生肖
9. 通信	10. 约会	11. 邀请	12. 拜访	5. 中国少数民族	6. 汉字文化
13. 会客	14. 请客	15. 做客	16. 共餐	7. 日常饮食	8. 五大名山
17. 聚会	18. 帮忙	19. 拒绝	20. 接受	9. 中国音乐、舞蹈欣赏	10. 中国传统服饰
21. 送礼	22. 祝贺	23. 关心	24. 说情	11. 中国风景名胜	12. 中国主要朝代样貌

---

① 张岱年、方克立主编《中国文化概论》（修订版），北京：北京师范大学出版社，2004年。

（续表）

交际文化课内容				知识文化课内容	
25. 交友	26. 着装	27. 饮食	28. 男女交往	13. 中国民俗	14. 中国宗教
29. 老少交往	30. 熟人交往	31. 生人交往		15. 中国影视欣赏	16. 中国气候

（二）本科生的文化课课程拟设

本科生学制为四年，时间最长，学生有足够的机会接触中国文化，所以课程设置更细致、深入，如果说非学历生在文化课学习后得到的是一个知识构架，本科班学生得到的将是一张知识网。本科留学生的文化课设置最为丰富、全面。

表2 本科生文化课课程设置（第一学年）

交际文化课内容				知识文化课内容	
1. 就餐	2. 住宿	3. 购物	4. 看病	1. 中国地理分布	2. 中国城市
5. 称呼	6. 招呼	7. 介绍	8. 打电话	3. 主要节日	4. 十二生肖
9. 通信	10. 约会	11. 邀请	12. 拜访	5. 中国少数民族	6. 汉字文化
13. 会客	14. 请客	15. 做客	16. 共餐	7. 日常饮食	8. 五大名山
17. 聚会	18. 帮忙	19. 拒绝	20. 接受	9. 中国音乐、舞蹈欣赏	10. 中国传统服饰
21. 送礼	22. 祝贺	23. 关心	24. 说情	11. 中国风景名胜	12. 中国主要朝代样貌
25. 交友	26. 穿着	27. 饮食	28. 男女交往	13. 中国民俗	14. 中国宗教
29. 老少交往	30. 熟人交往	31. 生人交往	32. 表达时空意义——身体碰触	15. 中国影视欣赏	16. 中国气候

第一学年，本科生的培养目标与非学历生相同，即对中国文化有系统、基础的认识。如表2，交际文化课共32课（标号1—

32），每学期 16 课；知识文化课共计 16 课，每学期 8 课。第二学年，本科生进入正式系统的文化课学习，所开设的文化课涉及表达感情、表达时空、日常饮食、传统节日等，如表 3，其中交际文化课共 32 课（标号 1—32），每学期 16 课；知识文化课共计 16 课，每学期 8 课。第三学年，考虑到本科生要准备论文开题，文化课安排适当减少，所开设的文化课包括中国民俗与禁忌、中华艺术欣赏等，如表 4，其中交际文化课共计 24 课（标号 1—24），每学期 12 课；知识文化课共计 12 课，每学期 6 课。第四学年，考虑到本科生实习和论文撰写与答辩，文化课暂不拟设。一般来说，由于课程内容少、不好扩展或较抽象等原因，每种课程内容都只安排 1 课时的时间，此类课程要求学生"了解"；但有的课程 1 课时是无论如何都上不完的，因此课时安排较多，对学生的要求也较高。任课老师可根据学生的实际情况进行相应的课时安排。

表 3　本科生文化课课程设置（第二学年）

交际文化课内容				知识文化课内容	
1. 表达时空——私人时间划定	2. 表达感情——含蓄	3. 表达感情——忍让	4. 表达感情——妥协	1. 中国物产——粮食	2. 中国物产——矿产
5. 表达感情——要求	6. 表达感情——感谢	7. 表达观点——评论	8. 表达观点——建议	3. 中国物产——工业产品	4. 中国物产——水
9. 表达观点——同意	10. 个人隐私——婚姻	11. 个人隐私——打听收入	12. 个人隐私——讨论个人问题	5. 中国饮食——八大菜系	6. 日常饮食——做法、餐具用料

（续表）

交际文化课内容				知识文化课内容	
13. 找住房	14. 三代同堂	15. 家庭团聚	16. 夫妻分工	7. 日常饮食——上菜程序	8. 五大名山
17. 旅行	18. 表达时空意义——守时	19. 表达感情——谦逊	20. 表达感情——服从	9. 日常饮食——餐饮礼仪	10. 日常饮食——民族特性
21. 表达感情——怀疑	22. 表达感情——赞扬	23. 表达感情——道歉	24. 表达观点——征求意见	11. 传统节日——春节、清明节	12. 传统节日——端午节、中秋
25. 表达观点——讨论	26. 表达观点——反对	27. 个人隐私——询问年龄	28. 个人隐私——倾诉不幸	13. 现代节日——雷锋日、植树节	14. 现代节日——劳动节、儿童节
29. 节假日饮食	30. 搬家	31. 家务劳动	32. 孝敬长辈	15. 现代节日——建党节、建军节	16. 现代节日——教师节、国庆节

表4　本科生文化课课程设置（第三学年）

交际文化课内容				知识文化课内容	
1. 介绍对象	2. 择偶	3. 恋爱	4. 结婚	1. 百天、抓周、满月	2. 传统启蒙读物《三字经》《弟子规》《千字文》
5. 婚变	6. 生育	7. 家长地位	8. 家庭中心关系	3. 中国式禁忌	4. 中国的婚嫁习俗
9. 家庭开支	10. 家庭纠纷	11. 两代隔阂	12. 亲属往来	5. 中国的丧葬习俗	6. 四大名著选读
13. 周末娱乐	14. 欢度节日	15. 求学	16. 升学	7. 涉外法规：中国法规	8. 中国画欣赏

（续表）

交际文化课内容				知识文化课内容	
17. 家训	18. 教书育人	19. 课外活动	20. 社会教育	9. 中国手工艺品欣赏	10. 民族舞蹈欣赏
21. 找工作	22. 干群相处	23. 同事相处	24. 服务他人	11. 风味小吃介绍	12. 成语故事

（三）研究生的文化课课程拟设

研究生的学制是两年，受到时间和专业限制，减少了欣赏课所占的课时，而相应地增设了教育方面的课程。

第一学年的第一学期是对中国概况的宏观把握，时间有限却又要为下一学期的系统学习做准备，因此，研究生第一学年的文化课与非学历生和本科生都不同。相比之下，每课的内容不仅增加了文化知识的密度，而且学生的学习任务、难度、负担都相应增加了。如表5，其中交际文化课共计26课，主要包括日常交往、家庭、教育等，第一学期1—10课，第二学期11—26课；知识文化课主要包括中国概况地理、民族、艺术、教育等，共计18课，每学期9课。第二学年，因研究生要面临毕业实习、论文撰写等相关问题，因此文化课时暂不拟设。

表5 研究生文化课课程设置（第一学年）

交际文化课内容			知识文化课内容	
1. 招呼	2. 介绍	3. 邀请	1. 中国地理分布及气候	2. 中国城市及风景名胜
4. 拜访	5. 会客	6. 拒绝	3. 中国主要历史朝代样貌	4. 中国少数民族
7. 送礼	8. 祝贺	9. 说情	5. 中国传统服饰欣赏	6. 中国古代建筑及现代建筑、室内装潢欣赏

（续表）

交际文化课内容			知识文化课内容	
10. 交往	11. 长辈	12. 两代隔阂	7. 中国音乐、舞蹈欣赏	8. 中国画、书法欣赏
13. 三代同堂	14. 家庭团聚	15. 亲属往来	9. 汉字文化及文房四宝	10. 中国物产——粮食、矿产、工业产品、水
16. 结婚	17. 找住房	18. 择偶	11. 八大菜系及各地风味小吃	12. 胡同、四合院、窑洞、吊脚楼
19. 个人隐私	20. 婚变	21. 生育	13. 皮影、木偶戏、变脸、中国杂技欣赏	14. 秦腔、黄梅戏、豫剧、信天游赏析
22. 求学	23. 表达观点	24. 表达感情	15. 陶瓷器、雕刻、石窟欣赏	16. 中国手工艺欣赏
24. 社会教育	25. 与人相处	26. 求学、升学	17. 涉外法规：中国法规	18. 成语故事

（四）社团活动拟设

社团活动主要包括中华才艺、曲艺、运动、文学和体验社，旨在发现学生的兴趣所在，动静皆宜，重在让学生亲身体验，从而提升动手能力和表现力，让学生在知识文化课（理论方面）学习后，有实践方面的强化和验证。本研究的社团活动，是在现阶段社团活动的基础上丰富内容得到的，基本沿用了原来的模式。根据每种兴趣小组学习内容的难易度和耗时长短，学生对此类课程的兴奋持续时间，将不同课程安排了不同时长，学分也相应不同。如表6，丝竹社的竹笛班，开设时长为8周或16周，8周的学分为2分，16周的学分为4分。由于每位留学生每学期要修够4个文化学分，如果学生A选择了16周时长的竹笛课，则正好修够了4个学分，如果学生A只选择了8周时长的竹笛课，即只修够了2个学分,学生A就必须在本学期内再修2个学分,例如,4周旅游观赏课(1个学分)和4周国画课(1个学分)。社团活动的管理为"教师加学生制"。社团活动有1位总负责人,每个社团有组织教师1人,教师负责人共计7人;每个社团有学生社长1人,各活动组有组长1人,例如,丝竹社有学生社长1人,组长5人,学生负责人共计31人。

表6 社团活动课程设置

	活动小组	时长(周)	学分	评价方法	组织教师	学生负责人	参与方式	活动时间
丝竹社	竹笛	8/16	2/4	表演	1人	1+5=6人	任意必修	周1、2、4
	古筝	8/16	2/4	表演				
	葫芦丝	8/16	2/4	表演				
	二胡	8/16	2/4	表演				
	腰鼓	8/16	2/4	表演				
书棋社	书法	4	1	交作品	1人	1+4=5人	任意必修	周1、2、4
	象棋、五子棋	4	1	比赛				
	国画	4	1	交作品				
	麻将	4	1	比赛				
运动社	体育游戏	4	1	比赛	1人	1+4=5人	任意必修	周1、2、4
	足球	4	1	比赛				
	乒乓球	4	1	比赛				
	功夫	4	1	表演				
体验社	旅游观赏	4	1	论述	1人	1+3=4人	任意必修	周5
	影视观赏	4	1	论述				
	餐饮实践	8	2	交作品				
曲艺社	快板	4/8	1/2	表演	1人	1+6=7人	任意必修	周1、2、4

（续表）

	活动小组	时长（周）	学分	评价方法	组织教师	学生负责人	参与方式	活动时间
曲艺社	相声	4/8	1/2	表演	1人	1+6=7人	任意必修	周1、2、4
	小品、话剧	4/8	1/2	表演				
	京剧	4/8	1/2	表演				
	越剧	4/8	1/2	表演				
	剪纸	4	1	交作品				
文学社	采编、选稿、编辑、印刷	8/16	2/4	留学生报	1人	4人	任意必修	周5

五、对留学生文化课课程设置的反思

研究者在研究留学生文化课课程设置时，虽尽量涵盖文化整体，却无法做到面面俱到。本研究的文化课设置极大地丰富了原来的文化课课程，并尝试在有限的时间里，使学生获得更多知识。但在实际操作中必然会遇到如下诸多问题。

本课程设计拟将文化课分为三部分：交际文化课、知识文化课，社团活动课。交际文化课旨在贴近留学生实际生活，使学生可以按照中国人的思路说话、处事，这种"潜文化"的知识还没有被专家系统地整理出来，那么教师上交际文化课时，就需要自己先揣摩、把握，若把握得不到位会直接影响教学效果。把握得好，学生会学到很多看不见的知识，在运用过程中定会慢慢体会出中国人独特的人文心理，把握得不好，学生则几乎什么也学不到。

知识文化课的设计较细致和深入，本研究没有简单地只设计出一个大的方向，例如，古代文学、哲学理论，而是将笼统的课程具体化，细分化。因此，既然留学生只是了解中国的概况，所有内容就显得比较基础、具体。可细化了的课程也有弊端，就是限制了教师的发挥，因此本设计所指出的只是方向，教师在实际教学中可酌情处理。

学生选课制度在我国并不完善，在满足学生兴趣的前提下，如何充分利用学校已有的场地、教师资源，是我们面临的一个难题。新疆师范大学校园网上的艺术选修系统值得我们借鉴。

总之，本研究依据新疆高校现阶段的实际概况，针对来华留学生文化课课程做了理论上的设计，尽管可能存在诸多问题，但我们有理由相信，在各方汉语教育者的共同努力下，来华留学生的文化课设置一定会越来越完善。

第六节　汉语书法课程教学实践[①]

随着中国经济的发展和国际交往的日益广泛，世界各国对汉语学习的需求急剧增长。截至 2010 年，全世界已有 96 个国家建立了 300 多所孔子学院和 300 多个孔子课堂，100 多个国家近 4000 所高等学校开设了汉语课程。其中，美国开设中文专业的大学已超过 800 所，占高校总数的 20% 以上，把中文作为公共外

---

① 本节摘自郑博仁《试论对外汉语书法课程教学与实践》，《西南交通大学学报》（社会科学版）2012 年第 4 期。

语课的大学也超过了700所；韩国上百所大学开设了汉语课程，学习汉语的人数超过100万；日本汉语学习人数在200万左右，汉语已成为继英语之后的第二大外语。世界主要国家汉语学习人数正在以年50%的幅度增加，全世界汉语学习的总人数已超过4000万[①]。然而，在目前国内外的对外汉语教学中，汉字书法的教学情况却不尽如人意，误区重重，很难跟上汉语学习迅猛发展的势头。因此，本研究拟对汉字书法课程的重要性以及如何定位，如何科学、系统地安排教学内容和方法等加以讨论，略陈浅见。

一、书法课程设置及定位

书法是中国特有的一种传统艺术，这一点已取得广泛共识。但书法学习需要较长的时间，只有不断反复练习，方能取得不错的成果。在对外汉语教学实践中，像书法教学这种耗时长、见效慢的课程一直处于一种可有可无的尴尬境地，未能受到足够重视。不少教学院校及机构往往注重的是书法在汉字学习中有助记忆和理解的辅助作用，而忽略了书法课程对中国文化的介绍和推广作用，从而使书法教学沦为汉字教学中的识字、写字环节。这一现象极为普遍，造成书法教学的形式五花八门，十分混乱。有的院校没有专门开设书法课，只在汉字教学课程中简略介绍一下汉字书法；有的院校只进行书法讲座；还有的院校即便开设了书法课，但因对课程定位缺乏足够认识或教学条件和师资薄弱的限制，书

---

① 许琳《传播中国文化任重道远》（2010-07-20）〔2012-03-06〕，http://www.hanban.edu.cn/article/content_158669.htm。

法课变成了识字、写字课,教学效果不能令人满意。

那么,对外汉语教学中究竟是否应该开设书法课?书法课程又该如何定位呢?书法是中国文化的重要组成部分,"在诸艺术门类中,书法最具中国独特性"[①]。书法源于汉字,书法艺术的形成、发展与汉字的产生与演进存在着密不可分的关系,因此书法具有较强的语言属性。同时,在中国悠久的历史文化发展和丰富的文字记载中,中国的书法艺术以其独特的艺术形式和艺术语言再现了这一历史性的嬗变过程并又以其互补性和独立性阐释了中国传统文化的内涵,因此书法又具有了极高的文化属性。书法的双重属性使书法课程在对外汉语教学中理应成为重要的基础教育内容,在汉字教学和文化教学中有着重要意义。

"练习书法不仅是学习文化的一部分,也可以帮助学生加强对汉字的记忆理解。同时对书法艺术的学习与欣赏还能帮助学生增加对汉字书写的热情,激发其更大的学习动力。"[②]一方面,书法以汉字的结构规律为基础,运用点、画、线条的交叉构建,得出汉字的结构模式和总体形象。这一特点有助于外国学生认识汉字的笔顺、偏旁及字形结构,并进一步掌握汉字的形、音、义,认识汉字、写好汉字[③]。另一方面,书法是中华民族文化的结晶和象征,荟萃了中华民族文化的精髓,有着博大精深的文化内涵和巨大的文化魅力。因此在对外汉语教学中有意识地加强书法教

[①] 张岱年、方克立主编《中国文化概论》(修订版),北京:北京师范大学出版社,2004年。

[②] 傅海燕《汉语教与学必备:教什么?怎么教?》,北京:北京语言大学出版社,2007年。

[③] 史迹《论欧美学生的汉字认知与汉字应用》,《西南交通大学学报》(社会科学版)2012年第2期。

学，不但能弘扬中华民族精神，传播中国民族文化，而且也能使外国学生在感受汉字形体美的同时，体会书法艺术的审美意蕴。再者，书法文化具有很强的民族性，而书法的教学具有传统民族文化的教育功能，无论是从书法作品的内容、表现形式，还是书法作品的材质来看，它都体现出了中国传统文化的特色。因此在对外汉语教学中开设书法课，向外国学生推广书法，是让世界进一步了解中国文化的另一种有效途径。

二、书法教学内容的设计

书法课应属文化艺术类课程，在教学内容上主要分为书法知识和书写技能训练两个方面。书法知识包括书法发展史、书法理论及文房用具的知识，属理论的范畴；技能训练包括书法技法、结构与章法的实际应用，属实践的范畴。传统书法教学通常是以实践为主、理论为辅，二者相辅相成。对外汉语教学的书法教学也沿用了这一思路，教学内容是围绕技能训练来安排，这对识字、写字能起到较好的辅助和指导作用。但这种教学安排有些片面，缺乏对教学对象所在的文化背景和汉语学习水平的考虑，若笼统地安排教学，就有可能挫伤他们学习书法的积极性和热情。因此，对外汉语教学中书法教学内容的安排非常重要。在此研究者结合自身教学实践提出一点看法，对外汉语教学的书法教学必须"因材施教"。"因材施教"就是要从教学对象即外国学生的文化背景和汉语水平两个方面来考虑：一方面是要根据外国学生不同的文化背景，以文化圈的概念进行划分，实施分类教学；另一方面是要根据他们的汉语水平和受教育程度的不同，采用分级教学。

（一）区分文化圈，实行书法内容的分类教学

文化圈是社会学与文化人类学描述文化分布的概念之一，是指具有相同或相似度的文化现象和生存方式的地理区域。不同国家和地区的汉语学习者可能隶属于不同的文化圈，因此在教学中就必须考虑这个因素。"汉字文化圈"是全世界九大文化圈之一，指的是以中国为中心及历史上受中国文化影响很深、过去或现在使用汉字、并曾共同使用文言文作为书面语、覆盖东亚及东南亚部分地区的文化区域，包括日本、韩国、朝鲜、新加坡、越南等国。"汉字文化圈"内以中国传统文化为其主要内容，以汉字的使用为其显著特征，而中国周边其他国家的各民族文化在物质层面和精神层面上都受到中国文化内涵的深远影响。中国的书法在日本被称为"书道"，在朝韩被称为"书艺"，在越南被称为"书法"，这各类称呼均以汉字为基础，用毛笔舔墨书写，并常饰以题款印章。书法被认为是东亚的重要艺术和最优雅的写字形式，汉字写得好历来被认为是一种素养。在日本和韩国，书法具有广泛的群众基础。据统计，日本大约有2000—3000万人在练习书法，而韩国历届总统和普通民众对书法练习也较热衷，习字者逾10万人。目前，以日韩为主的东南亚国家更是海外"汉语热"的"热点"。因此对"汉字文化圈"内的外国学生来说，理解和接受中国文化要相对容易些，教学中可以将拓展书法知识、强化技能训练作为教学的主要内容，即在讲授书法渊源时可重点介绍书法于不同时期在东南亚各国的传播情况以及对各国书法发展产生重要影响的书法家；在技法训练时可以选择楷书之外的隶、行、草等书体，还可对他们提出掌握章法和进行创作的要求。

而来自欧美、非洲等许多"汉字文化圈"外的学生，其本民

族文化与中国文化有很大差异,而且文字书写习惯不尽相同。研究者在书法教学中发现一个有趣的现象,不少欧美学生习惯左手执笔,书写方式与中国人的书写方式全然相反,结果书写时闹出不少笑话。有鉴于此,对于这部分选修书法课的学生来说,书法教学内容应有针对性地进行调整,把"了解一般书法常识,掌握基本用笔方法,强调临摹训练,学会初步欣赏,以巩固汉字学习和提高书写能力为主要目的"[①]作为培养目标,在书法知识讲授中重点介绍中国历史背景、文化民俗、书写工具及艺术特点;在书写技能训练中强调执笔用笔方法、笔画笔顺的规则、选帖临帖的要求,并从辨别书体的层面上初步培养其欣赏能力。总之,教授"汉字文化圈"外的学生时,教师要清晰认识和阐明两种不同文化背景的差异,尽力调动和维护他们的学习积极性和热情,等他们的语言及文化知识提高到一定水平后,再传授较高层次的书法内容。

(二)根据汉语水平高低,实施书法内容的分级教学

当前海外学生汉语水平参差不齐,主要有两种情况:一般说来,在"汉字文化圈"内的国家或地区,学生的汉语水平要高于非"汉字文化圈"的学生;而就学生个体来看,受教育程度高的学生汉语水平要高于受教育程度低的学生。因此,书法教学的内容采用分级教学很有必要。

对于汉语初学者或汉语水平较差的学生,书法课教学应以技能训练为主,文化内容的讲解为辅。教师在教学中要充分利用书法具有语言属性的特点,把书法教学对识字、写字所起到的辅助

---

① 曾昭聪、朱华《面向留学生的汉字书法教学刍议》,《吉林师范大学学报》(人文社会科学版)2009年第2期。

和指导作用充分体现出来。不少汉语初学者认为，相对于汉语的拼说而言，汉字书写的学习和掌握难度较大。而学习书法不仅能在教师教学和学生自行练习的过程中促进他们对汉字的认识和记忆，还能有效激发其学习兴趣，帮助其克服畏难情绪，并提高他们正确书写汉字的能力。在书法讲授中，应重点规范学生的执笔方法和书写姿势，让他们初步了解各种书体特征和辨析不同书体。比如教学时就要以甲骨文中的象形文字入手，再介绍篆、隶、楷、行、草等书体的特点，最后师生共同完成不同书体里的辨析作业。这样既可以调动学生学习的积极性，又可以让他们了解汉字的演进变化，从而获得不错的教学效果。学生书法练习中使用的字应选自汉字课本，因为这些字能应用到生活或考试中；书体应选楷书临帖，不要选择行书或隶书。行书行文流畅但笔画多有简略，如果教授行书很可能会让学生混淆汉字的笔画、笔顺，甚至错误地记忆汉字的结构，从而写错字。隶书蚕头燕尾、风格独特，比其他书体易学。不少中国学生就是从隶书开始练习书法的。但是对只有初级汉语水平的外国学生来说，隶书却不太适合，因为在书写隶书时笔画多有变形，与他们在课本或考试中所遇到的楷体、宋体或仿宋体的写法不太一致。

对于汉语水平达到中、高级阶段的外国学生来说，他们的语言学习即将结束，文化教学就显得尤为重要。因此，在强调书写训练的同时应拓展其书法文化知识的广度和深度。在书法知识讲授方面，除强化不同书体的认知外，还应增加些与历史、文化和民俗相关的信息。例如，在介绍古今重要书法家时，可用王羲之入木三分、书成换白鹅，王献之练字用尽18缸水等典故来说明中国文人学书时勤勉的态度和对艺术文化之道的执着追求；也可用张旭"脱帽露顶王公前,挥毫落纸如云烟"的故事来体现中国文人洒脱不羁的性格;还可用颜真卿在安史之乱中以身殉道的悲壮情节来阐释中国文人字如其人的风骨和气节;并可在撰写春联时导入春节民俗文化和书法篇章结构的介绍等等。在书写训练方面,可让学生先从书写自己的中文名字开始,再到写反映中国文化的字词短语、古诗及名言警句,不断激发其书写欲望和热情。在书体选择上仍以楷书为主,可细化到颜体、欧体和柳体等,并对其间字形结构和笔画的异同加以说明,让学生根据自己的喜好进行取舍。此外,可适当增加对隶、行或篆书的书写规则和用笔的了解,进一步提高他们鉴赏书法作品的能力。在书法学习的最后阶段,应对章法和创作原则进行讲解,并在训练中加以实践。章法分为正文、款式和印章三个要素。在创作实践中可先用代表中国文化精神的字词(如龙、虎、福、寿、事在人为、学海无涯等)作为素材,让学生对作品内容怎样排列、怎样题款、怎样盖章做一番总体设计。

三、书法教学方法的建议

不少人认为教授外国人书法与教授中国人差不多。这种观点是对汉语教学中书法教学的误解,是对外国学生的文化背景和汉语水平缺乏考虑所致。我们根据学生所处文化圈的不同和汉语水平的高低对书法教学的内容进行了有针对性的分类或分级,而在教学方法上又应该如何调整才能达到最理想的教学效果呢?有学者提出:"书法艺术教育应遵循一般艺术教育的规律,以技法技能的习得为大前提,采用严格、科学的训练方法,尽可能运用直观性、趣味性较强的教学手段,多示范、多练习、多评点,培养学生多动眼、多动手、多动心的学习习惯。在技术条件较好的地方,应尽量采用多媒体教学手段来提高教学效率和增强教学效果。"[1]为此,研究者对对外汉语教学中的书法教学提出几点建议:

(一)结合教学目标、内容及学生实际情况,采用循序渐进的教学方法

对外汉语教学中语言文化的学习遵循由浅入深、循序渐进的原则,书法教学也应遵循这个原则。书法教学的目的是使外国学生初步掌握书法的基本理论,通过简单的练习,能够领略到书法的风采和魅力,学会欣赏,并掌握学习书法的方法和今后需要学习的内容,因此循序渐进的教学方法应与分类或分级教学的内容紧密结合。

在留学生初学书法阶段,对书法基础知识的讲授我们可用直观演示、讨论和任务驱动的教学法。比如根据汉语课的字词内容给学生展示相关汉字在不同书体里的字形结构;或者欣赏不同时期的考古实物和碑刻字帖的图片(如龟甲兽骨上的卜文、青铜铭文、汉曹全碑文、唐颜勤礼碑文等);再通过讨论,发现书体异同和基本特点;最后在课内完成教师安排的字形辨析作业。轻松、愉快的课堂氛围有助于他们对汉字的演进过程产生初步的感性认知,也能巩固和加强对所学汉字的记忆。课堂上还可以展示纸、笔、墨、砚等文房用具来加深留学生对书法的直观感受。

在技法训练中,对留学生的教学可由楷书入手,让他们从点、画学起。楷体是合乎规范的一种字体,与外国学生所用的汉语教

---

[1] 庄义友、熊贤汉主编《汉字与书法艺术》,广州:暨南大学出版社,2004年。

材和汉语水平考试的印刷字体相似，因此首先选用楷书来训练初学书法者是较合适的。在教学中应采取示范教学法与自主学习法相结合的方法，让学生通过临摹书帖，先学点、画，再进行整字书写的训练。整字教学中教师要选取汉语课的字词，介绍汉字独体、左右、上下、包围、半包围等结构，并按照由易到难、由浅入深的规律，先教独体字，后教合体字。教师在讲解过程中，示范是重要环节，要让学生直观地看到书写的过程，包括每一个细节，因为开始学习笔画的时候，运笔的起笔、行笔、收笔有许多微妙之处，难以用语言形容，学生只能通过教师示范来观察，从而加深对笔画及字形结构的理解和领悟。

在中、高级阶段书法知识教学中，应根据学生的文化背景和汉语课中的篇章来教学，并挑选合适的书法文化内容。我们可用跨文化交际理论中的文化类比模式，以影视材料或故事讲述的方式介绍与书法发展相关的重要历史时期和著名书法家。比如在介绍王羲之的书法成就时，就可用英国文学中有关莎士比亚戏剧成就的评价："他不属于一个时代，而属于所有的世纪！"这既可提高学生的兴趣，又能促进他们对中国书法的认同。教学中还可结合春节、清明、重阳、端午等中国传统节日向学生介绍春联、应景诗句的格式和书写要求，这对他们理解汉语篇章有所帮助，同时也可简略讲解书法章法，为他们今后的书法创作打下基础。

技能训练应以临摹和示范为主，采用启发式教学，增加对学生习作的反馈。临摹分为对临和背临两种，是学习书法的最佳途径，也是书法习作的基础。不管是初学楷书，还是进一步习练其他书体，临摹都是书法教学的重要环节。只有反复临摹范本的点、画、字词乃至全篇，才能从中理解、领悟并掌握书写方法和技巧。

在中、高级阶段的技能训练中，示范尤为重要。通过多次示范，教师就能把笔画线条的多种变化、用笔的基本动作等讲述得清清楚楚。教学中还应让学生参与学习过程，对照字帖找出自己在书写汉字时的欠缺，比较不同字帖字体，找出不同特征，从而达到提高其学习能力的目的。教师还应适当点评学生的临摹习作，对学生在用笔、字体结构等方面较为突出的薄弱环节作重点指导。

（二）利用教学环境和条件，推广以现代教育技术为主的多种教学方法

对外汉语书法教学通常沿用国内传统的书法教学方式，知识讲授以口头讲解为主；技能训练采用描红、对临、背临和习作依次渐进的方法。随着现代教育技术的发展，以计算机为核心的多媒体信息技术具有传统书法教学无可比拟的优势。目前，国内外高校的教学设施中以计算机为中心的多媒体群较为普及，并且外国学生对多媒体教学也比较熟悉和适应，这为丰富和改进对外汉语书法教学方法，达到教学的多样性、灵活性提供了良好的条件。

首先，现代教育技术集声、文、图、像于一体，能使教学内容充实，形象生动。书法教师应熟练掌握课件制作等技术和使用方法以丰富教学，弥补传统书法教学缺少的形象性。教学实践证明，教师书写示范、对汉字笔画结构的讲解、名家名作的欣赏以及对学生临摹和习作的讲评等环节，若借助于多媒体课件可增强课程内容的丰富性和趣味性，这对外国学生更具吸引力。如用大量图片资料作为书法欣赏的教学内容可提高外国学生的欣赏水平，而用动画形式把书法技法的特点、书写要领生动直观地表现出来，更能为外国学生理解和接受。

其次，中国书法是一门抽象的书写艺术，能通过线条及章法的变化体现中国文化的艺术精神。对外国学生而言,学好书法可能很难,因为学习内容中有不少书写技法只可意会不可言传。然而,如果书法教师能充分应用多媒体教学系统,就可以使较为抽象的教学内容转化为外国学生易于接受的直观立体的组合形式。在书法教学实践中,书法教师可以将传统的教学手段与现代多媒体教学手段密切结合,把教学内容编写成电子讲义或教材,并制作图文并茂且配套的音像材料,通过这种视听组合的教学模式,大幅度提高书法课堂教学水平。例如,在学生学习汉字或笔画结构的时候,教师可先用多媒体动画演示字的笔顺和运笔的轨迹,然后用毛笔在宣纸上示范笔画的变化和用笔的方法,以展示汉字书写的全过程。清晰、详细的直观教学,既可激发他们学习书法的兴趣,又可帮助他们掌握教学内容。

第三,利用多媒体教学系统双向互动的功能,开展学生自主学习和师生间的交流。书法教师可把教学课件和教材拓展资料以教学网站或博客的方式传到网上,专门介绍书法相关知识,学生能够根据自己的兴趣和爱好来选择学习内容,并根据自己的学习能力来确定学习进度。这种自主学习的模式不但让学生能巩固课堂所学的书法知识和技能,如书体沿革、运笔方法、汉字的结构形式、字和篇的章法布局等,还能激发他们的学习主动性,发挥其主体作用,从而达到学习目的。此外,学生还可使用电子邮件或在线留言的方式与书法教师展开互动,可以是观点讨论、疑难解答,也可以是评价自己或他人的习作。这种交流能让学生表达自己的思想,形成自己的见解,从而获得一种成就感,更能激发他们学习书法的兴趣。

四、结论

书法与汉字紧密联系。汉字是中国语言、文化的重要组成部分,而书法则是蕴含独特文化元素的书写艺术,也是中国特有的一种传统艺术。"书法是中国艺术精神上的最高境界——最能代表东方艺术和汉字文化圈的艺术精神。"[1]因此,在对外汉语教学中开设书法课程很有必要,不仅能加强外国学生对汉字的学习和记忆,而且能对中国文化的介绍和传播起到重要作用。通过汉字书法教学,首先可从书法的语言属性层面上提高外国学生对汉字的兴趣,加深其对汉字的认识和理解,学会正确书写和使用汉字,并能通过不断的练习实践创作出富有个性、有一定水平的汉字书法作品来;其次从书法的文化属性层面上让他们了解书法的历史沿革和发展,让他们具备辨析字体,初步欣赏书法作品的能力,并进而领略中国文化的博大精深,了解和掌握一定的中国文化知识。此外,在汉字书法教学中,要科学、合理地安排和设计教学内容与方法,以有效地激发和维护外国学生的学习兴趣。目前对外汉语书法教学正处于探索阶段,相关教学理论和实践有待进一步的深入研究。

---

[1] 王岳川、张公者《中国书法高等教育的新世纪意义——访北京大学中文系博导、书法艺术研究所副所长王岳川教授》,《乌鲁木齐职业大学学报》2005年第2期。

第七节　报刊阅读课的教学策略[①]

对外汉语报刊阅读课是在来华留学生汉语学习的中、高级阶段开设的一门课程，属于语言技能课的范畴。留学生经过初级阶段的学习，有一定的词汇量、语法基础，具备了基本的阅读能力，使阅读报刊文章成为可能。而他们在中级以上阶段的重要任务就是扩大词汇量；深化对语句和篇章的理解能力；并且留学生随着汉语水平的提高，希望通过中文来了解一些新闻报刊中的信息。报刊阅读这一课程正好可以满足他们的这种需要。

报刊阅读课既不同于精读课，需要逐词逐句地详细讲解课文中涉及的生词和语法；也不同于泛读课，泛泛而读，精力主要放在报刊文章的阅读速度和阅读能力的培养上。它有着自身的独特性，是介于精读和泛读之间的一种课型：教学内容既有报刊文章中常用的词语、句式，还包括一些文化方面的知识，教师都要在报刊课上传授给学生，同时还必须对学生进行把握篇章结构的训练和阅读速度的训练。我们认为规定的课堂教学时间内，报刊课的教学要达到既定的教学目标，取得最好的教学效果，让学生真正获得能够阅读中文报刊的能力，应该抓住报刊阅读课的根本和实质，采用以下3种教学策略。

[①] 本节摘自陈宏《对外汉语报刊阅读课的教学策略》，《天津大学学报》（社会科学版）2013年第4期。

一、用图式理论指导学生的阅读

张春兴(1998)指出,从认知心理学的角度来看,阅读是一个复杂的认知心理过程,眼睛对文本信息进行扫描、收集,然后由视神经传递给大脑的相关区域,大脑感知到这些视觉信号后,对之进行解码和加工分析,达到理解的程度。人根据以往的经验,都会形成一个自己的知识体系(organization of knowledge),也叫认知结构(cognitive structure),包括 3 个范畴体系,每个体系都至少有一套规则来规定一个事物或一个事件如何进入其中[①]。王辉(2004)指出,德国心理学家 Sir Frederic Barlett 最先提出了"图式理论",他把由不同范畴的知识构成的系统叫作"图式"(schema),是对过去经验的反映或对过去经验的积极组织。当大脑感知到与自身的认知结构相关的信息时,储存在记忆库中的图式就被激活,如果新的知识信息能够和被激活的图示相吻合,图式信息(schematic knowledge)就会被表征出来[②]。戴雪梅(2003)指出,20 世纪 70 年代后期,美国人工智能学家 Rumelhar 提出了现代图式理论,并指出:"图式是知识的建筑块件。"20 世纪 80 年代鲁梅哈特等又把图式的概念发展成为一种完整的理论,用来研究阅读理解等心理过程,认为读者阅读能力主要是由语言图式、内容图式、结构图式[③]所决定的。

语言图式指的是读者对构成阅读材料的语言的掌握程度,主

---

① 张春兴《教育心理学:三化取向的理论与实践》,杭州:浙江教育出版社,1998 年。
② 王辉《图式理论启发下的对外汉语阅读教学策略》,《汉语学习》2004 年第 2 期。
③ 戴雪梅《图式理论在对外汉语阅读教学中的应用》,《汉语学习》2003 年第 2 期。

要是指学习者对于构成文章的词汇和语法规则等的掌握程度，如果对于词语以及语法规则都能理解，就能基本理解文章的意思。一篇文章中生词太多，学生在认知阅读文章时就会有太多的缺口，而无法理解其中的语句，因此，让学生提前预习生词是课堂教学进度的必要保证，否则学生就会陷入生词的泥潭，无法读懂文章内容，教师也就无法顺利地推进教学内容的安排。

内容图式是指读者对文章的主体以及背景知识的熟悉程度，有的时候学习者能够了解词句的字面意思，可是对于一些字面之后的含义或者言外之意，甚至背景知识不了解，也不能正确地理解所阅读的文章。中文报刊的主要受众是当代的中国人，是以大部分当代中国人所具备的社会背景知识和文化常识为基础的，社会文化知识（如颐和园的历史）、历史知识（如桃园三结义），国家的大政方针（如计划生育、西部大开发等）；习用的缩略语（如建行、工行、人行、家教、关爱等），还包括为了适应报刊语言简洁的特点，临时出现的一些缩略词语、紧缩语等；俗语以及社会上流行的一些新词新语、网络词语（超女、大衣哥等），中国人都是口耳相传，非常熟悉，而留学生的知识结构中常常缺乏这些必要的知识，从词典等工具书中又查不到。报刊阅读课的教材题材广泛，涉及社会生活的方方面面，因此在课堂教学中要结合有关的文化背景知识，使学生在理解中国的文化背景知识的基础上，更好地理解课文的内容。

结构图式是指读者对文章逻辑结构、修辞方法、体裁特点等的了解程度，使学习者对于整篇文章形成一个总体的认识。因此教师在处理完整篇文章的词句之后，还应该按照篇章的结构，进行总结，帮助学生更好地把握全文。

二、注重对学生阅读能力的培养

在报刊阅读的课堂上要把握和协调好教师讲解和学生阅读的关系，做到教师主导，学生主体。（1）对课文标题的导读。新闻标题包括主体、引题、副题，主题是标题的主体，表明新闻的主要内容，是不可缺少的；引题一般是指明新闻背景或新闻内容的意义；副题则对主题加以必要的补充。引题和副题都是根据需要而设，不是必需的。报刊文章的标题是内容的浓缩，所以对标题的理解是非常关键的。（2）词语教学，如某类报刊文章中的常用词语及其搭配、最近出现的新词新语或者社会流行语、缩略词语等。句子教学，报刊语言都属于书面用语，具有一些不同于日常口语的特点，句子较长，修饰、附加成分多；书面语中存在着一些古汉语的句式，这些也正是留学生学习这门课程的难点之一。（3）篇章教学。帮助学生梳理、总结整篇文章的结构、层次等，让学生更好地全面把握整篇文章。

教师在帮助学生扫除了社会、文化背景知识和词句的障碍之后，一个更加重要的任务就是要训练学生对中文报刊文章的阅读技能和阅读速度。刘颂浩（1996）指出，HSK 考试大纲对阅读理解能力的具体要求：一是掌握所读材料的主要用意和大意；二是了解所读材料的主要事实和信息；三是跳越障碍，捕捉所需的某些细节；四是根据所读材料进行引申和推断；五是领会作者的态度和情绪[1]。根据这些要求，我们要通过以下的办法来训练和提

---

[1] 刘颂浩《怎样训练阅读理解中的概括能力》，见中国对外汉语教学学会编《中国对外汉语教学学会第五次学术讨论会论文论》，北京：北京语言学院出版社，1996 年。

高学生的阅读技能：浏览，即快速了解文章大意；扫读，即用于查找需要的时间、地点、人物、事件、原因、结果、数据等；跳读，即跳越障碍，根据自己熟悉的词句来理解文章，忽略掉不认识的生词；猜测，即包括猜某个词语的意思，也可预测下文所要表达的意思。干红梅（2011）研究发现，上下文语境对自然阅读中的词汇学习有较大影响，语境的丰富程度会影响目标词的学习，强语境能降低词语的学习难度，尤其是对不透明词的学习有显著的促进作用[①]；归纳，即有的篇章、段落有主题句，比较容易，没有主题句的要学会总结归纳层次、段落大意和篇章主要内容。吕文华（2012）指出，在阅读课上常常训练学生概括文章的主要内容，找关键词、关键句、总结语段的主题、分析语段或篇章中作者的思路和意图等[②]。

当然，在课堂教学中这些阅读技能的培养不可能在每次课上都顾及到，要根据学生已经具备的阅读能力和所学文章的特点来有目标地训练某一个或者几个方面的阅读技能。

阅读理解中还有一个很重要的因素就是阅读的速度。阅读技能是阅读速度的基础和前提，而阅读速度是阅读技能的一种体现。阅读速度应根据不同的篇章长短、难易程度来确定。《汉语水平等级标准》（1995）中对读的等级、数量界定为：三级——同课文类似的一般性文章阅读速度为150字/分，理解90%以上；含生词3%以内的一般性文章阅读速度为120字/分，理解90%以上；

[①] 干红梅《上下文语境对汉语阅读中词汇学习的影响——一项基于自然阅读的调查报告》，《语言教学与研究》2011年第3期。

[②] 吕文华《语段教学内容的选择和分布》，《语言教学与研究》2012年第1期。

四级——含生词 4% 以内的内容较为复杂文章阅读速度为 135 字/分，理解 80% 以上；一般性报道文章的快速阅读和查找信息能力的速度为 180—220 字/分；五级——含生词 3% 以内、文言词语 2% 以内原文的速度 150 字/分，理解 80% 以上；各类文章的快速阅读和查找信息能力的速度 180—240 字/分[①]。限时阅读是帮助学生提高阅读速度的好方法，让学生在规定的时间内读完要求的篇幅。张惠芬（2000）提出，扩大视读广度、减少眼停次数、意群注视法、垂直注视法、波浪注视法、扩大视幅等都是训练速度的有效方法[②]，教师可以根据阅读材料适当地训练学生的阅读技能。

三、课堂教学和课外泛读相结合

刘颂浩（2011）认为，对外汉语教学教材中语料编选应遵守的普遍原则可分为两类，一类是语料编选必须遵守、不能违反的原则，我们称之为"核心原则"，包括"适度性"和"多样性"两条[③]。

报刊阅读课选材首先应符合"多样性"原则，现有的报刊阅读的教材都注意到选材的全面性，黎敏（2000）在教材的前言中提到，内容涉及政治、军事、外交、经济、贸易、文化、环保、体育休闲、健康等诸多方面；体裁包括新闻报道、人物专访、时

[①] 国家对外汉语教学领导小组办公室汉语水平考试部《汉语水平等级标准》，《语言文字应用》1995 年第 4 期。
[②] 张惠芬《视知觉、知识图式和快速阅读训练》，《汉语学习》2000 年第 2 期。
[③] 刘颂浩《对外汉语教学中的语料编选原则》，《语言教学与研究》2011 年第 5 期。

事评论、特写、通讯等类型[①]。"适度性"使得我们的教材大都是精选的课文，基本都做了删改，篇幅不能太长。我们知道每一类报刊文章中都会有一些专业的、常用的词汇和表达方式，句式结构，甚至文章结构方式等，都有惯常的模式。我们利用报刊教材中所选用某一类内容的典范性的文章，让学生基本掌握这类报刊文章中常用的词汇和表达方式。

对外汉语教学教材中语料编选应遵守的普遍原则的另一类虽然并非一定要遵循，但如果具备的话，会对语言学习起到锦上添花的作用，我们称之为"辅助原则"，包括"知识性""趣味性"和"真实性"等。

报刊阅读教材中的课文都是编著者精选的语料，具有科学性和系统性的特点，教师通过课堂教学使学生掌握了报刊语言中常用的词语和结构。但作为报刊阅读来说，报刊的内容反映的应该是当时的情况，而一旦被选入教材，需要编著者进行加工整理，然后才能出版发行，那么报刊教材中的课文就不可能是最新的语料，甚至有些语料会显得陈旧。我们无法苛求报刊阅读教材能够满足我们对时效性的要求，为了解决这一问题，一个很好的策略就是结合课堂教学的内容给学生留泛读的课外作业，就可以让学生根据课堂教学中涉及的领域范围，自己去选择这一范围的最新报刊文章来作为泛读材料进行阅读，或者做课外"剪报"，拿回来大家一起交流。这样不仅使学生利用课堂上学习的语言知识，而且扩展了阅读的范围，养成阅读的好习惯，同时也了解了当今

[①] 黎敏《新编汉语报刊阅读教程》（高级本），北京：北京大学出版社，2000年。

的最新信息，使报刊课的课堂教学能够取得更好的教学效果。

第八节 对外汉语专业翻译课的特点[①]

在对外汉语教学界的理念中，翻译课同口语课、听力课、阅读课一样，都属于不可缺少的单项技能课，这可以从《高等学校外国留学生汉语言专业教学大纲》中对翻译课的设置（第二学年每周2学时、第三学年和第四学年每周4学时）和《高等学校外国留学生汉语教学大纲：长期进修》中对翻译课的设置（每周6—8学时）看得出来，但实际开设情况并没有达到这种水平。根据我们的调查，大部分高校的对外汉语专业多在二年级第一学期后开设翻译选修课，多数只开一学期，一周2学时。

目前对外汉语教学界对"翻译课"的研究也很有限。缺少活跃的研究氛围，不利于对外汉语专业翻译课的长期良性发展。

在外语学习中，翻译对于提高和完善学习者对两种语言的理解和应用能力，加深学习者对两种语言异同的了解，扩展知识面和思维方式都有着别的技能不可以替代的作用。"会翻译者，听、说、读、写四能及交际应无问题"[②]。可以说，没有受过翻译训练的外语学习者对双语的了解仍处于自发和表层认识状态，而缺少翻译课的对外汉语专业课程设置也是不完善的。对外汉语专业

---

① 本节摘自刘丽宁《关于对外汉语专业翻译课的思考》，《语言与翻译》（汉文）2010年第4期。
② 蔡振生《十年翻译课的再思考》，《世界汉语教学》1995年第4期。

翻译课（下文简称"对外翻译课"）和其他专业的翻译课在教学对象、课程定位、教学目标、教学内容、教学方法等方面都有所不同，有其独有的特点。下面研究者结合自己对外翻译课的教学经验来谈一下对翻译课的思考。

一、对外汉语专业翻译课的定位

有关对外翻译课的问题都是由翻译的性质、教学对象和教学时间决定的。对外翻译课的教学对象是处于中等和高等阶段的长期进修生和对外汉语言本科留学生，他们大多都是从零起点开始学习汉语，在经过两三年的学习后，他们的汉语书面语应用能力仍处于中等偏下的水平，在遣词造句上还没有达到应用自如的程度。但现在的对外汉语翻译教学体系是以学生具有较高的双语应用能力为前提，重视理论讲解，修辞色彩浓厚，教学目标很高，再加上学时少，就造成了目前对外翻译课的教学要求和学生水平撕裂的状况。

要改变这种状况就要先确定对外翻译课的课程定位问题。我们认为目前有关翻译的教学可以分为三个层次：一是纯粹作为外语教学手段的翻译；二是作为外语专业课的翻译教学；三是作为翻译专业课的翻译专业教学。第一个层次归于"教学翻译"，目的是提高外语水平；第三个层次归于"翻译教学"，目的是培养职业译员；第二个层次是"教学翻译"和"专业翻译教学"之间的过渡，既是外语教学的高级课程，同时也是培养翻译人才的初级课程[①]。目前我国高校内的翻译课多属于第二个层次，它规模

[①] 李红青、黄忠廉《外语专业翻译课的定位问题》，《外语与外语教学》2004年第11期。

大、受众者多,值得我们给予充分的重视。对外翻译课也属于第二个层次,只有明确了这一定位,才能制订出合理的教学大纲、教学目标,才能合理设计课程设置、教材选编、教学方法等。

二、对外汉语专业翻译课的教学任务及目标

以这一定位为依据,我们认为对外翻译课的教学任务是:展现译学的内在规律及其魅力所在,使学生正确认识翻译的本质,掌握典型的翻译技巧和难点,在翻译训练中提高双语水平和翻译水平,培养学生的翻译意识,引导有志于翻译事业的人走上专业之路[①]。

那么对外翻译课的最终目标是什么?我们同意高宁(2008)在《日汉翻译教程》中提出的看法:"翻译课既不能以技巧传授为最终目的,也不宜以抽象理念为目标,注重方法论虽然有一定的效果,但是学生们最缺的,最需要教师培养的,同时也最有实际效果的是翻译意识。"[②]所谓"翻译意识"就是初步的专业意识+语言敏感度。所谓"专业意识",即学生在动笔翻译前,能明确地意识到自己将做什么,并自觉地从译学角度思索、揣摩译文。所谓"语言敏感度",主要体现在对语境的高度敏感性上,任何时候都会从语境角度去思考原文字、词、句的翻译。即便一个孤句,也会在预设语境后才去讨论原文的意义及翻译。

[①] 王晨颖《翻译教学与教学翻译在小语种本科阶段翻译课中的应用》,《语文学刊》2008 年第 11 期。

[②] 高宁、黄珺亮、陈叶斐、李晓光《日汉翻译教程》,上海:上海外语教育出版社,2008 年。

在有限的时间内，老师通过与学生互动的专业训练，使学生逐步树立起初步的翻译意识，学会因时制宜地调整翻译策略和方法，将感性认识提升到理性认识。这样对外翻译课就成功地完成了任务。

三、对外汉语专业翻译课的教学内容

针对留学生的汉语水平，我们认为对外翻译课属于"翻译基础课"，教学定位应以"译对"为主，"译好"为辅。教学内容要难易适宜，在设计上需要注意以下几点：

（一）以"英汉翻译"为主

因为学生的语言背景复杂，合适的任课老师缺乏，现在多数高校的对外汉语专业还没有开设多种语言与汉语互译课程的条件，大多数开设的是英语和汉语的翻译。那么重点放在"英汉翻译""汉英翻译"还是"英汉互译"呢？我们认为只有一个学期的对外翻译课重点应是"英汉翻译"，即从英语翻译到汉语。原因是：第一，留学生来自五湖四海，母语背景多样，我们照顾不了每个人的需求，只能考虑多数学生的条件。而英语目前是国际强势语言，很多学生都具有一定的英语基础，只要具备理解中级英文的能力，就可以修"英汉翻译"课，这样就可以吸收尽量多的学习者。第二，对外汉语专业的目标是培养具有综合素质的汉语专业人才，翻译课也是实现这一目标的手段。"英汉翻译"侧重于培养学生的汉语理解和应用能力，符合这一目标。第三，"汉英翻译"课更侧重于对学生英语应用能力的考察和培养，对英语能力要求高，而留学生的英语水平参差不齐，教师无法全部照顾，在教学内容安排、课堂操练、课堂活动组织上有很多困难,以"汉英翻译"为教学重点难以达到理想的教学效果。

"英汉翻译"和"汉英翻译"本身并不矛盾,它们在翻译原则、理论、技巧等方面是共通的,只是对于不同的教学对象,难易程度不同。我们可以把"英汉翻译"教学作为"汉英翻译"教学的基础和准备,在教学时间充足的条件下,再补充"汉英翻译"。

(二)以"翻译实践"为主

翻译教学中"理论"和"实践"应占的比例一直存在争议。研究者认为比例的分配应根据教学对象和教学时间来定。翻译理论有不同的层面,它既可以指与具体翻译实践关系不太密切的纯理论研究,也可以指翻译的技巧和方法。诚然,翻译理论对实践具有指导意义,但对于实践性很强、学生汉语水平不高又没有翻译基础的对外翻译课堂教学来说,就要选取部分讲解。像"东西方翻译史、译学流派、不同文体的翻译"等知识对提高学生的实际翻译水平帮助有限,就可以不讲;像"翻译的定义、翻译的标准、翻译与文化"等问题也可以点到为止,留给有兴趣的、有翻译基础的学生自己去研究;翻译的方法和技巧才是对外翻译课的讲解重点。

(三)以"翻译技巧"为纲

目前的翻译教学有以翻译理论为纲,有以翻译技巧为纲的[1]。对于留学生来说,我们认为以"翻译技巧"为纲的内容安排和教学模式简洁明了、重点突出,又疏而不漏,易于把握,适

---

[1] 武敏《论公英翻译课的性质与课程模式》,《琼州学院学报》2009年第1期。

合课堂教学。但是"翻译技巧"系统庞大、分类繁细，要面面俱到也是不可能的，应有所取舍。对外翻译课是"翻译基础课"，我们可以选取"翻译技巧"里的基本原则、重要和典型的技巧加以讲解和训练。

（四）以"普通文本"翻译为主

传统的翻译教学以"译得好"为教学目的，所以教材修辞色彩浓厚、偏文学化。文学翻译有其无与伦比的独特性，是翻译的最高境界。但是文学翻译对翻译者的双语修养要求较高，留学生现有的双语水平影响了他们对修辞层面的理解和运用，未达到进行文学翻译的程度。但是文学翻译对于开阔翻译眼界、提升翻译境界大有裨益。所以教师在选择例子和练习时要注意文学翻译和非文学翻译的比例。对留学生来说，以"普通文体翻译"为主，辅以"文学翻译"的设计比较适合实际情况。

（五）句译与篇章翻译相结合

以"句"为单位进行翻译训练可以使学生熟悉双语句法，集中训练遣词和句子转换能力，还可以凸显翻译技巧。它降低了翻译难度、节省了时间，易引发学生兴趣，是帮初学者练好语言和翻译基本功的重要手段。但是翻译的前提是准确理解原文，准确的理解都基于对上下文语境的了解，所以任何句子的翻译都不应该脱离篇章进行。培养学生的篇章意识和语境意识是培养翻译意识也是翻译教学的第一步。

此外，教师要不断提醒学生在翻译时联系上下文或预设语境，要教会学生从宏观的角度、从语境的角度去把握原文并进行翻译，教给学生"从全文到段落、从段落到句群、从句群到句子、再从句子到词组和单词"的翻译思路和步骤。

(六)"补充讲义"与教材相结合

翻译课要上得好,只靠教材是不够的。教师要花时间研究教材、补充讲义,特别是新例子和练习。这是因为:任何一本翻译教材都不可能适合所有的教学对象。不同专业、不同背景的学生需要适合他们特点的教学内容,包括理论和实践部分。教师需要对教材中的观点和译文提出自己的赞成或批评意见,对教材内容做出合理的调整和补充,设计出一份适合自己的学生的讲义。教师要根据实际教学情况,对现用教材分析梳理,按照教材章节或自己的思路有章法地编选补充讲义,收集典型又多样化的例子。通过准备补充讲义,教师可以加深对教材的了解和把握,提前发现问题,完善教学内容,也摆脱了照本宣科之嫌。

四、对外汉语专业翻译课的教学方法

翻译是练出来的,不是听出来的。现在大家都认同翻译课绝不是老师的一言堂,不是填鸭式学习,而是以学生为中心,以操练、讨论、讲评活动为主的实践课,教师起指点迷津的引导作用[①]。要实现这一理念,从教学目标的设定、教学材料的选择,一直到课堂讲评、作业布置等环节都要充分考虑学生的因素,特别要注意教学方法和教学环节的设计。

翻译教学一般包括三个部分:理论讲解、译例讲评、作业批改评讲。除了作业批改,在 90 分钟左右的课堂时间里,教师还

---

① 佟玲玲《谈如何给高职高专学生上好翻译课》,《辽宁师专学报》(社会科学版)2008 年第 3 期。

要合理分配三部分内容。第一，作业评讲。先用 20—30 分钟时间对课后作业进行评讲，指出学生翻译中的精彩之处给以鼓励，不过重点放在指出学生未能对翻译技巧领会和运用不好之处，对出现较多的或典型的错误给以总结，分析和挖掘误译和错译的原因，给出正确演示。第二，讲解翻译技巧。翻译技巧的引入可以采取老师先介绍再演示或学生翻译例句后教师再介绍总结的方法，不应占用太多时间。第三，课堂操练、译例讲评。这部分是课堂教学的重点，我们分配 50 分钟左右的时间，如果翻译技巧分类多或比较重要，就要占用更多课时。课堂操练主要集中在对技巧的具体例子练习上。第四，布置作业。教师可以将教材上的课后练习和自己准备的补充练习结合起来作为课后作业，数量要合适，要考虑到留学生不喜欢过多作业的情况。研究者一般给学生 3 天时间做作业，然后由班长收上，在上课前一天发给学生。如果过早发，学生容易遗忘，作业评讲时没有临场感，收不到好的评讲效果。

在翻译教学中，如果能切实有效地实现"讲、练、论、评四个环节环环相扣"，就能实现师生互动，使学生积极参与到课堂中，紧跟教师引导，体会到翻译课的价值和魅力所在。翻译课堂也会从以教师为中心转变为以学生为中心，从课堂讲解为中心转变为以课堂活动为中心，从传授知识为中心转变为以提高学生自主学习兴趣和自主学习能力为中心，真正实现改革翻译课教学模式的目的[1]。

---

[1] 佟晓梅《外语专业翻译课教学主体参与模式探析》，《宜春学院学报》2009 年第 1 期。

五、结语

翻译对于提高学生的语言水平有不可替代的作用,翻译课是必不可少的技能训练课。十几年前,蔡振生先生(1995)[①]就大声呼吁将翻译课提高到与听、说、读、写等课同等重要的位置。十几年过去了,就目前国内各高校的课程设置情况来看,离此目标还有很大距离。反而是在国外有些地方的汉语教学中,翻译课摆在了比较重要的位置。据吴勇毅先生(1996)[②]介绍,法国国立东方语言文化学院几十年来一直将"译"放在跟听、说、读、写同等位置,所有课程都围绕这五项技能设计,并密切结合现实生活,从二年级到三年级都设置中法互译课程,并分笔译、口译训练。多年来形成了行之有效的办法,取得了良好的教学效果。他们的经验值得我们国内同行借鉴。

近年来随着中外交流的发展,很多汉语学习者认识到翻译的实用性,选择对外汉语的翻译课学习[③],这对翻译课教学和设置提出了更多要求,也提供了契机。希望对外汉语界的同行一起努力,改变翻译课的现状,推动翻译课的发展。也希望我们对外翻译课的这些思考能够引起大家对翻译课的关注,为翻译课的良好发展和对外汉语专业课程设置提供一点推动力。

---

① 蔡振生《十年翻译课的再思考》,《世界汉语教学》1995年第4期。
② 吴勇毅《法国国立东方语言文化学院中文系的学制及课程设置》,《世界汉语教学》1996年第2期。
③ 孙永红、徐向东《非目的语环境下汉语专业学历教育教学策略研究》,《现代教育科学》2008年第11期。

第四章

汉语国际教育专业课程研究

第一节 汉语国际教育硕士培养目标[①]

面向世界加强汉语作为外语教学的学科建设,是加快汉语教学、汉语学习和汉语应用国际化进程的一项核心工作。学科建设除了理论研究、标准制订以及教学规律的探索等学术建设以外,更为关键的是师资队伍建设。没有一支专业化、高水平的国际汉语教师队伍,不仅汉语教学质量会直接受到影响,学科的学术建设以及汉语的国际化进程也必然会受到影响。因此,师资队伍建设是学科建设的关键所在,是推进汉语国际化的一项根本任务。

中国政府有关部门高度关注汉语师资问题,充分认识到师资队伍建设的重要性和迫切性。近些年来,国家汉办、国务院侨办积极开展对海外专兼职汉语教师的培训工作,派出一批又一批海外教师培训团组,取得了良好的效果。更为可喜的是,国家有关部门在汉语教学师资培养方面积极开拓新渠道,为师资培养和队伍建设做出了新的探索,设立"汉语国际教育硕士(MTCSOL)专业学位"教育即是一例。

2007年3月30日,国务院学位办发布关于《汉语国际教育

---

① 本节摘自李泉《汉语国际教育硕士培养目标与教学理念探讨》,《语言文字应用》2009年第3期。

硕士专业学位设置方案》（以下简称《设置方案》）的通知，并设立了24所试点院校招收汉语国际教育硕士专业学位研究生。《设置方案》明确表示：汉语国际教育硕士专业学位的设立是为了提高我国汉语国际推广能力，加快汉语走向世界，改革和完善对外汉语教学专门人才培养体系，培养适应汉语国际推广新形势需要的国内外从事汉语作为第二语言／外语教学和传播中华文化的专门人才[①]。汉语国际教育专业学位的设置，是学科建设中标志性的大事，需要海内外同仁给予更多的关注和支持。本文拟对《汉语国际教育硕士专业学位研究生指导性培养方案》（以下简称《方案》）中有关"培养目标及要求"和"课程设置"做个人解读，并就国际汉语教育硕士的教育理念问题略陈浅见。

一、对 MTCSOL 培养目标和课程设置的解读

《方案》对汉语国际教育硕士（MTCSOL）培养目标的规定是：培养具有熟练的汉语作为第二语言教学技能和良好的跨文化交际能力，适应汉语国际推广工作，胜任多种教学任务的高层次、应用型、复合型专门人才。对培养要求的说明是：（1）掌握马克思主义基本理论，具备良好的专业素质和职业道德。（2）热爱国际汉语教育事业，具有奉献精神和开拓意识。（3）具有系统的专业知识、较高的中华文化素养和跨文化交际能力。（4）具备熟练的汉语作为第二语言教学技能。（5）能流利地使用一种外语进行教学和交流；能熟练运用现代教育技术和科技手

---

① 中国国家汉办网站 http://www.hanban.edu.cn 相关链接，下同。

段进行教学。

（一）从第二语言教学理论和实践及我们现有的认识来看，《方案》中的培养目标和培养要求体现出如下几个特色，也可看成是《方案》比较出色的地方。

其一，注重能力培养，体现学科特点。《方案》要求培养对象掌握"汉语作为外语教学的技能"，具备"良好的跨文化交际能力"。照我们的理解，培养目标中所明确的"具有熟练的汉语作为第二语言教学技能"的"应用型的专门人才"，是要求MTCSOL首先应是教汉语的行家里手。简言之，MTCSOL应具备教书匠的本领。"匠人"在这里是褒义，不是照本宣科的代名词，是胜任各种类型的汉语教学、掌握熟练的汉语教学技能、具备高超教学艺术的代名词。而对外国人的汉语教学，无论是在国内还是国外都是一种跨文化的教学活动，因此培养MTCSOL具有丰富的跨文化交际知识，特别是具备跨文化教学和跨文化交际的能力，就成为必然要求。可见，"汉语教学能力"和"跨文化交际能力"是MTCSOL必须具备的两项最基本、最重要的能力。《方案》抓住这两项核心能力，并确立为培养目标，不仅体现了《方案》注重能力培养、重视能力建设的特点，也体现了汉语作为外语教学的学科特点，因为培养学习者运用汉语的技能以及跨文化交际能力，正是汉语作为外语教学的核心目标，而只有教师自身掌握了汉语培训技能，具备了跨文化交际的知识和技能，才有可能在教学实践中实现方案设定的人才培养目标。

其二，注重职业要求，兼顾工作特点。MTCSOL专业的设置，一方面是为了适应国际汉语教学形势发展的需要，而海外的汉语教学正呈现出教学层次、教学需求、教学目标以及教学模式等的多样化趋势，汉语教学的大发展，带来了教学工作的多样化和复杂化；另一方面，作为汉语的母语国，我们不仅要适应形势的需要，更要主导开拓汉语教学的新局面。《方案》在培养目标及要求中规定的"适应汉语国际推广工作，胜任多种教学任务""热爱国际汉语教育事业，具有奉献精神和开拓意识""能流利地使用一种外语进行教学和交流""能熟练运用现代教育技术和科技手段进行教学"等，就是针对海外汉语教学和汉语推广工作的需求而提出的。要求MTCSOL不仅能适应海内外各种教学工作，特别是能够胜任在海外开展汉语教学工作，而且能够利用熟练的外语在海外进行开拓性的工作，从而既突出了职业要求，也兼顾了汉语国际传播的客观需要。

其三，注重质量要求，明确人才规格。《方案》培养要求中"具有系统的专业知识""较高的中华文化素养""熟练的教学技能""流利地使用外语进行教学和交流""熟练运用现代教育技术"等，即是对MTCSOL的质量要求，其中"系统的""较高的""熟练的""流利的"是质量要求的关键词、标志词。而培养目标中对人才的"高层次、应用型、复合型"的限定，体现了对MTCSOL标准和规格的要求。其中，高层次是对人才层级标准的规定，应用型是对人才培养方向的规定，复合型是对人才知识结构的规定。可以说，《方案》对MTCSOL的培养目标和培养要求可谓高标准、高质量、高规格。

可以认为，MTCSOL的培养目标及要求，定位准确，重点突出；要求明确，针对性强；国际性和外向型特点鲜明。具体而言，《方案》既突出了注重对人才的能力培养，也体现了汉语作为外语教学的学科特点；既反映了汉语教师的职业要求，也兼顾了汉语国际推广工作的客观需求；同时对人才的质量和培养规格要求明确，界定清晰；而对 MTCSOL 在中华文化素养、跨文化交际、外语能力等方面的相关要求，则体现了对人才规格的国际性和外向型的目标追求。所有这些都标示着 MTCSOL 独特的专业定位和人才培养目标。

为了实现上述培养目标和要求，《方案》设置了公共课（8学分）、必修课（10学分）、选修课（5大类，10学分）、教学实习（4学分）。其中，5门必修课程基本上能够保证培养对象对汉语和文化的教学内容、教学理论和教学方法的掌握和基本教学能力的养成；而语言、教学、文化、教育和方法等五大类23门选修课以及在外语和实习方面的具体要求，则不仅细化和深化了必修课程的内容，也延伸和丰富了教学内容，不仅为教学提供了丰富的选择余地，也为有条件有需求的培养单位或学员提供了系统的培养内容和个人学习方向。此外，《方案》的课程设置另有如下几个特色：突出了"汉语"作为外语教学的特色，如选修课"汉字概说""中华文化技能"等的设置；融入了现代教育的某些新理念和技术要求，如选修课"案例分析研究""汉语教学案例分析""教师发展概论""现代教育技术及教学应用"等的设置；凸显了国际汉语教师自身及其所肩负的汉语国际传播使命的特殊培养要求，如"国别与地域文化""礼仪与公共关系""国外中小学教育专题"等选修课的设置。

（二）可以将 MTCSOL 的培养方案与国家汉办发布的《国际汉语教师标准》（2007，以下简称《标准》）[1]进行比较。《标

---

[1] 国家汉语国际推广领导小组办公室《国际汉语教师标准》，北京：外语教学与研究出版社，2007年。

准》的制订"先后聚集了海内外近百名专家和学者参与研制工作，并广泛征求了国内外专家学者和一线教师的意见"。在制订过程中"借鉴了TESOL等国际第二语言教学和教师研究新成果，吸收了国际汉语教师实践经验，反映了国际汉语教学的特点"(《标准》前言)。可以认为，《标准》是一套比较完善的教师标准体系，完全可以作为评估《方案》的一个参照体系。《标准》分为五个模块十项标准。模块一：语言基本知识与技能（标准一，汉语知识与技能；标准二，外语知识与技能）。模块二：文化与交际（标准三，中国文化；标准四，中外文化比较与跨文化交际）。模块三：第二语言习得与学习策略（标准五，第二语言习得与学习策略）。模块四：教学方法（标准六，汉语教学法；标准七，测试与评估；标准八，汉语教学课程、大纲、教材与辅助材料；标准九，现代教育技术及运用）。模块五：教师综合素质（标准十，教师综合素质）。

不难看出，《方案》的"培养目标"和"课程设置"与国际汉语教师应具有的知识、能力与素养是相吻合的。《方案》在公共课、必修课和选修课中所设置的课程，不仅全面覆盖了《标准》五大模块十项标准的基本内容，而且在文化类、教育类和方法类选修课程中有些课程已经超出了《标准》的内容，而从五门必修课的"课程说明"来看，有关的课程目标、教学要求和教学内容较之《标准》的相关内容大都有所细化和深化，有所拓展和延伸。《标准》是对从事国际汉语教学工作的教师所应具备的知识、能力和素质的一个全面而基本的描述，而汉语国际教育硕士（MTCSOL）的培养目标、培养要求、课程设置与实施等理应在一些方面和一定程度上高于、宽于、细于《标准》。

总体上看，《方案》的"培养目标"和"课程设置"有很强的专业性、针对性、科学性以及国际性和外向型特点。但是，MTCSOL 的设立在海内外尚属首次，理论上的科学和可行不等于实践中的科学和可行，因此包括培养目标、课程设置、教学理念、培养模式等，都还需要在教学实践中不断加以调整、改进和完善。

二、MTCSOL 教学理念探讨

《方案》培养目标和培养要求中"培养具有熟练的汉语作为第二语言教学技能""胜任多种教学任务的应用型人才""具备熟练的汉语作为第二语言教学技能""能熟练运用现代教育技术和科技手段进行教学"等表述，已清楚地凸显了《方案》对 MTCSOL 的培养更加注重汉语教学技能的培养，更加注重教学方法和技巧的掌握，更加注重应用型人才的塑造，而这或许正是 MTCSOL 培养的核心理念。毫无疑问，培养国家级、世界级胜任多种汉语教学任务，具有熟练的教学技能乃至高超的教学艺术的行家里手，应是 MTCSOL 培养的核心目标或追求的理想境界，这一点至少在理论和观念上应得到充分肯定。

然而，不能回避的问题是：是否设定了目标，安排了课程，学生修满了学分，完成了教学实习计划，写就了一篇合格或优秀的学位论文，而后我们的 MTCSOL 就都能成为胜任多种汉语教学的能手、高手了呢？显然，回答这样的问题不是简单的肯定或否定就能了事的。但可以肯定地说，至少不会如此这般容易，特别是联系到 MTCSOL 生源的知识背景、海外汉语教学的复杂情况以及教学实施过程中可能采取的教学原则、策略和理念来看，就更难让我们心安理得。也就是说，虽然 MTCSOL 的培养方案很专业、很科学，然而再好的方案也只是个方案，有效地实现方案设定的培养目标需要具备多方面的条件，而对什么人实施和怎样实施就是其中两个关键因素。

讨论对什么人实施的问题，是想强调招收 MTCSOL 不能仅仅通过书面统考和"学识"面试来决定是否录取，而要特别注意考生是否具备做外语教师的条件和能力等非学识方面的因素。甚至可以考虑将"是否适合当教师"作为能否录取的一个前提条件。教学实践表明，不是任何一个汉语地道、学识丰富的中国人都能成为一个合格的汉语教师的。我们不是想搞"教师血统论"，实在是人的才能、素质、个性、天赋存在差别，而教师这个职业本身又有些特别的要求。一名外语教师可以习得各种知识和技能，但在方音方言、口齿口音、言语节奏、表达能力、课堂组织管理能力、个人感召力等方面却是很难改变的。比如有的人天生就是"刻板型""严肃型""缺乏耐心型""声音蚊子型""组织能力不强型""讷于言语表达型"等等，这些"秉性"就不大适合当教师，尤其不大适合当外语教师。

就报考 MTCSOL 的人来讲，有的人并没有想清楚如何当好一名汉语老师，或者在这方面考虑不多，想的是提高一下外语水平、感受一下异国风情；有的人倒是怀着满腔热情甚至报国之志，要教老外学汉语、弘扬中华文化，可是汉语汉字知识却知之甚少；有的人根本没想到教汉语是件不容易的事，甚至觉得"教教老外，还不容易"；有的人是因为对目前的工作不满意，考 MTCSOL 是为了换换工作；有的人则属于不适合当外语老师的那一类。对于这样一些人、这样一些想法，其实无可指责，亦无可厚非，甚至是可以理解的。然而，他们考入 MTCSOL 后，虽经专业训练和个人努力，却由于上述或其他原因，他们中仍会有人难以达到预期的培养目标，从而造成人才本身和教育资源的浪费。

可以说，能否真正实现 MTCSOL 培养目标，在很大程度上取决于 MTCSOL 的生源素质。方案和课程都是外在因素，学生才是内在因素。因此，应结合教学实践进一步研究 MTCSOL 的入门考试，加强面试中"是否适合当教师"一项的面试，甚至可以考虑将其确立为"一票否决权"的面试项目，前提是要对不适合当汉语老师的条件进行细化、标准化、可操作化。此外，还可以考虑实行中期考评与淘汰机制。总之，把好"入口"是实现 MTCSOL 培养目标的关键环节。

更值得讨论的是，有了合格的或优秀的生源，同样还会遇到如何培养、如何实施教学方案的问题。合理的方案要有合理的实施，才能取得理想的效果。为此，应该探讨 MTCSOL 的教学理念问题，即为了更好地实现 MTCSOL 预期的培养目标，探讨在课程实施及具体的教学过程中，所应持有的教学策略、教学原则、教学观念等问题。持有什么样的教学理念来实施教学，直接关系到能否真正实现预期的培养目标，而这一点恰是包括 MTCSOL 在内的许多"专业硕士"培养方案中不够明晰的地方，因此有必要加以讨论。

目前，从初步了解到的一些试点院校对 MTCSOL 的要求和教师的实际教学来看，除了少数仍然走以培养"学术""学问"型人才为主的路子（这当然是不正确的）以外，大都主张或实际采取"直奔目标"的做法，即加大汉语教学技能的训练力度，尽可能多讲教学方法和教学技巧。此外，从我们近年参与的海外中文教师的培训来看，当地的一些专兼职教师和培训主管部门都明确要求"多讲具体的教学方法和技巧"。可见，直奔目标的要求和做法似乎成为汉语专业硕士培养和海外教师培训的主流性倾向。直奔目标的做法有效果、见效快，较之大讲知识，特别是大讲一些不着边际的所谓理论而忽视教学技能的训练，这种做法更直接而实惠。但是长远来看，直奔目标的实施理念可能只是一种头痛医头的做法，只能取得"短平快"的效果，而不是长效做法，也不会取得长效作用。事实上，直奔目标未必就容易达到目标，头痛医头很可能治标不治本，缺啥补啥很可能把问题简单化了。

我们认为，应该综合考虑培养对象的实际情况、方法技巧的有效性和有限性、未来从事的教学任务的复杂性，来确定MTCSOL的教学理念，这样才能更有针对性，更有利于实现MTCSOL的培养目标。

就"培养对象的实际情况"来看，绝大多数考生的专业背景与"汉语汉字"和"中国文化"相去较远。据MTCSOL专业学位教育指导委员会秘书处对2007年24所院校实际参考的1418名考生的分析来看，本科专业情况：外语专业704人，约占49.7%；中文专业365人，约占25.7%；对外汉语32人，约占2.2%；教育、心理、历史、图书馆等文科专业135人，约占9.5%；理工专业105人，约占7.4%；经济、管理等专业77人，约占5.4%。其中，中文专业和对外汉语专业合起来约占27.9%，这是专业背景跟"汉语汉字"最为贴近的考生人数，但也只是本科程度上的"现代汉语""语言学概论""古代汉语"方面的基本知识而已。而70%以上其他专业背景的考生，恐怕连这样程度的语言知识也不具备。这就是说，可能成为MTCSOL的绝大多数考生没有或缺乏汉语语言学、语言学理论、汉字学、中国文化方面的知识。

就"方法技巧的有效性和有限性"来看，首先必须承认方法和技巧在外语教学中的重要性，教师掌握的外语教学方法和技巧越多，越有利于将其灵活地运用于教学实践，也才有利于学生外语能力的培养，反之则不然。毫无疑问，方法和技巧是有用的、有效的，即使是头痛医头也不失为一种有效的方法，缺啥补啥同样会有一定的效果。进一步来说，掌握外语教学方法和技巧的多寡是评价一个老师能否胜任多种教学任务、能否成为一名优秀教师的重要标准。教学方法单一、缺乏教学技巧，肯定不会成为优秀的教师。正如智者所言，在所有的知识中，有关方法的知识最为重要。因此，决不能低估教授教学方法的重要性。

但是，也要看到方法和技巧的作用是有限的，有条件的，有些甚至是个性化的。这是因为，究竟有多少教学方法和技巧可以传授是值得考虑的，显然教学方法和技巧都是有限的。而且是否所有的方法和技巧都有必要介绍和推广也是很值得考虑的。方法和技巧的价值在于其有效性，但未必每个人使用的教学方法和技巧都是恰当、可行和真正有效的。更重要的是，方法和技巧并不是万能的，至少没有多少适合于任何教学对象、教学环境、教学模式、教学内容的万能方法和技巧。国内目的语环境下的教学方法和技巧未必都适合在国外非目的语环境下使用；一种方法或技巧有人用起来得心应手，效果颇佳，有人则可能不适应，毫不灵验。具体来讲，我的方法和技巧是我根据教学对象和具体教学内容而创造和使用的，却未必适合你的教学对象和具体教学内容；适合于你的教学方法和技巧，更多地需要你自己根据外语教学的基本原理和实际教学情况，加以探索和尝试。真正有效的方法来自于个人在教学实践中的摸索。既有的方法和技巧更重要的价值可能在于为具体教学提供参考、启示。

就"未来从事的教学任务的复杂性"来看，MTCSOL 是为适应汉语国际推广工作而设立的，主要是培养在海外从事各类汉语教学工作的专业教师。而海外教学对象、教学要求、国别及其教学环境等的不同，就要求有各种不同的教学方法和技巧，尽管我们可以尽量结合海外的情况来传授教学方法和技巧，但是，毕竟难以穷尽适合海外各种各样教学情况的方法和技巧。海外的汉语教学有小学的、中学的、大学的；教学对象有华裔和非华裔的，有企业公司商务人士的和一般民众的；有集体授课的，有一对一授课的，还有水平差距很大而合在一起上课的；有学汉字的，有不学汉字的；有只要求教听、说的，有要求听、说、读、写都教的，等等。此外，一方面，海外的汉语教学都是在缺乏汉语环境的条件下进行的，在远离中国社会和中国文化背景的条件下进行的，又是在课时很少甚至少到每周一两个学时的情况下进行的，甚至是在学习者的课余工余时间里进行的；另一方面，学生所在国的文化传统、教育传统和学习者的学习习惯等无不影响着汉语学习。所有这些，都会对教学方法和技巧的选择与使用产生影响，都使得我们不能不对基于国内教学实践而形成的方法和技巧，对国外的汉语教学究竟会有多大实用价值产生怀疑，至少会有所疑虑、有所担心。实际上，我们面向国内汉语教学编写的许多教材之所以不适合在海外使用，主要是教材内容的选择、教材规模体制的构成、教材所体现出的教学方法等不适合于国外的实际情况，而并不是教材本身质量有多么差。同样，适合于国内汉语教学的各种教学方法和技巧，到了国外很可能也会"水土不服"。

根据以上分析，我们可以得到如下一些认识及相关的MTCSOL教学理念：

"培养对象的实际情况"提示我们，大致有70%以上的MTCSOL缺乏汉语教学的专业知识和相关学科的知识，因而不能只重方法的传授和教学技能的训练，而忽视相关知识的教学。相反，应该加强汉语知识、中国文化知识和跨文化交际知识、汉语作为外语教学的基本理论以及语言学、教育学、心理学等支撑学科相关知识的教学。另一方面，约有71%左右的考生来自于大中小学教师，这表明可能成为MTCSOL的绝大多数人已具备了如何当老师、如何与学生互动的基本方法和经验，缺少的是跨文化的汉语作为外语教学的方法和经验，而当过老师特别是当过外语老师的经验，有助于他们体认"做对外汉语老师"的角色。

事实上，不论考生的知识背景如何，都不应忽视专业知识的教学。因为这是进行汉语教学的前提，假如教师本身对汉语知识和中国文化知识不甚了了，或者一知半解，那么有了方法和技巧也难以真正发挥作用。外语教学的方法和技巧主要用于教授具体语言要素、语法结构，解释具体语言现象和进行语言技能训练。如果对汉语的结构规则、组合规则和使用规则不够清楚，就难以科学有效地进行汉语要素的教学和汉语技能的训练。因此，赵金铭（2007）[①]指出："要特别强调具备深厚汉语知识的必要，没有对所教语言的深切了解，就不能应对教学中出现的语言问题。母语为汉语的教师，尤其不能忽视对汉语的研习。"

---

① 赵金铭《汉语作为外语教学能力标准试说》，《语言教学与研究》2007年第2期。

"方法技巧的有效性和有限性"提示我们,在所有的知识中方法是最有用的知识,培养MTCSOL的汉语教学技能是我们坚定不移的信念,是我们努力的方向和最终的目标。但是,最终的目标不一定要通过"直奔目标"的方式来实现,加强有关知识的教学恰能有助于方法的选择和使用,有助于教学技能的培养。知识就是力量,一定意义上说也是能力。扎实而深厚的专业知识有助于教学能力的形成。另一方面,也要看到方法和技巧的有限性,而不能单纯追求教学方法和技巧的传授。教学方法和技巧的最大作用在于它的启发和借鉴意义,其本身并不是灵丹妙药,也不可能放之四海而皆准。孙德坤(2008)[①]转引国外学者的研究指出,20世纪语言教学研究充满了对有效方法的寻求,但结果表明"没有一种方法可以适用于所有的教学对象或环境,过去没有,今后恐怕也不会有"。我们认为,即使如此,教学方法仍然是语言教学研究的核心性和永恒性主题,教学方法的研究和探索不仅可以丰富教学理论,更可以推动教学实践的深入,促进教学效率的提高。因此,要研究教学方法,探索教学方法,传授教学方法,只是不要过于迷信方法,神化方法。

"海外汉语教学的复杂情况"提醒我们,不能把希望寄托在简单地移植既有的教学方法和技巧,更不能生搬硬套他人的方法和技巧。而要把精力更多地用在培养MTCSOL依据汉语作为外语教学的基本原理和基本原则,根据海外汉语教学的实际情况探索和尝试适合于具体教学情况的方法和技巧,创造和积累适情对路的教学方法和技巧。孙德坤(2008)指出,"研究结果显示,

---

① 孙德坤《教师认知研究与教师发展》,《世界汉语教学》2008年第3期。

课堂活动和教学过程远不如先前想象的那么简单,而是非常复杂,有些甚至可以说是杂乱无章的"[①]。因此,应加强汉语作为外语教学基本性质和特点、基本原则和模式,以及课堂教学与管理基本方法的教学,以应对海外多样多变的教学需求和"杂乱无章"的课堂教学,正所谓以不变应万变,这应该成为 MTCSOL 培养方案的一个实施策略。

三、小结

就目前对 MTCSOL 的培养来说,本研究主张应采取知识和方法并重的教学理念,即方案中的知识类课程和教学方法、教学技能训练类课程并重,具体课程的教学实施也要知识和方法并重,这样才可能更有利于教学技能的形成。大讲、多讲知识和理论的教学理念不足取,传授知识和理论要考虑实用性问题。大讲、多讲方法和技巧的教学理念也不足取,传授方法和训练教学技能要针对海外汉语教学的实际情况。

知识的传授应尽量全面系统,但应突出汉语汉字基础知识和中华文化知识的教学。不要以为这两方面知识是 MTCSOL 当然都熟知熟悉的,从未来工作的角度看这两方面的知识可能是他们最欠缺的。而不论从事何种类型的汉语教学,不论在何处进行汉语教学,都离不开这两项内容,因此它们当是知识教学的核心。

教学方法和技巧的传授与训练也应尽量全面系统,但应突出基于外语教学基本原理而设定的方法、课堂教学方法、课堂管理

---

① 孙德坤《教师认知研究与教师发展》,《世界汉语教学》2008 年第 3 期。

方法的培训，突出自行设计或选配教材的方法以及教学手段、教学资源有效利用的培训。这些是最基本的教学能力的体现，尤其是在海外进行汉语教学。至于具体的教学方法和技巧，当然可以传授，但不要过多地寄希望于此。一个优秀的教师绝不应仅仅是他人经验和方法的实践者、应用者，而应是教学方法和技巧的探索者、创造者。就 MTCSOL 来讲，可以不高估他们汉语汉字和中国文化方面的知识和素养，但不能低估他们在未来教学实践中创造性运用各种教学方法的潜能潜质。

第二节　汉语国际教育硕士培养模式[①]

当前，很多专家学者针对汉语国际教育专业硕士的培养模式、培养目标、课程设置、学科建设等进行了深入的调查和思考。如盛双霞指出："在统一和规范的标准之下，我们更应关注课程设置的地方性、差异性、开放性和多样性。"[②] 蒋小棣认为："最快、最有效、最经济的方法就是国内大学通过合作办学的形式在海外开展汉语国际教育专业硕士课程,培养境外高水平的汉语教师。"[③] 汉语作为外语教学，是一门涉及语言学、教育学、心理学等跨学

[①] 本节摘自杨薇《汉语国际教育专业硕士培养模式的探索》，《天津师范大学学报》（社会科学版）2013 年第 4 期。

[②] 盛双霞《以需求为导向：关于汉语国际教育专业学科建设的思考》，见北京汉语国际推广中心、北京师范大学汉语文化学院《国际汉语教育人才培养论丛》（第二辑），北京：北京大学出版社，2011 年。

[③] 蒋小棣《汉语国际教育硕士专业课程设置研究》，北京：世界图书出版公司（北京公司），2009 年。

科的综合学科，对各学科的基础知识和综合能力都有较高的要求。在国外从事汉语国际教育工作，就更需要具备跨文化的交际能力、较高的外语和教育管理水平。因此，明确学生、学校和社会需求三者间的关系，探讨适合各方面需要的、多种形式的专业人才培养模式，能帮助我们进一步明晰培养方向，加快课程体系建设，建立起操作性较强的教学和实践体系。

一、汉语国际教育专业硕士的特点和需求分析

人才培养模式，"是指在一定的现代教育理论、教育思想指导下，按照特定的培养目标和人才规格，以相对稳定的教学内容和课程体系、管理制度和评估方式，实施人才教育过程的总和"[1]。它具体包括四层含义：培养目标和规格；实现一定的培养目标和规格的整个教育过程；为实现这一过程的一整套管理和评估制度；与之相匹配的科学的教学方法和手段。

汉语国际教育专业硕士（MTCSOL）的培养目标是：培养具有熟练的汉语作为第二语言教学技能和良好的跨文化交际能力，适应汉语国际推广工作，胜任多种教学任务的高层次、应用型、复合型专门人才。该专业的目标定位是"专业学位"，"是基于职业标准来设定的，这种职业有其独特的知识领域，有严格的入门标准和鲜明的实践性"[2]。所以，"汉语国际教育专业硕士就

---

[1] 朱晟利《论人才培养模式的概念及构成》，《当代教育论坛》2005年第5期。

[2] 翟亚军、王战军《我国专业学位教育主要问题辨识》，《学位与研究生教育》2006年第5期。

是培养能适应海外教学环境的以汉语作为外语的人才,通俗的说法就是培养高层次的教书匠,是一种技能型的培养"①。与学术型硕士的培养目标不同,本专业的特点在于培养与职业需求密切相关的应用能力。《汉语国际教育硕士专业学位设置方案》明确指出,汉语国际教育专业硕士学位是与国际汉语教师职业相衔接的专业学位。课程设置以实际应用为导向,以国际汉语教师的职业需求为目标。

培养目标和课程体系的建设与完善最终以满足社会需求为根本。

对于汉语学习的需求,存在国外学生和国内留学生两大市场;对于学生的需求,则存在着留学生作为本土教师回国任教、中国学生赴国外任教、在国内各级各类教育机构任教等不同的职业前景;无论在国外还是在国内,都存在着从幼儿园到小学、中学、大学、成人教育和各类培训的多层次教学。如果说"应用型"与"学术型"最大的区别在于"技能",那么,第二个关键词就是"国外"。"所有出去的人,面临的第一个问题不是语言教学的问题,而是跨文化交际的问题。"②因为无论是在国外长期或短期教学,都存在与教学对象及教育机构的沟通问题,无法高效、准确地表达,不能与当地教育机构的负责人、同事或学生家长广泛交流,也就很难顺利开展教学工作。

---

① 赵金铭《课程体系与实习体系——汉语国际教育硕士专业学位的两个科学体系》,见北京汉语国际推广中心、北京师范大学汉语文化学院编《国际汉语教育人才培养论丛》(第二辑),北京:北京大学出版社,2011年。

② 许嘉璐《解放思想、交流经验、共探新路——在'国际汉语教育人才培养研讨会'开幕式上的讲话》,见北京汉语国际推广中心、北京师范大学汉语文化学院编《国际汉语教育人才培养论丛》(第一辑),北京:北京大学出版社,2008年。

在北京师范大学2006级37名赴国外实习的学生中,到中小学任教的学生有31人,占总数的66%;另有6人在幼儿园工作[①]。2009年,在中国国家汉语国际推广领导小组办公室(简称"国家汉办")派出的2223名志愿者中,被派往国外中小学工作的人占70%以上[②]。国外汉语学习者层次多,其中又以年龄较低的中小学生为主体。与此同时,国外的汉语教学又具有鲜明的地域性。在泰国、韩国等部分亚洲国家,汉语学习具有相对成熟稳定的群体,对中高级汉语教学的需求不断增加;而在欧美等大部分国家和地区则对初中级汉语教学的需求更加旺盛。面对如此复杂的情况,一方面,要求学校和学生有充分的思想准备;另一方面,也对学生的基本素质、学校的培养模式提出了更高的要求。

学生对学习和职业前景的期待与认同,是实现培养目标的另一个关键因素。杰克·理查德指出:"课程设计的一个基本观点是,好的课程应该建立在学习者的需求分析之上。"[③]研究者针对2012年北京和天津地区两所高校的109名汉语国际教育专业硕士(新生)进行了调查,回收有效问卷105份。统计表明:对外汉语专业占36.2%,外语和汉语言文学专业分别占24.8%和23.8%。新生中26.6%的人愿意毕业后在国外长期工作,有

[①] 许嘉璐《解放思想、交流经验、共探新路——在'国际汉语教育人才培养研讨会'开幕式上的讲话》,见北京汉语国际推广中心、北京师范大学汉语文化学院编《国际汉语教育人才培养论丛》(第一辑),北京:北京大学出版社,2008年。

[②] 赵金铭《课程体系与实习体系——汉语国际教育硕士专业学位的两个科学体系》,见北京汉语国际推广中心、北京师范大学汉语文化学院编《国际汉语教育人才培养论丛》(第二辑),北京:北京大学出版社,2011年。

[③] Richards, Jack C., *Curriculum Development in Language Teaching*, Cambridge: Cambridge University Press, 2001, P51.

37.1%的学生希望有机会在国外短期工作（1—3年）；其中，在某所高校中，有48.7%的新生回答，报考该校的主要原因是"在国外实习、工作的机会多"，表明相当一部分学生把赴国外任教作为比较明确的职业方向。

二、汉语国际教育专业硕士的课程设置与实习体系建设

汉语国际教育专业硕士课程的设置分为核心课程、拓展课程和训练课程三部分。田艳对英国的英语国际教育专业硕士（MTESOL）课程体系和汉语国际教育专业硕士核心课程中主干课程及非主干课程的比例进行分析后认为，汉语国际教育专业硕士没有设置语言学类课程和明确的研究方法类课程；而英语国际教育专业硕士的语言学类课程和研究方法类课程，分别占全部核心课程的18.29%[①]。李晓琪对美国的10所大学和英国的5所大学中的第二语言教学（TESOL）课程进行对比后认为，他们对这类课程的本体性研究的比重都不高，而"教学理论已经成为英语二语教学学科的最主要理论"[②]。李泉在对2007—2009年报考学生的专业背景分析后得出结论："具备不同程度的汉语、汉字和中国文化的考生只占30%左右，约有70%的考生缺乏汉语、汉字和中国文化方面的知识。"[③] 我国国内许多专家学者从不同角度对现

[①] 田艳《基于英国MTESOL课程体系对汉语国际教育硕士课程设置的思考》，《世界汉语教学》2012年第2期。

[②] 李晓琪《英美大学TESOL专业研究生课程设置考察与思考》，见吴应辉主编《汉语国际传播研究》（第1辑），北京：商务印书馆，2011年。

[③] 李泉《汉语国际教育硕士培养目标与教学理念探讨》，《语言文字应用》2009年第3期。

在的课程设置标准进行了研究,焦点主要集中在,是否需要进一步重视汉语言基础知识课程和是否需要增加研究方法类课程的问题上。本次调查结果显示,有68.6%的学生认为,他们目前最欠缺的是学术研究能力,与之直接相关的是研究方法类课程的不足。

赵金铭认为,课程体系和实习体系是汉语国际教育专业硕士学位的两个科学体系,"教学实习与实践应该是一个有指导、有计划、有步骤的逐渐熟悉课堂教学的过程"[①]。国外教学实习基地的建设是实现这种教学实践体系的根本保证。在北京师范大学2007级的40名中国学生中,有25人赴国外实习,约占总数的60%[②];在中山大学2007级的15名中国学生中,有5人到国外实习,占总数的33%[③];2011年,在天津师范大学的37名中国籍汉语国际教育专业硕士毕业生中,赴国外实习的有23人,比例为62%。所以,除"国家汉办"的志愿者项目外,培养院校必须通过友好学校、交换学生等多种渠道建立起长期、稳定的实习基地,为学生提供在国外教学实践的机会。

三、中外合作培养模式的可行性

中外合作办学是我国高等教育国际化发展的重要举措之一。

---

① 赵金铭《课程体系与实习体系——汉语国际教育硕士专业学位的两个科学体系》,见北京汉语国际推广中心、北京师范大学汉语文化学院编《国际汉语教育人才培养论丛》(第二辑),北京:北京大学出版社,2011年。

② 许嘉璐《解放思想、交流经验、共探新路——在'国际汉语教育人才培养研讨会'开幕式上的讲话》,见北京汉语国际推广中心、北京师范大学汉语文化学院编《国际汉语教育人才培养论丛》(第一辑),北京:北京大学出版社,2008年。

③ 同②。

截止到 2010 年 7 月，经教育部审核批准的研究生层次的中外合作办学项目已达 129 个，其中，大多数采取联合培养的模式，即中外教师分别承担部分课程，共同指导学位论文。中外合作办学培养模式在引进国外先进的教育理念、教学方法和前沿研究成果等方面已取得丰硕成果。鉴于汉语国际教育专业硕士的需求和目标主要在国外，突出专业特色的实践基地也在国外，因此，与国外高校联合培养国际汉语教师无疑是比较理想的选择。

（一）熟悉部分国外课程，适应当地教育特点

美国、加拿大、澳大利亚等很多国家的小学实行全科教育，要求教师同时能够承担语文、数学、科学等多种课程的教学。即使是汉语教学本身也需要更多地了解儿童心理和学习特点；而我们现有的课程体系不可能面面俱到地提供适合所有地区、所有层次的教学内容。所以，要适应在未来教学中常用的任务式、沉浸式等教学方法，在国外的学习或实习经历是帮助其迅速提高其外语水平和跨文化交际能力的最好途径。

（二）建立长期稳定的实习基地

中外合作办学模式能够帮助学校在国外建立长期、稳固的实习基地，解除学生实习的后顾之忧，同时，也能更加全面和深入地了解当地教师资格的准入制度及相关政策，解决学生在实习和工作中可能遇到的签证、居留等实际问题。如果可以通过修读课程或实习的方式取得当地的教师资格证，则可以解决学生毕业后在当地就业的资格准入问题。

（三）加快培养国外本土教师来华攻读汉语国际教育专业硕士的留学生

进一步加快国外本土教师的培养，是汉语国际推广中一项非

常重要的任务，也是培养国外汉语教师回国就业的有效途径。这些留学生在中国经过系统的汉语学习，他们回国后可凭借其语言和文化熏陶的优势，在国内应聘汉语教师职位。所以，汉语国际教育专业硕士的生源，不仅要面向国内学生，更应该努力招收当地的本土学生和在职教师。

（四）突出办学特色

现有的培养方案对国际汉语教师应具备的知识、能力和素质做了比较全面的要求，具有较强的针对性。但还存在课程设置高度统一、缺乏特色等问题。合作办学有利于针对性地开设特色课程，以适应国外的实际教学需求。

（五）拓展学生视野，增加就业优势

我们的培养目标是面向国外的汉语教师，这些学生大多愿意到国外任教，但由于国外存在严格的工作准入制度，因此，并不能保证所有的学生都能够到国外工作，大多数学生还是要在国内就业。本次调查显示，仅有27.6%的学生希望在国内长期从事汉语教学工作，而绝大多数学生（87.6%）希望能获得在国外教学的机会。

四、中外合作培养模式的探索和需要解决的问题

（一）中外合作办学的关键是与国外合作院校的课程对接

以英国12所大学的英语国际教育专业硕士课程为例，涉及第二语言教学及习得理论类的课程占15.86%；我国在这方面的比例为20%[1]。在这两类课程中，如第二语言习得、应用语言学

---

[1] 田艳《基于英国MTESOL课程体系对汉语国际教育硕士课程设置的思考》，《世界汉语教学》2012年第2期。

研究方法、语言教学方法、语言教学测试与评估的基本理论，完全有可能实现国内外高校间教学大纲和教学内容的对接和互补。通过与国外第二语言教学课程的合作，在国内和国外的合作院校中分别学习核心课程，实现部分学分互认；在实践环节，学生可以通过国外合作校的协助在当地中小学进行实习，实现课程和实习两个体系的完整结合。在泰国等汉语教学基础较好的东南亚国家，同样可以采取合作培养的方式，主要面向当地的本土学员，学生在中国完成核心专业课程后回国实习，由双方教师共同指导完成论文，再专门学习必修的当地教师资格证课程，毕业后可直接在当地的大、中、小学从事汉语教学，解决教师资格准入的问题。

（二）要充分考虑到外语学习的重要性，尽快提高学生的外语水平

如果缺乏汉语本体知识，则无法做一名合格的汉语教师；同理，如果不精通英语或者当地通用语言，在国外的生活则受到很大限制。大部分欧美院校对硕士研究生的入学语言水平有比较严格的规定，学生若在短期内达不到基本入学条件就无法参加正常的专业课程学习，这对于合作办学也是一个较大的挑战。本次调查显示，有56.2%的新生计划参加托福或雅思等英语水平考试，说明学生对提高外语水平具有比较明确的目标和迫切的需求。

（三）建立质量管理和评估体系，加强对国内外相关政策的研究

因为中外教育管理制度的差异，在学期、学时、教学方法、教学规模、评价方法和标准等方面都存在显著差异，需要中外合作双方经过不断磨合与调整才能达到默契。同时，需要加强对外国相关政策和法规的研究，从学生的切身利益出发，特别是对学

位认可、资格准入、国外工作合法居留等细节问题，都必须了解清楚，以为学生赴国外工作创造条件。

五、结语

通过中外合作培养汉语国际教育专业硕士的方式，有利于学生深入了解国外的社会文化，使中国的学生毕业后能够迅速适应国外的工作环境，同时，也可为国外实习基地的建设打下良好基础，加快本土化教师的培养进程，更好地实现"高层次、应用型、复合型"人才的培养目标。所以，我们应在充分了解学生和社会需求的基础上，积极探索中外合作培养的新模式，充分借鉴和吸收国外在第二语言教学方面的先进经验，与我国现有的汉语国际教育专业硕士课程体系形成优势互补。这样，才能够进一步优化培养结构，提高培养效率，提升就业竞争力。

第三节　汉语国际教育硕士课程设置的思考[①]

在国际汉语教学迅速发展的时期，为了满足全球对国际汉语教学师资日益增长的需要，国家教育部于 2007 年 1 月推出了注重培养实践教学能力、面向海外汉语教学的专业硕士学位——

---

① 本节摘自田艳《基于英国 MTESOL 课程体系对汉语国际教育硕士课程设置的思考》，《世界汉语教学》2012 年第 2 期。

汉语国际教育硕士专业学位，即面向非母语学习者的汉语国际教育硕士专业（Master of Teaching Chinese to Speakers of Other Languages，英文缩写为MTCSOL）。汉语国际教育硕士专业以培养适应汉语国际推广新形势需要的高层次、应用型、复合型的汉语教学专门人才为目标。汉语国际教育硕士专业推出几年来，全国已有82所高校得到教育部授权招收学生。

课程设置直接影响研究生知识面的广度、深度和研究能力的高低以及能否顺利实现培养目标的要求，而我国目前研究生教育阶段普遍存在着课程设置"'统一化'倾向突出、课程体系'科学化'程度不够"等问题[1]。就汉语国际教育硕士课程设置而言，存在着课程视野相对狭窄，课程过于具体[2]，以及未能给不同需求的学生提供充分的选择机会，不能适应学习者个体的发展需求等诸多问题。

相比于新兴的汉语国际教育硕士专业，面向非母语学习者的英语国际教育硕士（Master of Teaching English to Speakers of Other Languages，英文缩写为MTESOL）创建的历史则较早，目前已经发展得颇为成熟。开设英语国际教育硕士专业最早的国家为英国，英国早在20世纪50年代就设置了英语国际教育硕士专业，目前英国开设英语国际教育硕士及其相关专业的高等院校已有五十余所[3]。目前国际汉语教学界专门研究国外英语国际教育

---

[1] 罗尧成《我国研究生教育课程体系存在的主要问题分析》，《学位与研究生教育》2006年第6期。

[2] 丁安琪《关于汉语国际教育硕士专业课程设置的思考》，《国际汉语教育》2009年第2期。

[3] 信息来源：www.matesol.info 以及 www.studyin-uk.com。

硕士课程设置的文献仅见两篇（李晓琪、黄立，2001；李晓琪，2011）。李晓琪和黄立（2001）[①]针对美国的英语国际教育硕士课程进行了介绍和分析，随后李晓琪（2011）[②]开始将国外英语国际教育硕士课程的研究视野延伸到英国，对英国英语国际教育硕士常规课程的设置情况进行了一定的介绍。不过专门针对英国英语国际教育硕士专业课程进行深入探讨的文章尚未见到。

英国英语国际教育硕士专业和中国汉语国际教育硕士专业均为面向非母语学习者的第二语言教学，而英国英语国际教育硕士专业起步早并形成了自身的特色，因此值得对其进行全方位的分析和研究。本研究对英国 12 所开设英语国际教育硕士专业且具有较大影响力的高校[③]进行了调查与分析，在此基础上对汉语国际教育硕士的课程设置进行思考并提出建议。为避免表述上的繁复，下文的英语国际教育硕士专业专指英国的情况，汉语国际教育硕士专业专指中国的情况。

本研究最主要的数据是从 12 所英国高校的官方网站（2010/2011 学年）上获得的，也有一些来自研究者在英国进修英语国际教育硕士课程期间对当地英语国际教育硕士课程设置进

[①] 李晓琪、黄立《美国 TESOL 专业硕士学位课程结构考察及思考》，见中国对外汉语教学学会秘书处、《语言文字应用》编辑部编《语言教育问题研究论文集（2007）》，北京：华语教学出版社，2001 年。

[②] 李晓琪《英美大学 TESOL 专业研究生课程设置考察与思考》，见吴应辉主编《汉语国际传播研究》（第 1 辑），北京：商务印书馆，2011 年。

[③] 英国英语国际教育硕士专业目前没有排名，本研究所选取的这 12 所学校的英语国际教育硕士专业均有良好的传统和历史，并在英国最具影响力的《泰晤士报》（*The Times*）2009 年和 2010 年发布的大学综合排名及专业排名（教育学、语言学等专业）中均进入过前 25 名，因此可以说基本代表了现阶段英国英语国际教育硕士专业的水平和特色。

行的实地考察。

一、英语与汉语国际教育硕士课程设置的总体情况

（一）英语国际教育硕士课程设置情况

英国的英语国际教育硕士课程可以分为常规课程和特设项目两大类。顾名思义，常规课程也就是通常意义上的正规课程，而特设项目即是在常规课程之外开设的一些具有鲜明特色的项目。本研究将分别对二者进行探讨。

英语国际教育硕士常规课程的学制分为两种：全职学习和非全职学习。作为主流的全职学习（full-time）是12个月，而非全职学习（part-time）为24个月。本研究对常规课程的研究主要是针对全职学习这一类型。

英语国际教育硕士的常规课程分为两大模块：核心课程（Core modules 或 Compulsory modules）和选修课程（Optional modules 或 Recommended modules）。

（二）汉语国际教育硕士课程设置情况

汉语国际教育硕士并未普遍开设类似于英语国际教育硕士课程中的特设项目，只设有类似于常规课程的课程。

全国汉语国际教育硕士专业学位教育指导委员会2009年制订的《全日制汉语国际教育硕士专业学位研究生指导性培养方案》（以下简称《培养方案》）[①]将汉语国际教育硕士常规课程分为三个模块，即核心课程、拓展课程和训练课程。该《培养方案》

---

① 本节有关汉语国际教育硕士专业的课程数据均依据该《培养方案》。

制订的课程标准具体见表1：

表1 汉语国际教育硕士专业课程设置

课程类别	汉语国际教育硕士专业课程
核心课程	汉语作为第二语言教学、第二语言习得、国外汉语课堂教学案例、中华文化与传播、跨文化交际
拓展课程	汉语语言要素教学、偏误分析、汉外语言对比、课程设计、现代语言教育技术、汉语教材与教学资源、中国思想史、国别与地域文化、中外文化交流专题、礼仪与国际关系、外语教育心理学、国外中小学教育专题、教学设计与管理、国际汉语推广专题
训练课程	教学调查与分析、课堂观察与实践、教学测试与评估、中华文化才艺与展示

（三）英语和汉语国际教育硕士专业课程设置结构对比

英语和汉语国际教育硕士课程设置的总体结构如图1所示：

英语国际教育硕士课程 { 常规课程 { 核心课程 / 选修课程 }，特设项目 }　　汉语国际教育硕士课程 { 核心课程、拓展课程、训练课程 }

图1 英语和汉语国际教育硕士课程设置的总体结构

由图1可以看出，英语国际教育硕士课程分为两大类，其中特设项目成为一大特色。另外，英语国际教育硕士专业没有设置训练课程，因为在招生时，基本上都要求考生具有一年以上的教学经验，同时普遍设有课堂观察和教学实习等环节。

汉语国际教育硕士课程未设特设项目，其常规课程分为三个模块，其中之一为训练课程，本研究认为这是因为汉语国际教育硕士的生源以应届毕业生为主，因此"普遍缺乏相应的教学经验"[①];另外,毕业生主要面向海外非目的语环境进行教学工作,所以教学实践能力的培养就显得更加重要。

二、英语国际教育硕士常规课程的基本情况

目前英国各高校对于英语国际教育硕士课程设置具有较大的自主权,因而各校在课程设置方面存在着一定差异。研究者对英国12所开设英语国际教育硕士专业高校的常规课程数量进行了统计,结果见表2。

表2 英国12所高校英语国际教育硕士常规课程的设置情况[②]

高校	核心课程	选修课程	高校	核心课程	选修课程
1.Bath 大学	3门	2门	2.Birmingham 大学	5门	从6门课中选修1门
3.Edinburgh 大学	4门	从9门课中选修3门	4.Exeter 大学	4门	从11门课中选修3—4门
5.Lancaster 大学	3门	从8门课中选修2—4门	6.Leeds 大学	4门	从16门必选课中选修1—3门;从25门自由选择课中选修2门
7.Leicester 大学	3门	从7门必选课中选修2—4门;另外设有自选课,可随意选修	8.Liverpool 大学	3门	从6门课中选修2—4门

---

① 李泉《汉语国际教育硕士培养目标与教学理念探讨》,《语言文字应用》2009年第3期。

② 本节各表中有关英语国际教育硕士课程的数据均来自相关大学的官方网站。由于英国设置英语国际教育硕士专业的学校在课程设置上具有一定的自主权,因此在大原则不变的情况下,课程会有细微的调整。本研究依照2010—2011学年的课程设置进行统计。

（续表）

高校	核心课程	选修课程	高校	核心课程	选修课程
9.London大学教育学院	2门	从11门课程中选修2门	10.Newcastle大学	2门	从本专业的15门课程和其他专业的16门课程中选修4—5门
11.Sheffield大学	4门	从12门课程中选修4门	12.York大学	4门	从21门课程中选修3门

根据表2的数据，英国12所高校开设的核心课程平均为3.4门，各校提供的选修课平均为13.8门，学生必须从中选择的课程平均为3门。本研究将英国12所高校英语国际教育硕士常规课程的平均数与汉语国际教育硕士常规课程（即核心课程和拓展课程）的平均课程数进行了对比，结果见表3。

表3 英国12所高校英语国际教育硕士和汉语国际教育硕士常规课程的平均数

英语国际教育硕士		汉语国际教育硕士	
核心课程	选修课程	核心课程	拓展课程
3.4门	3门，从13.8门课程中选择	5门	14门

从上表可以看出：（1）英语和汉语国际教育硕士在核心课程的数量方面略有差异（3.4∶5），但不构成显著差异。（2）赵金铭（2011）[1]将汉语国际教育硕士专业的拓展课程的性

---

[1] 赵金铭《课程体系与实习体系——汉语国际教育硕士专业学位的两个科学体系》，见北京汉语国际推广中心、北京师范大学汉语文化学院编《国际汉语教育人才培养论丛》（第二辑），北京：北京大学出版社，2011年。

质定为选修课性质,从选修课来看,二者的可选数量和所选数量上差异很大。英语国际教育硕士专业要求学生选修的课程明显少于汉语国际教育硕士选修的课程(3∶14),不过英语国际教育硕士提供可选择选修课的范围很广,学生根据自身需求从13.8门课中选择3门,应选课程和学校所提供课程的比例高达1∶4.6,因此更具可选择性和针对性。而汉语国际教育硕士的"拓展课程"虽有选修课之名,但是在实际的教学中,学生几乎没有什么选择余地。因此,生源专业背景多元化的汉语国际教育硕士可以在今后的发展中考虑适当扩大选修课的可选择性,从而真正拓展学生的知识背景,增加其学科知识的广度。

三、英语国际教育硕士常规课程的内容分析

如果说课程设置是骨架,那么课程内容则是血肉。对英语国际教育硕士常规课程的内容进行观察与分析,可以使读者更为清晰地了解其特性。

(一)英语国际教育硕士常规课程中的核心课程

英国12所学校常规课程中核心课程的内容见表4:

表4 英国12所高校英语国际教育硕士核心课程一览表

大学名称	核心课数量	具体课程名称
Bath 大学	3门	第二语言习得、语言教学法及课程论、教育研究方法
Birmingham 大学	5门	语言、话语及社会,第二语言学习,交际语言教学、课程设计及作业,学校观察、评价及监督,教育领域的职业咨询

（续表）

大学名称	核心课数量	具体课程名称
Edinburgh 大学	4门	语言与学习者、TESOL 教学法、语言教学课程、研究方法
Exeter 大学	4门	语言学习原则、TESOL 教学实践知识（以上二选一）、TESOL 语言意识、研究方法导论、论文写作
Lancaster 大学	3门	第二语言习得、语言教学方法与主要问题、语言学与英语教学研究方法
Leeds 大学	4门	TESOL 教与学、反思性研究、TESOL 语言调查、TESOL 研究方法
Leicester 大学	3门	第二语言习得、语言教学方法与主要问题、语言学与英语教学研究方法
Liverpool 大学	3门	从以下6门课中选择3门：话语分析导论、课堂观察、实用课堂技巧、心理学与语言学习、课程及教材设计的原则、研究技巧
London 大学教育学院	2门	语言教学与 TESOL 教学的核心问题、研究方法和设计
Newcastle 大学	2门	第二语言习得的核心问题、TESOL 导论
Sheffield 大学	4门	语言与语言学导论、英语语法及话语、第二语言习得导论、语言教学法
York 大学	4门	英语语言学、TESOL 教学法、应用语言学的研究方法、学术研讨与汇报

李晓琪、黄立（2001）[①]在研究美国英语国际教育硕士核心课程时提出了"3+1"模式。"3"为主干课，即"语言学类课程"

---

① 李晓琪、黄立《美国 TESOL 专业硕士学位课程结构考察及思考》，见中国对外汉语教学学会秘书处、《语言文字应用》编辑部编《语言教育问题研究论文集（2000）》，北京：华语教学出版社，2001年。

（普通语言学和英语语言学）、"第二语言教学及习得理论类课程"和"（英语或汉语）语言教学理论与实践类课程"，"1"为以研究方法、教育和文化为主的"非主干课程"。本研究采纳这两位学者的"3+1"模式，不过也适当借鉴认知心理学和语义学上的"原型理论"[①]，即摆脱传统逻辑学上的"满足充要条件"的范畴归类方式，而采用以连续渐进和相似性为基础的"原型分类法"。比如，尽管第二语言习得的核心问题、语言与学习者以及心理学与语言学习三门课程的内容不尽相同，但都归为第二语言教学及习得理论一类，因为三者在不同程度上符合这一类课程的主导思想。

一些学校规定学生在2门课中必修1门，故在统计时，该课程计为0.5门。另外，研究方法类课程的计算方法是，0.5门计入非主干类课程（研究方法类），另外的0.5门计入所研究的学科的大类中。如应用语言学的研究方法课程，0.5节计入非主干类课程研究方法类，0.5门计入语言学类课程。

据此，本研究将英国12所高校核心课程统一计算，结果核心课程中三类主干课的比例依次为：18.29%、15.86%、35.37%。而非主干课占到30.48%，其中一半以上的课是研究方法类课程。汉语国际教育硕士的核心课程也依此方法计算。汉语国际教育硕士的核心课程有5门（参见表1核心课程栏），其中主干课3门，分别是第二语言习得（属于第二语言教学及习得理论类课程）、

[①] Rosch, E., *Principles of Categorization*. In Eleanor Rosch & Lloyd Barbara (eds.), *Cognition and Categorization*, Hillsdale: Lawrence Erlbaum, Associates, 1978. Lakoff, G., *Women, Fire and Dangerous Things: What Categories Reveal about the Mind*. Chicago: Chicago University Press, 1987.

汉语作为第二语言教学和国外汉语课堂教学案例（属于语言教学理论与实践类课程），另外2门非主干类课程分别为中华文化与传播和跨文化交际。具体数据见表5：

表5　英语和汉语国际教育硕士核心课程的比较

	主干类课程			非主干类课程	合计
	语言学类课程	第二语言教学及习得理论类课程	语言教学理论与实践类课程		
英语国际教育硕士	18.29%	15.86%	35.37%	30.48%（其中研究方法类课程比例最大，占全部核心课程的18.29%）	100%
汉语国际教育硕士	0%	20%	40%	40%（均为跨文化、文化类课程）	100%

由表4和表5可以看出，英语和汉语国际教育硕士的相同之处在于：二者核心课程中比例最高的都是语言教学理论与实践类课程，分别为35.37%和40%，这反映出二者对应用理论类课程的重视。另外有关学科基础理论类课程——第二语言教学及习得理论类课程的比例，二者也比较接近，分别为15.86%和20%。

二者的不同之处在于：（1）汉语国际教育硕士核心课程并没有设置语言学类课程，而此类课程在英语国际教育硕士专业中的比例则占到了18.29%，这反映出两个学科对语言学基础理论的重视程度有很大的不同；（2）在非主干类课程中，英语国际教育硕士专业的研究方法类课程比重较大，占全部课程的18.29%；

而汉语国际教育硕士专业非主干类课程中则没有设置研究方法类课程，均为文化和跨文化类课程，且占全部课程的40%。

值得一提的是，在汉语国际教育硕士课程设置中，训练课程中有三门课程（课堂观察与实践、教学测试与评估和教学调查与分析）虽然针对的主要是教学活动本身的方法，并不是专门传授研究方法的课程；但具有一定的训练学生研究方法的性质，当归属于研究方法类课程。

之所以会有这样显著的区别，我们认为这首先与培养目标有着很大的关系。汉语国际教育硕士专业将培养"应用型"人才作为培养目标之一，因此语言学类课程和研究方法类课程让位于了一些实用性强的课程。但培养应用型人才是否就应忽视理论和知识教学，这是值得探讨的问题。汉语国际教育硕士专业还有一个非常重要的培养目标，即学习者要"具有较高的中华文化素养和跨文化交际能力"，体现在课程设置中就是文化类课程在核心课程中处在仅次于"汉语教学理论与实践类"课程的重要位置。当然，二者文化类课程数量的差异还与学习者的文化身份有关。英语国际教育硕士专业的学习者中有很多来自非英语国家，毕业后一般回国开展教学工作，因此不存在文化适应的问题；而汉语国际教育硕士专业的学习者要面向海外非目的语环境进行汉语教学，因此文化类课程自然比重较高。

另外，如上文所述，《培养方案》将训练课程中的三门具有研究方法类性质的课程划到了训练课程板块中，说明汉语国际教育硕士专业比较重视教学实践能力的培养。但从另一个方面也说明，在汉语国际教育硕士专业课程的设置中，对研究方法类课程的认识不够明确，对研究方法的自觉意识还有所欠缺，这在一定程度上会影响到这类课程的系统性和教学效果。

（二）英语国际教育硕士常规课程中的选修课程

参照上文的分类方法，英国12所高校英语国际教育硕士选修课程中主干类同样分为三类，非主干课则可以细分为七类，各类课程的具体分布情况见表6。

表6 英国12所高校英语国际教育硕士选修课程中各类课程分布情况表

课程大类	课程类别	百分比	
主干课	语言教学理论与实践类课程	32.53%	48.9%
	语言学类课程	11.90%	
	第二语言教学及习得理论类课程	4.47%	
非主干课	教育学类课程	9.52%	51.1%
	国际视野类课程	7.93%	
	现代教育技术类课程	7.14%	
	教师发展类课程	5.56%	
	TESOL经营管理类课程	4.76%	
	文化类课程	4.76%	
	其他课程	11.43%	

选修课程中，三大类主干课占选修课程的48.9%，各类课程的比例分别为：语言教学理论与实践类课程为32.53%，语言学类课程和第二语言教学及习得理论类课程分别为11.90%和4.47%，这一顺序与核心课程中主干课的顺序是一致的。其中，语言教学理论与实践类课程比重依然很高，这体现了英语国际教育硕士专业对这类课程的一贯重视。另外，语言学类课程的比例也不低。

选修课程中，非主干类课程占全部选修课程的51.1%。其中，比重最高的几大类课程分别为教育学（9.52%）、国际视野（7.93%）、现代教育技术（7.14%）、教师发展（5.56%）、TESOL 经营管理（4.76%）、文化类（4.76%）。与主干课相比，非主干类课程体现出了英语国际教育硕士选修课的特色，有必要加以进一步说明：

1. 教育类课程比例较大。相当多英国学校的英语国际教育硕士专业开设在教育学院，因此英语国际教育硕士专业常被置于教育学的视野内，且课程比例较大，如特殊教育需求（Special Educational Needs）、公民教育（Citizenship Education）。

2. 国际视野类课程特色鲜明。这类课程是以国际化和多元文化的视野来理解英语教学，如多元语境下的英语（English in Diverse World Contexts）、世界上的英语：与作为世界语的英语相关的全球及跨文化问题（English in the World: Global and Cross Cultural Issues Surrounding English as a 'Lingua Franca'），语言教育的国际视角（International Perspectives on Language Education）、教育机会和获得中的不平等：国际视角（Inequalities in Educational Opportunity and Attainment International Perspectives）、多语课堂（The Multilingual Classroom）。

3. 教师发展和培训的课程很有特色。如 TESOL 教师发展（TESOL Teacher Development）、支持语言教师学习的实践（The Practice of Supporting Language Teacher Learning）。

4. 经营管理类课程引人注意。如 TESOL 经营管理（TESOL Management）、领导力及策略管理（Leadership and Strategic Management）等。因此在招生时，不少院校不只是面向一线教师，也面向教务管理等非教学类人员。

5.文化类及跨文化类的课程被安排在了选修课程中,且比例较小。在所调查的12所高校中,有4所开设了跨文化类课程,如文化、跨文化主义与认同(Culture, Interculturality and Identity)、语言和跨文化交际(Language and Cross Cultural Communication)。

6.多学科交叉融合的特点在选修课程中尤为突出。如教育与社会公平(Education and Social Justice)、双语教育和咨询(Bilingualism and Bilingual Education and Counseling)、语言、文化与认同(Language, Culture and Identity)。

可见,英国英语国际教育硕士专业的选修课程在广度、深度等方面发展得较为完善,打破了以往各门学科之间严格的界限,把学生所掌握的知识当作一个整体来看待,因而呈现出多学科"综合化、交叉化的特点"[①]。

英国高等教育一向注重人的综合发展、学习者个性化需求以及今后职业生涯的发展[②],英国英语国际教育硕士专业秉承了这一特点,将"人的发展"纳入了课程设置的考虑范畴中,鼓励学生从以学科为基础的学习向跨学科、跨课程的学习转化。

英语国际教育硕士选修课程中非主干课与汉语国际教育硕士拓展课程非主干课具有相同的性质,即帮助学生能够在广泛掌握学科知识的基础上,对特定的领域进行更深入的了解。因此英语国际教育硕士选修课程中非主干课的设置对汉语国际教育课程拓展课程中非主干课具有良好的启发意义。

[①] 陈勇、钱旅扬《对英国研究生教育改革与发展的思考和借鉴》,《南京医科大学学报》(社会科学版)2008年第2期。

[②] 宋春燕、郑文《20世纪90年代以来英国大学教学改革初探》,《现代教育论丛》2004年第3期。

四、英语国际教育硕士专业的特设项目

除了常规课程,一些英语国际教育硕士专业学科基础较为稳固的院校还开设了特设项目。在国内以往的相关研究中,并未对英语国际教育硕士特设项目给予关注。本研究认为,特设项目作为英语国际教育硕士常规课程的补充,是英国英语国际教育硕士总体课程结构中不可或缺的一部分,特别是在如今中国汉语国际教育硕士特设项目并未普遍开展的情况下,英国英语国际教育硕士特设项目作为潜在的启发与借鉴更应予以重视。在调查的12所高校中,8所开设了特设项目。目前主要有:

(一)远程教育项目(MTESOL by Distance)。该项目借助互联网进行,是针对教学经验丰富却又无法脱身学习的本土教师而开设的。开设高校有 Lancaster 大学、London 大学教育学院、Birmingham 大学等。

(二)异地培训项目。Lancaster 大学与香港中文大学联合办学,在香港培养英语国际教育硕士。项目期限为两年,对课程及毕业论文的要求与 Lancaster 大学一致,不过均针对香港的本土教学情况做了调整。每年所有课程集中在两个月内讲授,其中密集面授期为10天,毕业论文也有面授辅导。

(三)暑期密集强化项目。Exeter 大学暑期密集强化项目期限为3年,每年强化一个月左右,对课程及论文要求与对修读常规课程学习者的要求差别不大。该项目根据修读学分的数量和是否完成毕业论文区分出研究生资格(Postgraduate Certificate)、研究生文凭(Postgraduate Diploma)及硕士学位(Master Degree)三个等级。

（四）信息和通讯技术项目（MTESOL and ICT；Information and Communications Technology，ICT）。该类项目将英语国际教育硕士专业与信息、通讯技术结合起来，以期在英语教学领域推广信息与通讯技术，为教学机构运用信息与通讯技术提供人才。该项目要求学习者具有 2 年相关经验和基础的信息与通讯技术技能。

（五）少儿英语学习项目（MTESOL for Young Learners）。该项目旨在帮助学习者系统了解青少年习得英语的规律和特点。开设大学有 Newcastle、Leeds、Birmingham、York 等。

（六）教师发展研究项目（MTESOL Teacher Education）。该项目帮助学习者深入了解英语国际教育领域的教师需求、教师培训、教师学习过程以及教师发展的途径等。开设这类项目的有 Leeds 大学等。

（七）将英语国际教育硕士项目与其他项目或专业结合起来，设立教育 MTESOL 项目（MEd TESOL program）。Exeter 大学的学生在英语国际教育硕士常规课程的基础上，再修读创意艺术（Creative Arts）和特殊教育需求（Special Educational Needs）两门课，就可以获得教育硕士学位（Generic Masters in Education）。

英国重视基于工作的课程学习（work-based），根据用人单位和学习者的特点对课程进行有针对性的调整[①]。另外，在 100 多年的海外办学实践中，逐步形成了完备的海外办学和异地办学

---

① 宋春燕、郑文《20 世纪 90 年代以来英国大学教学改革初探》，《现代教育论丛》2004 年第 3 期。

模式。20世纪90年代以来,英国又借助远程技术,加快了高等教育市场化的步伐,鼓励大学到海外输出高等教育,异地办学、远程教育等特设项目即为上述教育理念的产物。另外,青少年学习者项目和教师发展项目也体现了英语国际教育硕士专业对教学对象层次化的关注及对教师自身的可持续性发展的重视。总之,"特设项目"的开发,拓展了英国英语国际教育硕士专业发展的空间,体现了其学科发展的成熟性。

五、英语国际教育硕士课程设置对汉语国际教育硕士课程设置的启发

可以看出,英国英语国际教育硕士课程设置在结构方面呈现出立体化的特点,在课程内容方面呈现出纵深化发展的态势。从英国英语国际教育硕士的课程设置可以看出其师资实力和教育的整体水平,也可以看出英国的大学十分重视学生综合人文能力的培养。汉语国际教育硕士可以在如下几个方面对英国英语国际教育硕士专业加以借鉴:

(一)重视特设项目的开发

目前汉语国际教育硕士在特设项目的设置与开发方面尚处于起步阶段,因此可以在办学形式上多样化,效法英国英语国际教育硕士异地授课的经验,开发网络办学、异地办学、暑期强化等办学模式,以适应海外急需汉语教学人才的紧迫形势以及教育国际化发展的新形势。与外派汉语教师相比,世界各国有数量庞大的华人华侨,他们是国际汉语推广的主力军和推动者。因此"最快、最有效、最经济的方法就是国内大学通过合作办学的形式在海外

开设汉语国际教育硕士课程,培养境外高水平的汉语教师"[①]。另外,对于青少年汉语教育、教师发展等项目,汉语国际教育硕士专业也可以积极进行尝试。相信随着学科的不断发展和完善,汉语国际教育硕士特设项目的开发及推广会逐步完善起来的。

(二)扩大课程的选择范围,注重知识的交叉性和渗透性

如前所述,英国英语国际教育硕士课程所涵盖的范围很广,包括人文学科等多个领域所需的专业知识。反思汉语国际教育硕士的课程设置,因为学科创办时间及师资储备等诸多方面的因素,目前所提供的课程视野相对狭窄,这会使得学生人文类知识缺乏,整体知识不够全面。因此,我们可以借鉴英国英语国际教育硕士课程设置的方式,重视课程宽厚的基础,处理好宽度和深度的关系;同时,可以尝试突破传统课程设置的思维定式,比如"突破单个院系、单个学科的限制,体现出各个培养单位的学科综合优势"[②],从而实现学科知识的交叉,使专业硕士的知识结构和能力结构更能体现"复合型"人才的培养目标。

(三)注重学习者的个性化差异,增加学生选择的灵活性

要想设计一个科学、合理的课程,必须了解学生的实际情况,注重个体差异[③],而满足个性化需求也是当今英国研究生教育的

[①] 蒋小棣《汉语国际教育硕士专业课程设置研究》,北京:世界图书出版公司,2009年。

[②] 吴成年《汉语国际教育专业硕士的课程设置研究》,见北京汉语国际推广中心、北京师范大学汉语文化学院编《国际汉语教育人才培养论丛》(第二辑),北京:北京大学出版社,2011年。

[③] Wiggins, G. & J. McTighe, *Understanding by Design*. Alexandria, VA: Association for Supervision and Curriculum Development, 1998.

最大特征①。因此,英国英语国际教育硕士十分重视学习者的个体差异。汉语国际教育硕士在学生专业背景、知识结构、未来的职业发展等方面都存在诸多差异②,因此这些差异需要在课程设置中予以充分体现,体现出对"人的发展"的重视,而"不应仅仅关注学习者相对短期的海外汉语教学的需求"③。因此应适当降低共同要求,提高课程的可选择性,从而使得课程设置更具个性化。

(四)适当考虑增加一些课程

汉语国际教育硕士可以适当借鉴英国英语国际教育硕士的课程内容,考虑增加三类课程的数量或比重。

1. 研究方法类课程

在表 5 中可以看出,英语国际教育硕士非常注重研究方法类课程(占全部核心课程的 18.29%)。相比之下,"科研方法类课程在我国研究生教育中一直没有受到重视,学生缺少治学能力和获取知识能力的课程和环节"④。在当今知识日益更新的情况下,研究生阶段的教育不能只关注知识的传授,而应把方法的传授和

---

① 毕研韬、刘孟臣《个性化的英国研究生教育》,《学位与研究生教育》2003 年第 3 期。

② 丁崇明《汉语国际教育硕士专业学位研究生课程设置的思考》,见北京汉语国际推广中心、北京师范大学汉语文化学院编《国际汉语教育人才培养论丛》(第一辑),北京:北京大学出版社,2008 年。张和生《汉语国际教育硕士培养的回顾与展望》,见《第九届国际汉语教学研讨会论文选》编辑委员会编《第九届国际汉语教学研讨会论文选》,北京:高等教育出版社,2010 年。

③ 盛双霞《以需求为导向:关于汉语国际教育专业学科建设的思考》,见北京汉语国际推广中心、北京师范大学汉语文化学院编《国际汉语教育人才培养论丛》(第二辑),北京:北京大学出版社,2011 年。

④ 权京超《硕士研究生课程设置存在问题与改革建议》,《河北广播电视大学学报》2007 年第 3 期。

能力素质的培养也视为教育的重点,"给学生提供观察问题的不同视角,提供解决问题的方法,让学生提高学习的能力以及自我发展的能力"①。因此,结合前文观点,汉语国际教育硕士课程可以进一步突出或整合现有的研究方法类课程,并适当加强方法论的指导,开设一些诸如语言学与语言教学研究方法类的课程。

2. 语言学类课程

值得注意的是,英国英语国际教育硕士语言学类课程在核心课和选修课中的比重都不小(分别占 18.29%、11.90%),李晓琪(2011)②对美国英语国际教育硕士课程的考察也发现,其语言学类课程占到了 20.17%。而在汉语国际教育硕士专业 2009 年培养方案中的核心课程没有设置单独的语言学理论课,在 14 门选修课中也只设置了一门汉外语言对比课(占 7.14%,见表 1),在实际的教学中,很多学校也未能开出这门课程。

近些年,关于外语教师知识的研究在不断地演变,对知识结构的认识从一元结构(语言学与应用语言学)发展为多元结构(学科知识、教育学、心理学及新兴社会科学等),研究视角也从"教师必须掌握的知识"向"教师如何运用知识"转化,然而这并不表明作为学科基础知识的语言学类知识就完全不需要。

在汉语教学界,众多学者都将语言学视作汉语作为第二语言

---

① 盛双霞《以需求为导向:关于汉语国际教育专业学科建设的思考》,见北京汉语国际推广中心、北京师范大学汉语文化学院编《国际汉语教育人才培养论丛》(第二辑),北京:北京大学出版社,2011 年。

② 李晓琪《英美大学 TESOL 专业研究生课程设置考察与思考》,见吴应辉主编《汉语国际传播研究》(第 1 辑),北京:商务印书馆,2011 年。

教学学科体系的学科理论基础或学科支撑理论①，以语言学等学科知识来解决汉语教学中相关的理论和实践问题，并支撑和带动学科的发展。近些年来国外第二语言习得实证研究与理论建设的新成果也给了我们重要的启示。Krashen（1982）②提出了无意识语言习得理论，不过因为忽视了对目标语语言形式的注意，而被众多学者认为不完全符合外语学习的认知心理规律③。在实证研究中崛起的关注语言形式的教学模式（form-focused instruction）在第二语言习得理论界也得到了广泛的认可，而被视为"以交流为手段的教学形式（如任务型教学模式）的重要补充"④，这一

---

① 崔永华《对外汉语教学学科概说》，《中国文化研究》1997年第1期。刘珣《也论对外汉语教学的学科体系及其科学定位》，《语言教学与研究》1999年第1期。赵金铭《对外汉语研究的基本框架》，《世界汉语教学》2001年第3期。李泉《对外汉语教学的学科理论基础》，《海外华文教育》2002年第1期。崔希亮《对外汉语教学的基础研究与应用研究》，见赵金铭主编《对外汉语教学的全方位探索：对外汉语研究学术讨论会论文集》，北京：商务印书馆，2005年。

② Krashen, S. D., *Principles and Practice in Second Language Acquisitions*. Oxford: Pergamon Press, 1982.

③ Schmidt, R. W., The role of consciousness in second language learning. *Applied Linguistics*, 1990(11).Schmidt, R. W., Awareness and second language acquisition. *Annual Review of Applied Linguistics*, 1993(13).Schmidt, R. W., Consciousness, learning, and interlanguage pragmatics. In G. Kasper and Blum-S. Kulka (eds), *Interlanguage Pragmatics*. New York: Oxford University Press, 1993. Schmidt, R. W., Implicit learning and the cognitive unconscious: Of artificial grammars and SLA. In N. C. Ellis (ed.), *Implicit and Explicit Learning of Languages*. London: Academic Press, 1994.Larsen-Freeman, D. & M. H. Long, *An Introduction to Second Language Acquisition Research*. London: Longman, 1991.

④ Venkatagiri, H. S. & J. M. Levis, Phonological awareness and speech comprehensibility: An exploratory study. *Language Awareness*, 2007(16).

观念在汉语教学界亦得到了重视和推广①。

因此，语言学在汉语作为第二语言教学人才核心素质的培养中，具有重要的作用。汉语作为第二语言的教师若没有扎实的学科基础知识，仅仅依赖自身作为母语使用者的语言直觉，很难达到良好的教学效果。"如果对汉语的结构规则、组合规则和使用规则不够清楚，（教师）就难以科学有效地进行汉语要素的教学和汉语技能的训练"②。可以说，语言学知识是汉语国际教育硕士的基础和依托，是语言要素教学和技能训练的前提。所以有学者指出，不具备相关的专业知识就不可能形成真正的教学能力，没有对汉语特点的深刻理解，没有对基于汉外对比的汉语作为外语教学的基本认识，所谓的汉语教学方法与教学技巧是架空的③④。一个对汉语一知半解的人，即使懂得各种花样的教学法，也不可能成为一个合乎要求的汉语老师⑤。

而在对目前汉语国际教育硕士的学生的专业背景进行的研究发现，结果并不乐观。学生非专业出身的比例较高，70%以上的汉语国际教育硕士缺乏汉语教学的专业知识和相关学科的知识，

---

① 靳洪刚《第二语言习得与语言形式为中心的结构教学探讨》，*Journal of the Chinese Language Teachers Association*, 2005(40)。

② 李泉《汉语国际教育硕士培养目标与教学理念探讨》，《语言文字应用》2009年第3期。

③ 同②。

④ 赵金铭《课程体系与实习体系——汉语国际教育硕士专业学位的两个科学体系》，见北京汉语国际推广中心、北京师范大学汉语文化学院编《国际汉语教育人才培养论丛》（第二辑），北京：北京大学出版社，2011年。

⑤ 崔希亮《对外汉语教学的基础研究与应用研究》，见赵金铭主编《对外汉语教学的全方位探索——对外汉语研究学术讨论会论文集》，北京：商务印书馆，2005年。

专业基础较差①。由此可见，汉语国际教育硕士专业的培养对象在语言学知识领域方面的实际情况不容乐观，而一些学校也并未根据这一情况对语言学类课程做出调整。

有鉴于语言学学科知识的重要性以及汉语国际教育硕士在语言本体知识方面的欠缺，汉语国际教育硕士专业在进行课程设置时，应该高度重视并加强面向教学所需要的汉语本体的教学，这不但关乎到是否能培养出适合各种教学情境的优质人才，还关乎到汉语国际教育硕士学科能否稳健、快速地发展。我们认为，可以取英国英语国际教育硕士中语言学类课程设置之长处，在汉语国际教育硕士专业核心课中适当开设普通语言学和汉语语言学课程；同时补英国英语国际教育硕士之短，在汉语国际教育硕士选修课中将汉外语言对比课程（汉语和西方语言以及汉语与其他语言的对比语言学课程）落到实处，以真正提高学习者语言背景的针对性。

3. 国际主题类课程

英国英语国际教育硕士选修课程中有一类是国际视野类课程（见表6），该类课程从国际化的视角来探讨语言教育，而目前汉语国际教育硕士课程设置中"对国际化视野的课程尚未予以足

---

① 根据汉语国际教育硕士专业学位教育指导委员会2007年对24所院校实际参考的1418名考生的分析来看，中文专业和对外汉语专业的考生一共约占27.9%，而这些专业背景与汉语本体知识最为贴近的考生在本科阶段所学的知识也只不过是"现代汉语""古代汉语"和"语言学概论"这样的基础知识而已。因此可以说，绝大多数考生没有或缺乏汉语言学、语言学理论、汉字学等方面的知识。李泉《汉语国际教育硕士培养目标与教学理念探讨》，《语言文字应用》2009年第3期。

够的关注"[①]。汉语国际教育硕士的课程设置一定要突出国际性，使学生了解世界语言文化的多元性，并形成正确的文化取向。有关国际主题的课程，可以培养大批了解世界各国的专门人才，从而提高学生的国际竞争力[②]。当然，对另外一些课程，如教师培训及发展、汉语国际教育硕士经营管理、教育学等课程也可以积极尝试、进行开发。

六、余论

总体而言，汉语国际教育硕士专业现有的《培养方案》设置的课程与培养目标比较吻合，基本上体现了从实际情况出发的学科设置的意图。但目前汉语国际教育硕士专业毕竟仍处于初始阶段，各界对汉语国际教育硕士学科的认识尚处在探索中，因此在课程设置、教学理念等方面仍有很大的发展空间。积极借鉴英国英语国际教育硕士专业，可以使汉语国际教育硕士专业发展得更为成熟、稳健。相信在不远的将来，汉语国际教育硕士专业一定会更加完善，更加壮大。

[①] 赵金铭《课程体系与实习体系——汉语国际教育硕士专业学位的两个科学体系》，见北京汉语国际推广中心、北京师范大学汉语文化学院编《国际汉语教育人才培养论丛》（第二辑），北京：北京大学出版社，2011年。

[②] 董俊虹、董芳、王润孝《国内外高校研究生课程设置比较研究》，《学位与研究生教育》2009年第5期。

第四节　国内外师资培养课程设置比较研究①

汉语学习在各国掀起热潮且持续升温，海外汉语学习者的数量不断增加，这对汉语师资培养提出了挑战，需要培养更多合格的汉语国际教育人才。针对这一现状，汉语国际教育专业硕士（Master of Teaching Chinese to Speakers of Other Lanuages，以下简称 MTCSOL）于 2007 年设立并招生，其目的是为海外汉语教学事业输送更多合格的教师。

培养合格的汉语国际教育师资，课程设置是其中的核心和关键因素。一些成熟语种，如英语的二语师资培养工作已经积累了丰富的经验，这些经验为我们提供了可汲取的营养。因为无论是英语还是汉语，其目标是一致的，即都是培养二语教师，因此课程的设置在个性中一定存在着共性。放宽眼界，吸取国内外二语师资培养课程设置的经验必将促进汉语国际教育师资的培养。

本研究考察了经过半个多世纪的发展，已较成熟的美国的英语第二语言教学（Teachers of English to Speakers of Other Languages，以下简称 TESOL）的研究生课程和国内"汉语国际教育专业硕士"（MTCSOL）的研究生课程，以及北大与韩国梨花女子大学（以下简称"韩国梨花女大"）合作设立的"汉语国际教育"（Teaching Chinese to Speakers of Other Languages，以下

---

① 本节摘自李晓琪、张菡《国际汉语教师培养课程设置思考》，《国际汉语教育》2010 年第 4 期。

简称 TeCSOL)双学位课程,通过三者之间的比较和分析,对国际汉语教师培养课程的设置进行了一些思考。

一、美国 TESOL 课程近 10 年的发展趋势

美国是全球最大的英语二语教师培养基地,据统计,目前美国有超过 160 所大学招收 TESOL 专业硕士生[1]。2001 年,我们曾选取在美国的英语第二语言教学领域有较高知名度的 15 所大学,对当时美国大学 TESOL 硕士(全日制)课程设置作了考察,概括总结出了美国 TESOL 课程的"3+1 格局"[2],"3"代表三类主干课程,分别是"普通语言学和英语语言学类""第二语言习得理论与第二语言教学理论类"和"英语教学理论与实践类","1"代表主干课程外的其他课程。2009 年年末,我们再次对美国大学 TESOL 硕士(全日制)现行的课程设置进行了考察,这次考察选取院校的原则与 2001 年一致,选取了在美国的英语第二语言教学有较高知名度的 10 所大学,并与 2001 年的考察结果进行了对比[3],见表 1。

---

[1] 《关于〈汉语国际教育硕士专业学位设置方案〉的说明》,http://old.moe.gov.cn/publicfiles/business/htmlfiles/moe/moe_823/201002/xxgk_82703.html.

[2] 李晓琪、黄立《美国 TESOL 专业硕士学位课程结构考察及思考》,见中国对外汉语教学学会秘书处、《语言文字应用》编辑部编《语言教育问题研究论文集(2000)》,北京:华语教学出版社,2001 年。

[3] 李晓琪《英美大学 TESOL 专业研究生课程设置考察与思考》,《汉语国际传播研究》第 1 辑,北京:商务印书馆,2011 年。

表 1 2001 年和 2009 年美国 TESOL 硕士课程对比

		2001 年考察结果		2009 年考察结果	
		百分比	课程类别	百分比	课程类别
主干课程	普通语言学+英语语言学	21.59%+5.66%=27.25%		普通语言学+英语语言学	7.82%+12.35%=20.17%
	第二语言习得理论+第二语言教学理论	14.15%+13.47%=27.62%		第二语言习得理论+第二语言教学理论	11.93%+16.05%=27.98%
	英语教学理论与实践	31.45%		英语教学理论与实践	37.04%
其他	教育学+文化	9.28%+4.4%=13.68%		教育学+研究方法+文化+其他	6.17%+6.17%+1.23%+1.23%=14.80%

本研究将上表的三大类主干课程简称为语言学类、二语习得与教学理论类和英语教学类，将 2001 年和 2009 年的两次考察结果对比如下，见图 1：

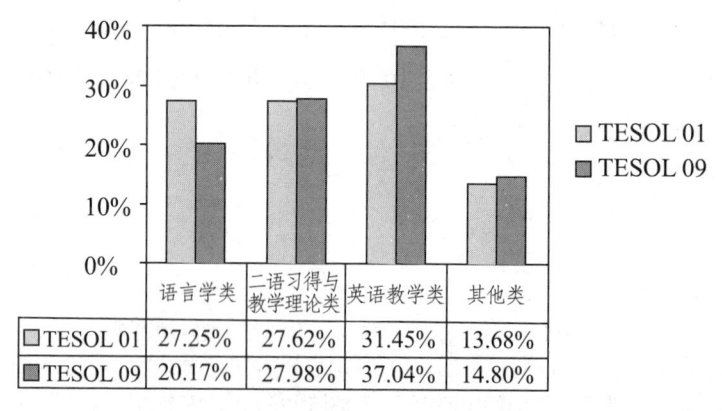

	语言学类	二语习得与教学理论类	英语教学类	其他类
TESOL 01	27.25%	27.62%	31.45%	13.68%
TESOL 09	20.17%	27.98%	37.04%	14.80%

图 1 2001 年和 2009 年美国 TESOL 硕士课程"3+1 格局"对比

从两次考察结果对比可见，美国 TESOL 研究生课程设置在近 10 年间的发展有如下特点：

(一) "3+1 格局"基本稳定

与2001年的考察结果相比,此次考察的结果仍然显示出"3+1"的基本格局,其中语言学类和英语教学类略有变动,我们将在下一节中进行讨论;二语习得与教学理论类和其他类课程的比重均基本没有变化,具体课程比例变化如表2:

表2

课程类别	2001年考察结果	2009年考察结果	变化
二语习得与教学理论类	27.62%	27.98%	增0.36%
其他类	13.68%	14.80%	增1.12%

由此可见,美国TESOL经过长期发展,其课程设置和培养模式已基本趋于稳定。

(二) 主干课程内部出现调整变化

美国TESOL课程设置总体格局基本稳定,但在主干课程内部仍然有调整变化:

1. 三大类主干课程中,英语教学类课程比重上升,语言学类课程比重下降,见表3:

表3

课程类别	2001年考察结果	2009年考察结果	变化
英语教学类	31.45%	37.04%	增5.59%
语言学类	27.25%	20.17%	减7.08%

这一变化表明,美国TESOL硕士课程设置越来越突显学科性质,即英语第二语言教学是一门服务于英语教学的应用型学科。

2. 各类主干课程内部比重有所调整:

(1) 在"语言学类"课程内部,普通语言学课程和英语语

言学课程比重有较大调整,见表4:

表4

课程类别	2001年考察结果	2009年考察结果	变化
普通语言学	21.59%	7.82%	减13.77%
英语语言学	5.66%	12.35%	增6.69%

(2)在二语习得与教学理论类课程中也出现调整趋势,见表5:

表5

课程类别	2001年考察结果	2009年考察结果	变化
第二语言习得理论	14.15%	11.93%	减2.22%
第二语言教学理论	13.47%	16.05%	增2.58%

从主干课程内部的这些变化可以看出,减少的都是普通语言学的相关课程,增加的都是与英语教学相关的课程,这表明:无论是对语言学的学习,还是对二语习得与教学理论的学习,美国大学TESOL硕士课程都越来越重视与英语教学紧密相关的知识。

(三)主干课程外的其他类课程内部结构有一定改变

新增了研究方法类课程,教育学类和文化类课程比重有所下降,见表6:

表6

课程类别	2001年考察结果	2009年考察结果	变化
教育学类	9.28%	6.17%	减3.11%
文化类	4.40%	1.23%	减3.17%

可以看出,在美国大学TESOL硕士课程设置中,教育学和文化始终属于非主干课程。

二、国内 MTCSOL 课程考察

为了培养高层次、应用型、复合型的对外汉语教师,以适应汉语国际推广新形势的要求,2007 年"汉语国际教育硕士专业"(MTCSOL)设立并招生。为了更清楚地了解国内 MTCSOL 和美国 TESOL 在课程设置上的差异,参考 TESOL 的"3+1 格局",本研究将 MTCSOL 现行的课程设置与 TESOL 的"3+1 格局"进行了对比分析。

在将 MTCSOL 与 TESOL 进行分析比较之前,本研究需要作如下说明:

MTCSOL 有三个针对不同对象的培养方案:国内全日制学生培养方案、在职人员培养方案、外国留学生培养方案。下文分析比较的对象仅限于国内全日制学生培养方案,取舍理由如下:

在职攻读 MTCSOL 学位的生源非全日制学生,与上文考察的 TESOL(全日制)课程设置不具可比性,因此,MTCSOL 在职人员培养方案不作为本研究的考察和比较对象。

MTCSOL 招收外国留学生处于起步阶段,且现有生源的汉语水平与国内全日制学生相差较大。据了解,一些院校 MTCSOL 外国留学生的汉语水平还处于需要学习提高的阶段。针对这样的现状,MTCSOL 外国留学生培养方案设置了提高外国留学生汉语水平的基础课程。考虑到这一特殊性,本研究也不把 MTCSOL 外国留学生培养方案纳入比较。

MTCSOL 课程(指国内全日制学生培养方案课程,下同)分为核心课程、拓展课程、训练课程三大类,本研究将分别考察这三类课程。

(一) MTCSOL 核心课程考察

MTCSOL 核心课程包括学位公共课程（政治、外语）和学位核心课程，本研究只考察学位核心课程。参照 TESOL"3+1 格局"，MTCSOL 学位核心课程可归类为表 7：

表 7 MTCSOL 学位核心课程

二语习得与教学理论类（2 学分）	汉语教学类（6 学分）	其他类（文化）（4 学分）
第二语言习得（2 学分）	汉语作为第二语言教学（4 学分）	中华文化与传播（2 学分）
	国外汉语课堂教学案例（2 学分）	跨文化交际（2 学分）

MTCSOL 学位核心课程与 TESOL"3+1 格局"对比如图 2：

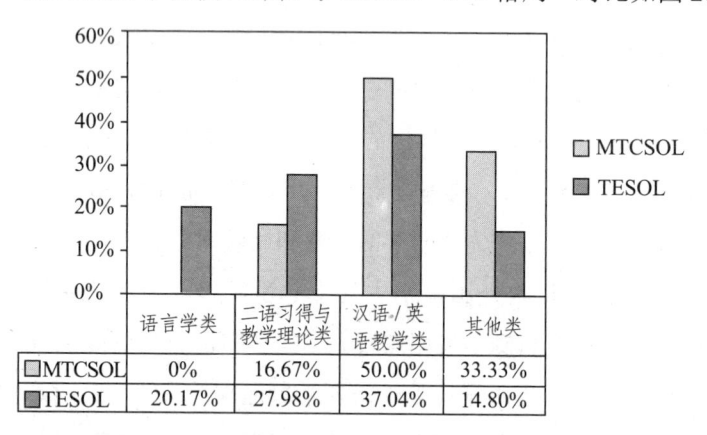

	语言学类	二语习得与教学理论类	汉语-/英语教学类	其他类
MTCSOL	0%	16.67%	50.00%	33.33%
TESOL	20.17%	27.98%	37.04%	14.80%

图 2 MTCSOL 学位核心课程与 TESOL"3+1 格局"对比

通过比较可以看出：

1.两者的共同点：MTCSOL 和 TESOL 都十分重视本语言教学类课程，该类课程在两者中的比重见表 8：

表 8

课程类别	MTCSOL 中汉语教学类	TESOL 中英语教学类
比例	50%	37.04%

这说明，无论是英语二语教学还是汉语二语教学，在师资培养方面都非常明确学科的"应用型"性质，将本语言教学类课程放在了首要地位。也可以看出，国内 MTCSOL 课程在这一方向上与国际上较成熟的英语第二语言教学课程是一致的。

2. 两者的不同之处则集中表现在对语言学类课程和文化课程的设置上：

（1）MTCSOL 核心课程中没有语言学类课程，而该类课程是 TESOL 主干课程之一。

（2）MTCSOL 核心课程中文化课处在仅次于汉语教学类课程的重要位置（33.33%），与文化课在 TESOL 中的最次要地位（1.23%）形成鲜明对比。

（二）MTCSOL 拓展课程、训练课程考察

MTCSOL 拓展课程按 TESOL "3+1 格局"归类为表 9：

表 9　MTCSOL 拓展课程

汉语作为外语教学类 ——汉语教学类 （4学分）	中华文化传播与跨文化交际类 ——其他类（文化） （2学分）	教育与教学管理类 ——其他类(教育学) （2学分）
汉语语言要素教学	中国思想史	外语教育心理学
偏误分析		
汉外语言对比	国别与地域文化	国外中小学教育专题
课程设计	中外文化交流专题	教学设计与管理
现代语言教育技术		
汉语教材与教学资源	礼仪与国际关系	汉语国际推广专题

MTCSOL 训练课程按 TESOL "3+1 格局"归类为表 10：

表 10　MTCSOL 训练课程

汉语教学类 （2 学分）	其他类（文化） （1 学分）	其他类（研究方法） （1 学分）
课堂观察与实践 （1 学分）		
教学测试与评估 （1 学分）	中华文化才艺与展示 （1 学分）	教学调查与分析 （1 学分）

可以看出，在 MTCSOL 拓展课程和训练课程中，汉语教学类课程有 6 学分，占整个拓展、训练课程 12 学分的 50%。另外 50% 则为其他类课程，其中文化类占一半比重，即 25%。

为了更清楚地看出 MTCSOL 课程与美国 TESOL 课程整体上的异同，下面将 MTCSOL 全部课程与 TESOL "3+1 格局"进行对比，见图 3：

	语言学类	二语习得与教学理论类	汉语/英语教学类	其他类
MTCSOL	0%	5.56%	50%	44.44%
TESOL	20.17%	27.98%	37.04%	14.80%

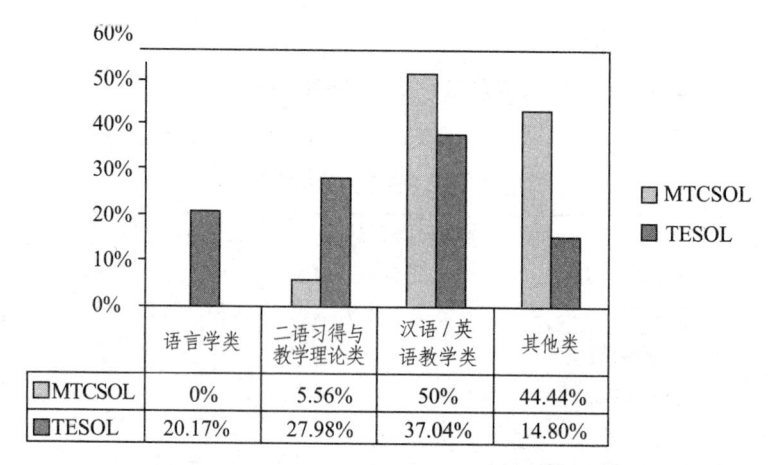

图 3　MTCSOL 课程与 TESOL "3+1 格局"

通过比较，可以看出国内 MTCSOL 与美国 TESOL 在课程设置上的异同：（1）两者都重视本语言教学类课程。（2）美国

TESOL 课程延续"3+1 格局"分布；国内 MECSOL 课程中没有 TESOL 主干课程中的语言学类，而是加大了文化类课程的比重。

由于国情不同，以及英语二语教学与汉语二语教学发展阶段的不同，国内 MTCSOL 和美国 TESOL 在课程设置上存在差异。MTCSOL 期望通过语言推广来传播中华文化，让世界更了解中国，这是由中国的国情决定的，这在 MTCSOL 课程设置上也有明显的体现。

三、北大—韩国梨花女大 TeCSOL 课程考察

韩国的汉语学习人数多，教师需求量大。在韩国，从事汉语教学的本国教师多是语言文学专业出身，汉语功底较好，但缺少"汉语作为第二语言教学"方面的专业知识。

从 2008 年起，北京大学对外汉语教育学院与韩国梨花女大开始合办 TeCSOL 双学位硕士课程。该课程是韩国首个以汉语教学师资培养为目标的课程，已招生两届，在韩国受到了广泛欢迎。

北大—韩国梨花女大 TeCSOL 双学位硕士课程培养方案由中韩双方联合制定，力求保证课程设置既符合汉语师资培养规律，又能满足韩国汉语师资培养的特殊要求。本研究对该课程进行介绍，并将其与美国 TESOL 课程和国内 MTCSOL 课程对比，希望从一个侧面反映出海外本土汉语师资培训的课程设置要求。

（一）TeCSOL 必修课考察

TeCSOL 必修课共 6 门，每门课 3 学分，根据 TESOL"3+1 格局"归类如表 11：

表 11 北大—韩国梨花女大 TeCSOL 硕士必修课

语言学类 （4.5 学分）	二语习得与教学理论类（3 学分）	汉语教学类 （9 学分）	其他类 （1.5 学分）
汉语语言学基础（中方开课）	第二语言习得概论（中方开课）	对外汉语课堂教学分析（中方开课）	韩中语言文化对比研究（韩方开课）
韩中语言文化对比研究（韩方开课）①		国际中国语教育论（韩方开课）	
		国际中国语教材研究与分析（韩方开课）	

1.TeCSOL 必修课程与美国 TESOL "3+1 格局" 对比如图 4：

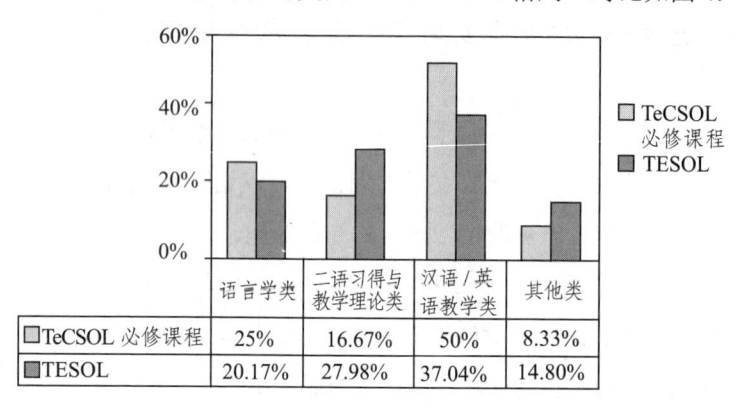

	语言学类	二语习得与教学理论类	汉语/英语教学类	其他类
TeCSOL 必修课程	25%	16.67%	50%	8.33%
TESOL	20.17%	27.98%	37.04%	14.80%

图 4 TeCSOL 硕士必修课与 TESOL "3+1 格局"

通过对比可以看出：

（1）TeCSOL 必修课与美国 TESOL 课程"3+1 格局"基本一致，即"语言学类、二语习得与教学类、本语言教学类＋其他类"。另外，二者都将本语言教学类课程放在第一位。可见，本土汉语师资培养也将教学能力放在首位。

（2）不同的是，在主干课程中，TeCSOL 必修课将语言学类

---

① "韩中语言文化对比研究"同时归入语言学类和文化类，统计时各算 1.5 学分。

放在第二位，且语言学类课程中都是汉语语言学课程；而 TESOL 将二语习得与教学理论类排在第二位。可以看出，本土汉语师资培养更加重视汉语语言学理论知识。

2.TeCSOL 必修课与 MTCSOL 核心课程比较如图 5：

TeCSOL 必修课程与 MTCSOL 核心课程的相同之处是：（1）教学类都排在第一位，占 50%；（2）二语类比重也一样，为 16.67%。两者的不同之处是：

（1）TeCSOL 必修课中语言学类排在第二位，占 25%；MTCSOL 核心课程中则没有该类课程。

（2）TeCSOL 必修课中文化类比重为 8.33%，而 MTCSOL 核心课程中文化类排在第二位，占 33.33%。

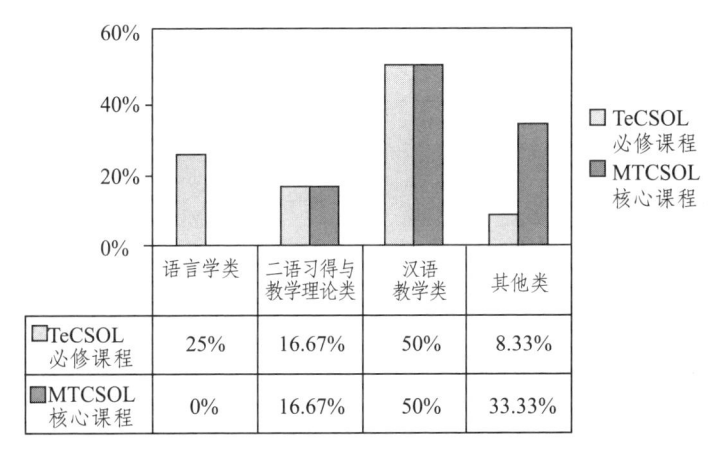

	语言学类	二语习得与教学理论类	汉语教学类	其他类
TeCSOL 必修课程	25%	16.67%	50%	8.33%
MTCSOL 核心课程	0%	16.67%	50%	33.33%

图 5 TeCSOL 硕士必修课与 MTCSOL 核心课程

（二）TeCSOL 选修课考察

TeCSOL 选修课共 11 门，每门 3 学分，学生选 5 门学习，根据 TESOL "3+1 格局" 归类如表 12：

表 12　北大—韩国梨花女大 TeCSOL 硕士选修课

语言学类（4.5学分）	教学类（24学分）	文化类（4.5学分）
韩中对比语法论（韩方开课）	对外汉语语法教学研究（中方开课）	中华文化与跨文化交际（中方开课）
	对外汉语词汇教学研究（中方开课）	
	对外汉语汉字教学研究（中方开课）	
	对外汉语教材研究与教材建设（中方开课）	
中国文化地理与语言分布（韩方开课）①	现代教学技术与对外汉语教学（中方开课）	中国文化地理与语言分布（韩方开课）
	国际中国语语音学与发音教育（韩方开课）	
	事实语料与国际中国语教育（韩方开课）	
	整体语言理论与国际中国语教育（韩方开课）	

1. TeCSOL 选修课分析

可以看出，TeCSOL 选修课中汉语教学类课程占绝对比重，即占33学分中的24学分，72.72%，可见本土汉语师资培养中更加注重汉语教学类课程的设置，这更加证明了该学科的应用型

---

① "中国文化地理与语言分布"同时归入语言学类和文化类，统计时各算1.5学分。

性质。

TeCSOL 选修课除汉语教学类课程外,语言学类和其他类各占 13.64%,无二语习得与教学理论类课程。

2.TeCSOL 选修课与 MTCSOL 拓展课程、训练课程比较如图 6:

	语言学类	二语习得与教学理论类	汉语教学类	其他类
TeCSOL 选修课	13.64%	0%	72.72%	13.64%
MTCSOL 拓展、训练课	0%	0%	50%	50%

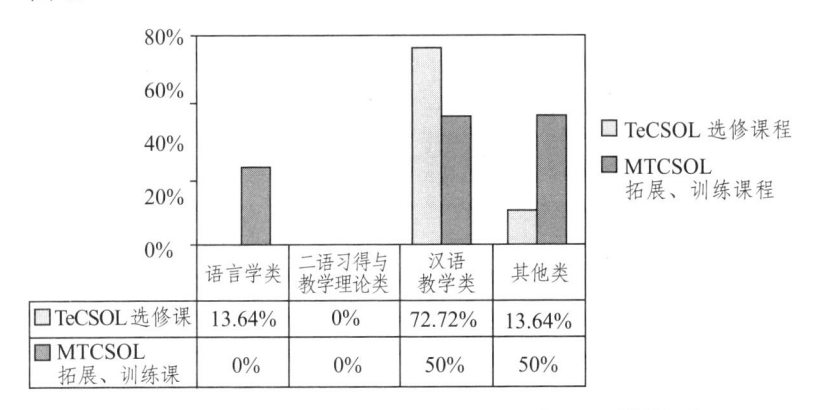

图 6　TeCSOL 硕士选修课与 MTCSOL 拓展、训练课程

可以看出:

(1)汉语教学类课程在两者中都占据主导地位,见表 13:

表 13

汉语教学类	在 TeCSOL 选修课中	在 MTCSOL 拓展、训练课程中
比例	72.72%	50%

(2)两者都没有二语习得与教学理论类课程,除汉语教学类课程外:TeCSOL 选修课中,语言学类和其他类各占 13.64%;MTCSOL 拓展、训练课程中,没有语言学类,其他类占 50%。

(3)TeCSOL 选修课其他类课程中只有文化类,占 13.64%;MTCSOL 拓展、训练课程其他类中有文化类、教育类、研究方法类,其中文化类占 25%。

四、三类课程比较及课程设置思考

（一）TESOL、MTCSOL 和 TeCSOL 三类课程比较：

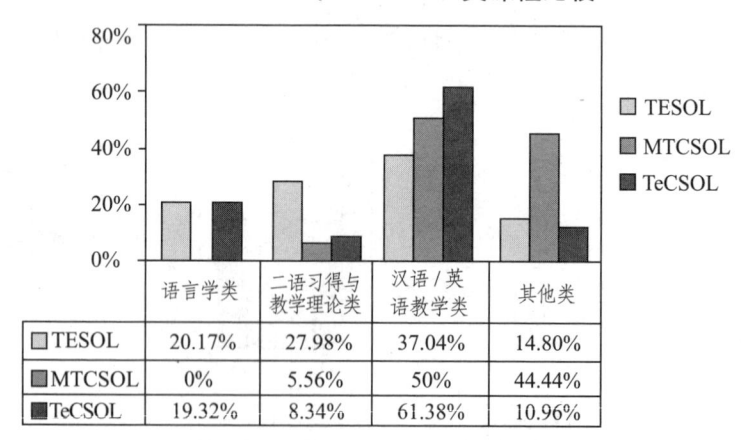

	语言学类	二语习得与教学理论类	汉语/英语教学类	其他类
TESOL	20.17%	27.98%	37.04%	14.80%
MTCSOL	0%	5.56%	50%	44.44%
TeCSOL	19.32%	8.34%	61.38%	10.96%

图 7 TESOL、MTCSOL 与 TeCSOL

通过三者的比较可以看出：

1. 美国 TESOL、国内 MTCSOL 和北大—韩国梨花女大课程 TeCSOL 的共同特点是：本语言教学类课程在三者中都处于首要位置。

这一共同点表明，无论是英语作为第二语言教学，还是汉语作为第二语言教学，也无论是在国内培养输出教师，还是在当地培养本土教师，在课程设置上都十分突出学科的应用型特点，都重视对教学能力的培养。

2. TESOL、MTCSOL 和 TeCSOL 课程各自的特色：

（1）北大—韩国梨花女大 TeCSOL 更重视语言学类课程

TESOL 与 TeCSOL 在语言学类课程的比重上基本相当，但其中 TESOL 英语语言学课程比重为 12.35%，TeCSOL 汉语语言学课程则为 19.32%。可见，韩国本土教师更需要加强汉语语言理论基础学习。

（2）美国 TESOL 更重视二语习得与教学理论类课程

美国是二语习得研究的发源地，TESOL 课程对二语习得与教学理论的重视远在 MTCSOL 和 TeCSOL 之上，这一特点是符合美国二语习得研究传统的。

（3）国内 MTCSOL 更重视文化类课程

如前文分析，MTCSOL 将对中华文化的传播放在突出位置，希望通过学习提高外派汉语教师的中华文化修养和跨文化交际意识。因此，MTCSOL 中文化类课程占了相当大的比重。

（二）课程设置思考

在对上面三类课程（美国 TESOL 课程、国内 MTCSOL 课程、北大—韩国梨花女大 TeCSOL 课程）进行了考察和比较之后，本研究对国际汉语教师培养课程设置做了一些思考。

1. 应坚定汉语教学类课程的主导地位

明确并坚定汉语教学类课程的主导地位，符合汉语作为第二语言教学学科的应用型性质；符合当前汉语师资培养的实际情况（MTCSOL 中汉语教学类课程占 50%，TeCSOL 中汉语教学类课程占 61.38%）；也符合国际上较成熟的二语师资培养课程发展轨迹（TESOL 在近 10 年的发展中始终将英语教学类课程放在首位，且该类课程比重仍在上升）。

国际汉语教师培养无论是在国内还是海外，都应该坚持这个方向，目前 MTCSOL 和 TeCSOL 的课程设置是符合这一方向的。

2. 二语习得与教学理论类课程应有一席之地

二语习得与教学理论类课程在国内 MTCSOL 核心课程中占

16.67%，在北大—韩国梨花女大 TeCSOL 必修课中的比重也为 16.67%，可以看出，这个比重在目前汉语国际教育师资培养的核心课程或必修课中应该算是比较合适的。

MTCSOL 和 TeCSOL 在核心课程或必修课程以外都没有再开设二语习得与教学理论类课程，这与美国 TESOL 对该类课程的重视程度存在较大差异。这也是完全可以理解的，是由国情和学术背景的不同而造成的差异。

3. 汉语语言学类课程的地位

美国 TESOL 课程中语言学类课程占 20.17%，其中普通语言学占 7.82%，英语语言学占 12.35%；国内 MTCSOL 中语言学类课程为 0%；北大—韩国梨花女大 TeCSOL 课程中语言学类课程占必修课的 25%、选修课的 13.64%，且都是汉语语言学课程。

值得思考的是：语言学类课程在国际汉语教师培养课程中是否应该有一席之地？如果应该有，占多大比重合适？其中普通语言学与汉语语言学的比重又该如何？这些问题还有待进一步进行理论研究，同时也需要实践检验。

第五节　研究生"对外汉语实践课堂"的组织与实施[①]

随着汉语国际推广事业的不断发展，汉语师资队伍的培养越来越难以满足汉语学习需求，高效率地培养合格的师资成为实现汉语加快走向世界这一目标的关键。为此，国务院学位委员会于 2007 年决定设置汉语国际教育硕士专业学位（MTCSOL），培养能够胜任汉语作为第二语言/外语教学的高层次、应用型、复合型专门人才。针对以往以培养学术型人才为主的研究生培养模式对第二语言教学实践技能训练不足的问题，汉语国际教育硕士培养方案强调了课堂教学实践能力以及跨文化交际能力的培养。目前国内二十多所高校招收汉语国际教育方向研究生，在培养目标、培养模式上都与科研教学型研究生开始有了明显的区别，正在努力探索一条快速高效培养汉语师资的途径。这首先体现在研究生课程设置上，如何加大课程体系中实践应用型课程的比重是急需解决的问题。大部分研究生在入学之前很少有机会接触外国汉语学习者，因为不接触，所以就很难了解教学对象的实际需求和学习特点，对专业课程中讲授的理论与方法就很难有切实的体会，往往有隔靴搔痒之感。在这种情况下，北京大学对外汉语教育学院开设了"汉语实践课堂"这门课程。在 2009 年 7 月国家汉办组织的汉语国际教育硕士专业学位研究生培养工作中期检查汇报

[①] 本节摘自李海燕、刘晓雨、刘立新《研究生对外汉语教学实践课堂的组织与实施探索》，《学位与研究生教育》2011 年第 1 期。

会上，这门课作为观摩课得到了与会专家组的一致肯定和热情鼓励。为了吸取经验教训，本节将对如何组织操作这门课程进行详细的介绍和总结。

一、对外汉语教学实践课堂的性质

对外汉语教学实践课堂是北京大学对外汉语教育学院为一年级或二年级的对外汉语教学硕士研究生师资班及汉语国际教育硕士班开设的一门选修课程，每学期开课，计4学分。

为了给研究生创造一个完全真实的汉语教学课堂环境，本课程免费招收校内外的外国汉语学习者作为研究生教学实践对象，由对外汉语教学专业的研究生准备教学材料并实施课堂教学，督导教师和其他研究生同学随堂观课记录，在当天课程结束后教师即时督导点评，讨论教学得失。研究生实践课全程录像，实践课结束后师生共同仔细分析教学录像，研讨课堂教学方法，总结课堂教学规律。

二、开设汉语教学实践课堂的缘起和目的

（一）开课缘起

在本课开设之前，北京大学对外汉语教育学院研究生的课程设置中涉及教学实践的主要有两门课，一是"对外汉语教学理论与实践"，二是"教学实习"。前者的实践部分通常是在任课老师的指导下，研究生准备一份教案，在班里进行模拟课堂教学实践，实践者面对的学生是由中国同学扮演的"留学生"。后者是

学院安排二年级研究生担任一门外国留学生汉语课程教师进行完整的一个学期的实习，由该实习研究生的导师单独听一到两周的课并进行指导。

随着近几年对外汉语教学专业研究生的规模不断扩大，这种教学实践模式存在的问题越来越突出。首先是需要实习的研究生众多，以前每个学期实习的研究生不超过10个人，而现在常常是40多个人，学院的外国留学生课程有限，安排不过来。而对这些即将从事对外汉语教学的研究生来说，光学习教学理论是远远不够的，掌握实际操作技能更为重要。因此，研究生缺少教学实习的机会或者实习时间不足的问题就变得越来越突出。其次，实习研究生的教学水平有限，让他们担任一个学期的正常教学工作，负担较重，有时会因教学经验不足引起留学生不满，干扰了正常的教学秩序，这对于正常交费来中国学习汉语的留学生来说也是不公平的。另外，很多研究生反映由中国学生模拟的课堂与实际的外国学生课堂情况有很大的差异，在教学实习中导师不可能长时间观课指导，研究生只能在教学实习中独自体会摸索教学规律，自己一些教学方法的得失常常得不到及时的指点。以上的这些问题使得原有的研究生教学实践模式面临着较大的困难和挑战，现实的需要迫使我们去寻找更加切实有效的研究生教学实践模式。

（二）开课目的

随着国内外不断增长的汉语教学需求以及对外汉语教学学科建设的不断成熟，尤其是汉语国际教育硕士专业学位的设立，研究生培养目标发生了很大的变化，与过去相比，对外汉语教学的硕士生培养更加注重教学实践能力，希望他们毕业后就能成为一名合格的汉语教师。因此，培养他们在今后的教学中不断反思自己的课堂教学方式和成效以及实施教学、观察教学和研究课堂教学的能力，仅有理论学习和经验的传输是不够的，需要给他们创造机会走进真实的对外汉语教学课堂进行切身体验、观察和研究。本课程正是本着这样的原则组织教学，让研究生在教师的密切督导下真正"下海游泳"，培养他们的教学创新能力和职业发展能力。

三、课程实施方法和流程

实践课堂和其他硕士课程最大的不同在于课程的实施不仅仅涉及任课教师和研究生两个方面，还涉及参加课程的外国学习者，既要保证研究生的实践时间和收获，也要照顾到外国学习者的实际需求和学习特点，这是研究生与外国学习者之间、教师与研究生之间两个维度的互动过程。根据参加实践课堂的研究生和外国学习者的数量和特点，实践课堂的具体操作方式可以灵活处理。北京大学研究生实践课堂自2008年春季学期开设以来，进行了三个学期三轮的教学实践，每一轮的具体操作流程均有所不同。下面主要以2008年春季学期的课程安排为例介绍该课程的实施方法和操作流程。

2008年春季学期的研究生实践课堂课程自2月25日起至6月13日结束，共16周，周课时为4，总授课时间为60课时，第16周为期末考试时间。课程主体为2007级对外汉语教学师资班的30名硕士研究生，实践授课对象是免费招收的若干名外国人。

在课程开始之前最重要的工作就是能够免费招收到外国学生。为此，在2007年秋季学期期末我们就在校内外、学院网页上以及学期开学时提供给外国留学生的人手一册的《留学生须知》中贴出了中、英、日、韩四种文字的"免费学汉语"的招生广告。在广告中说明该课程由研究生上课，免费教授汉语。考虑到参加该课程的外国学生中途可能会有缺席或者退出的情况，而且本课程每次课是由不同的研究生上课，内容上并不像一般正式的汉语课那样有连贯性，为了保证本课程有足够多的外国学习者，外国学生从见到广告时起到课程结束期间均可以到学院办公室报名参加。在报名时办公室教务人员将登记外国学习者的姓名、国籍、学过多长时间汉语、汉语水平（初/中/高级）及联系方式。

在 2008 年 2 月开学初，报名的外国学生达到了 54 人，其中有校内汉语学院的留学生、其他学院的留学生、外教以及校外想业余学习汉语的外籍人士，分别来自美国、法国、日本、韩国、泰国、俄罗斯、土耳其、缅甸、印度等国家。这些外国人按照汉语水平被分为初、中、高三个班，在 3 月底到 5 月初的 6 周时间里每周一、三、四三天下午相同的时间在不同的教室上课。上课的时间和地点由参加实践课的研究生通知到每个学生。在学习期间如果外国学生觉得该班水平不适合自己，可以换到其他班上课。参加实践课的 30 名研究生分为三个小组，轮流在这三个班进行教学实践，每个班均有一位具有多年对外汉语教学经验的副教授担任指导教师指导研究生教学。

本课程的实施过程主要分为三个阶段：教学实践任务的布置与课堂教学材料的准备；真实课堂教学实践与指导教师即时指导；课堂教学分析总结与理论探讨。每个阶段大致为一个月。周密的计划、清晰的流程以及具体步骤的稳步实施，保证了实践课堂教学的顺利进行。下面分别就每个阶段的操作情况进行具体说明。

（一）教学实践任务的布置与课堂教学材料的准备阶段

第一次课是三位教师和全体研究生的见面课。由课程主持人向研究生介绍课程特点、教学目的、外国学生报名情况、课程安排、考核方式等。之后，将30位研究生划分为三个大组，每组设一组长，负责协调本组同学的教学时间、教学材料以及与指导教师的联系工作。

第一次课后，各组的基本实践操作流程如下：

在一位教师指导下，全组研究生根据报名表上的外国学生信息，讨论分析其背景（国别、性别、学汉语时间等），大致确定教学内容的难度；讨论教学内容选材范围、方式、分工等，根据各自兴趣特长和实践目标，初步确定教学材料性质和范围，在"教学时间表"上确认适合自己教课的时间段。

课下准备教学内容。教学材料可以选自某本教材，也可以自己选择素材改编。教学可侧重听、说、读、写某一方面，也可以是某语言点、文化点教学或者某交际练习的设计实施，甚至可以是某个与语言相关的游戏。2008年春季学期，研究生们提交的教学材料涉及汉语的数字、方位词、广告语、惯用语、成语故事、中国人的姓氏、网络新词语、颐和园长廊故事等十分广泛的内容，这些内容呈现方式灵活，每项内容基本上在1—2节课之内完成，受到了外国学习者的喜爱。

课上进行集体备课。每位研究生向本组教师和同学展示自己选择的教学材料，阐述自己的教学思想以及初步实施计划，大家讨论提出改进建议。

课后认真撰写教案。每位研究生将教案发给负责教师，教师提出改进意见，经过2—3次反馈，最终确定教案及发给外国学生的教学材料，将教学所需的文字材料复印好，做好上课准备。

以上流程各组同步进行。三位指导教师分别固定指导初、中、高级班教学，三个组的研究生依次准备初、中、高三个班的课程，每个组完成一轮后则换到另一位老师指导的班级。经过第一阶段，每位研究生都有机会分别在三位指导教师的指点下进行比较充分的教学准备工作，即将面对真正的外国学生，步入真实的语言教学课堂。

（二）真实课堂教学实践与督导教师即时指导阶段

自第二个月开始，各个组进入教学实践的实施阶段。在同一天中，三个教室里同时进行着初、中、高三个班的教学实践课（各两课时），每班由两位研究生担任教师，两人各讲一节课，教学内容或相对独立，或有机衔接。教师在各自固定的教室中，现场观摩与录制教学过程，各组其他研究生在教室内观课，同时填写《观课记录》。"观课记录"包含教学对象、教学内容、教师行为、学生行为、观课者的观察解释、可借鉴的经验、应避免的问题、需讨论的问题等项目。两位研究生实践教学结束后的一个小时，观课研究生在教师指导下总结讨论刚才两位同学在教学过程中的优点和不足，两位研究生也反思自己是否实现了预期的教学目标，没有实现教学目标的原因何在。教师抓住要点进行点评，解答学生们的问题，引导学生对某一教学环节提出建设性的改进意见。这一环节学生最感兴趣，讨论也最为热烈。

（三）课堂教学分析总结与理论探讨阶段

在上一阶段中，每位研究生至少进行了初级、中级、高级班教学各1次，并且积累了27次观课经验，对于真实课堂实践的经验和教训都有了深切的感受。他们提交的观课记录中，记录了新手教师对于课堂处理的过程,也记录了他们在观课时发现的难点和疑问,教学录像也保留了真实的课堂教学素材,这些都为第三阶段的总结分析提供了丰富的资源。

最后的这个阶段是实践课堂的总结部分。全体研究生又回到同一个大课堂中,三位教师分别就各自"管辖"的初级、中级、高级班教学情况进行总结。教师通过典型录像片段的分析,总结经验教训,引导学生掌握观察、研究课堂教学的技能,并针对研究生在观课记录中提出的一些比较集中的、突出的问题结合教学理论进行举例分析,对有关语音、词汇、语法、文化等方面教学的技能技巧进行微观指导,分析已有的教学模式,对教学理论和方法进行深入探讨,使教学实践活动提升到一个新的高度,培养研究生们举一反三的教学能力。

总之,本课程采用的是"总—分—总"的流程,其中"分"的部分操作难度相对较大。但是由于每个阶段的实施过程都有详细而严格的时间表,师生密切配合,因此完全可以做到有条不紊,保证实践课堂教学的顺利进行。

本课程的考核内容包括教案、观课记录、教学实践、实践报告四部分,在成绩中分别占 20%、10%、40% 和 30% 的比重。修课研究生在学期中提交教案,在每次观课后提交观课记录,在期末以撰写读书报告的方式提交一份基于自己教学实践分析的书面报告(3000 字以上)。成绩表现形式为百分制,由三位教师综合评定给予成绩。

2008 年 9—12 月为第一届国际汉语教育硕士班研究生开设的实践课堂,与前一个学期师资班的实践课堂相比,基本操作方式和流程相同。不同的是,这个班只有 8 名研究生,从学院的教学师资安排角度来说，不可能还与上个学期一样由三位教师进行指导，改为一名指导教师，8名研究生仍然分三个组分别进行初级、中级和高级班的汉语课堂教学实践。由于人数少，每个人在每个阶段的实践机会达到了3次以上，比前一个学期增加了很多，指导教师随机选择某班听课并录像，其他班教学由同组同学进行详细的观课记录。每次课结束后全班一起讨论当天三个班的教学得失。

四、课程的收获和问题

经过三个学期的教学实践，通过介绍课程、讨论教学对象和目的、编写教案、实际体验、填写观课记录、与同学进行研讨、聆听教师即时分析指导、撰写反思报告等环节，研究生们对"实践课堂"的反映是非常积极的，总的说来大致可以从以下几个方面来总结说明：

（一）教学体验代替了过去灌输式的说明，使研究生加深了对教学理论的理解，效果明显

在实践报告中，有研究生写道："在这一个学期的亲身实践中，我不但感受到了第二语言教学的种种不易、改进教学能力的种种艰难，更感受到了许多在理论学习中难以发现和掌握的实践技巧、'细节决定成败'的深刻以及课堂教学理论的厚度。它使知识从平面变为立体、从教条回归感性、从梗概变得丰满。"还有同学说："上文中所谈到的这些（教学）观念，并不陌生。它们在我的意识里早就有一个轮廓了。然而，通过实际的课堂实践，在学生的反馈和老师的指导中，这些意识才更加清晰了。更重要的是，

它们已经不再仅仅是一些观念,而是和一定的方法连接起来了。"在反思报告中,学生们结合实践体会,对第二语言教学理论中关于总体设计、教材编写、课堂教学的许多理论,如初、中、高各水平段学生情况、学习需求、教学重点等都有了完全不同于以往的理解,有人甚至写出了不错的教学研讨文章,达到了我们设计这门课的目的,即在培养研究生成为合格的对外汉语教师的同时,也帮助他们学习如何观察和研究课堂教学,进一步提高教学创新能力和职业发展能力。

(二)研究课堂录像,以真实的再现代替说教

学生反观自己的录像,结合其他同学所写的观课记录,再撰文对自己和外国学生在课堂中说话的时间、内容、方式进行细致的记录和分析,直观地了解到作为汉语教师在授课时应该避免的常见问题,比如讲解过细、过多,课堂用语不规范,因为不了解学生水平而使用过难的词汇和句式,操作环节凌乱或者不紧凑,展示材料求新求异但没有针对教学对象和教学目的,文化内容脱离语言技能训练,留学生被动听讲而实际练习不够,等等,还包括板书时在书写汉字和拼音时的错误、教师自身一些不良习惯等都能真实再现,研究生自己就能很好地总结和提出改进的想法,改变了过去指导教师苦心指导,但听课研究生因为缺乏实际体验而不理解、不服气、意识不到的"互相折磨",既节省时间,又印象深刻。

(三)丰富的教学材料、教案及深刻的课堂反思报告

虽然限于时间,在第一学期每名研究生只有 3 次各一个小时的课堂实践,但为了利用这宝贵的时间,充分展示各人对教学的理解和把握,参加实践课堂的研究生们调动了所有可以利用的资

源，付出了大量的时间和精力，写出了详细的教案，设计了重点突出、内容丰富、操作方便的纸版材料发给留学生做教材，另外在用电脑制作课件方面，也充分发挥了各人的长处，充分利用表格、真实场景录像、电视录像和广播录音、图片、动画、电脑游戏等新颖形式进行教学。虽然课堂效果并不一定如愿，但反映了研究生们期待教学成功的愿望和努力。"实践课堂"这门课所积累的这些教案、"教材"、课件、教学录像和每位研究生所写的课堂反思报告，为今后我们进行课堂教学研究，如分析新手教师的课堂教学情况等提供了宝贵的第一手材料。

（四）在外国学生生源组织、分班、教学时间安排等方面的经验和教训

由于"实践课堂"是对免费学习的外国学生进行教学，没有任何经济上和教学管理上的限制，在招生时虽然很有吸引力，但同时也容易造成学生的流失。起初初、中、高三个班都可以招满15人，但由于实践课堂教师毕竟是缺乏经验的新手，在组织课堂方面有诸多不足，再加上2008年春季学期是第一次进行实践课堂的教学，对于外国学生的需求不太了解，担心这些外国学生坚持不了很长时间，因此我们把第二阶段教学集中安排在了6周之内，每周安排了3次课，6名研究生轮流教学，每次的教学内容和方法多有差别。可是我们在教学过程中发现这么集中的教学使学生感到有一些疲劳，难以适应，所以能最后坚持下来的外国学生一般为每班5、6人，初级班更是因为部分外国学生感到学习困难，有时候只有一两个人来上课，这对研究生体验班级教学的组织工作造成了一定的影响。研究生也反映每周3次课过于紧张，为了避免研究生及外国学习者过于疲劳，后来的两个学期就把第二阶段实践课程由 6 周延长至 8 周,由每周三次课改为两次,第一阶段和第三阶段的时间相对缩短,这样教学效果有了一定的好转,初、中、高级阶段都吸引了一些坚持每次都来上课的"铁杆儿"外国学习者。同时为了更好地了解外国学习者的感受,帮助研究生更好地认识到自己教学中的问题,我们设计了课堂评估表,每两个星期请外国学习者对每位研究生老师的教学进行评估。外国学习者基本上都能认真填写并给予研究生很多良好的意见和建议。这些直接来自学习者的意见对研究生了解自己的教学情况、认识教学规律大有裨益。

五、对师资培训模式和理念的思考

(一)"以学生为中心"的教学原则

在对外汉语课堂中,"以学生为中心"是最基本的教学原则,那么对外汉语专业的研究生课程、对师资的培养课程也应该坚持这个教学原则,以研究生的需求为中心,教给他们教学的技能,而不仅仅是理论知识。在教学实践课堂中,我们常常发现研究生在讲解某个语言点和文化点或者辨析某些近义词时抓不住重点,举例不合适,讲解不到位。在随后的讨论中,研究生提出来有关这些语言点、文化点的知识他们是学过的,就是不知道怎么简单明了地传达给学生,常常是越讲学生越糊涂。所以,汉语语言文化知识虽然可以自己通过看书学习了解,但他们在教学中最需要的实际教学操作能力却不是看书可以学会的。汉语实践课堂正是可以满足研究生这种需求的课程之一。

(二)以"体验"的方式培养实际教学技能

研究生们在实践课后常常会说"没想到外国学生会问这样的问题",也常常有研究生在上课时听不懂外国学习者的问题,出现答非所问的情况。也有的研究生与外国学生有一对一的辅导经验,也算是对汉语作为第二语言的学习者有一些了解,但他们反映对外国学生在课堂上出现的很多问题还是比较陌生。因此,了解外国学生的学习需求和学习特点是选择合适的教学方法和取得良好教学效果的基础。另外,我们发现研究生在课上答非所问时往往自己并没有意识到出现了问题,在讨论时由教师或者同学指出来才发现。有的研究生在备课阶段自己把教学步骤设想得很好,可是一到了真实的课堂上,遇到学生问到没有想到的问题或者出现一些课堂意外情况时就束手无策了。因此在实践课堂上的真实体验常常能够启发他们理解和思考对外汉语教学的特点。

(三)利用外国在华人士资源,建设对外汉语教师培训基地

开设对外汉语教学实践课堂课程的重要条件之一是招收免费的外国学习者。一开始我们很担心是否有这样的学习者,但实践证明他们对这个课程很有兴趣。目前来华外国人士越来越多,学习汉语的需求很大,有的人因为工作或其他原因没有机会进入大学学习正规课程,也有的在校留学生希望有更多的学习机会。因此,利用这个资源建设对外汉语教师培训基地的前景大有可为。有了这些外国学习者,将可以改变以往的师资培训以专家讲授为主的模式,通过实战体验把一个完全没有教学经验的人很快培养成为合格的汉语教师。同时这种培训模式可以留下大量的一手资料,为进行课堂研究奠定坚实的基础。

第六节　对外汉语本科课程设置比较研究[①]

一个专业的课程设置合不合理，关键是看能不能很好地体现专业培养目标。我国对外汉语专业是一个历史不长的专业。1985年，国家教委批准在全国四所高校率先开设这一专业，随着汉语热的不断升温，2008年开设对外汉语专业的高校已有138所[②]。对外汉语专业在很多高校都是新设专业，对培养方案的制定缺乏经验。本研究搜集并选择了三所著名高校的对外汉语专业培养方案作为研究对象，从培养目标、学时学分、课程设置三个方面进行对比研究，旨在探寻对外汉语专业本科课程设置的最佳方案，以供新开设该专业的高校借鉴使用。为了避免产生不必要的麻烦，行文中一律采用A校、B校、C校来代替三所著名高校（在此对提供培养方案的高校表示感谢）。

一、三所高校对外汉语专业培养目标对比分析

A校培养目标：本专业培养具有扎实的普通语言学和汉语言文字学基础理论知识，掌握对外汉语教学的基本理论和方法，具备一定的文学文化素养，能胜任对外汉语教学与研究及中外文化交流工作并具有进一步发展前途的专门人才。

[①]　本节摘自杨吉春《三所高校对外汉语专业本科课程设置对比研究》，《民族教育研究》2010年第6期。

[②]　周卫华、王继花《浅谈地方高校对外汉语专业本科课程设置》，《三峡大学学报》（人文社会科学版）2008年S2期。

B校培养目标：本着知识、能力、素质并重的教育教学原则，培养学生扎实的双语、双文化基础，能够将汉语作为第二语言进行教学的能力；能够用母语和英语进行通畅交流，以及将中华文化向世界传播的能力；具有国际视野和全球意识，以及跨文化交流和交融的能力及跨文化思考的能力；具有对新问题进行综合和表达的能力，能够在复杂的信息环境下，对外来文化和变化中的世界了解和判断的能力。具备进一步深造为高层次汉语国际教育的专门人才的潜能，能在国内外学校、机关、公司、企业从事对外汉语教学，以及文秘、翻译、中外文化交流等相关工作的专业人才。

C校培养目标：本专业培养具有汉语言文学基本理论、基本知识和基本技能，具备良好的文化素养、较广泛的社会与人文学科基础知识与理论，特别是跨文化理论与交流能力，熟练掌握英语，能够在学校及其他教学培训机构从事对外汉语教学、跨文化交流以及继续进行专业深造的人才。

从三所高校对外汉语专业的培养目标可以清楚地看出，他们都是要培养出能胜任对外汉语教学和中外文化交流工作以及继续深造的专业人才；但对该专业的学习者应掌握的理论知识和应具备的能力的要求有所侧重。A校基础理论的掌握重点放在普通语言学和汉语言文字学方面，C校重点放在汉语言文学方面，B校重点放在双语双文化方面。由于三所学校专业培养目标的侧重点不同，导致各校课程类型的安排、学时学分的分配、各类课程的设置都有明显的差异。

二、三所高校课程类别和学时学分对比分析

A 校的课程类别：公共必修课、公共选修课、专业必修课、专业选修课、外语必修课。

B 校的课程类别：通识教育平台课程（必修课程、选修课程），学科基础平台课程（相关学科基础课程、学科基础课程），专业课程（核心课程、拓展课程、实践课程）。

C 校的课程类别：公共必修课、学科基础课、专业必修课、专业选修课、跨专业选修课、其他教学环节。

虽然表面上看三所高校的课程类别有很大的区别，但细致分析，主要是名称表述的不同和类别多少的不同，我们可以整合为四大类别：公共必修课、公共选修课、专业必修课、专业选修课。根据三所高校的课程类别整合和学时学分的分配比例可列表1：

表1 三所高校对外汉语专业课程类别和学时学分分配比较

课程类别 学时/学分	公共必修课	公共选修课	专业必修课	专业选修课	合计
A 校：学时/学分	558 / 32	150 / 10	1774 / 99	396 / 22	2878 / 163
B 校：学时/学分	918 / 44	252 / 12	1044 / 55	612 / 34	2826 / 145
C 校：学时/学分	576 / 26	108 / 6	2058 / 105	270 / 15	3012 / 152

从表中公共必修课、公共选修课、专业必修课和专业选修课可以看出，三所高校的学时学分数量差异明显，按多至少的顺序可以排列如下：公共必修课，B 校＞C 校＞A 校；公共选修课，B 校＞A 校＞C 校；专业必修课，C 校＞A 校＞B 校；专业选修课，

B校＞A校＞C校。排序显示：B校特别重视公共必修课、公共选修课和专业选修课，C校特别重视专业必修课，A校比较重视专业必修课、专业选修课和公共选修课。

三、三所高校对外汉语专业本科课程设置比较分析

（一）公共必修课方面

一般来讲，公共必修课是全国高校统一要求的，所以每一所大学的不同专业的公共必修课是全校统一的。三所高校都要求对外汉语专业的学生必须修完以下课程：计算机（理论和上机），体育，马克思主义基本原理，毛泽东思想、邓小平理论和"三个代表"重要思想概论，中国近现代史纲要，思想道德修养与法律基础。不同的是，三所高校各自要求学生多修一门课程，A校：军事理论，B校：就业指导，C校：民族理论与民族政策。各自增加公共必修课体现了三所高校各自的特色，A校强调军事理论的重要性，B校强调就业指导的重要性，C校强调民族理论政策的重要性。作为公共必修课来讲，研究者认为应该增设"文献检索与工具书使用"这门课程，在信息时代，开设该课程对学生比较实用，有利于学生学习时获取大量的信息和资料。至于军事理论、民族理论与民族政策、就业指导等课程可以放到公共选修课类别里开设或以讲座的形式实现。

（二）专业必修课方面

专业必修课是任何一个专业必须学习的主干课程，它体现了一个专业的特点，涵盖了一个专业的基本知识和基础理论，所以，要求该专业的学生都必须学习，对外汉语专业也不例外。但是对

外汉语专业比较特殊，不仅涉及汉语本体，还涉及本体的应用，特别是该专业培养出来的学生在今后的工作中主要是对外汉语教学，这就形成了对外汉语专业不但不专，而且涉及的知识面很广。下面是三所高校对外汉语专业的专业必修课比较表：

表2 三所高校对外汉语专业相同专业必修课课时数比较

课程名称	高校代称		
	A校（学时）	B校（学时）	C校（学时）
现代汉语	144	144	90
古代汉语	144	72	144
中国文学（史）	180	180	360
语言学概论	72	36	54
对外汉语教学概论	36	36	36
对外汉语课堂教学法	72	36	72
综合英语	426	360	420
英语听力	144	54	144
英语口语	106	54	144
英语写作	72	72	72
英语阅读	72	72	144
共计	1468	1116	1680

从表2可以看出，三所高校都开设了现代汉语、古代汉语、中国文学（史）、语言学概论、对外汉语教学概论、对外汉语课堂教学法、综合英语、英语听力、英语口语、英语写作、英语阅读11门专业必修课程。这说明这些课程都是对外汉语专业必须学习的基础课程。不同的是，这些课程学时的分配比例有较大差异，从总学时数量可以由高到低排列为：C校＞A校＞B校。并且高出的课时数主要体现在中国文学和英语类的课程上面，这说

明 C 校更重视文学和英语。

表3　三所高校对外汉语专业相异专业必修课及课时数比较

A 校（课程 / 学时）	B 校（课程 / 学时）	C 校（课程 / 学时）
汉字学 /36	汉语写作 /36	现代汉字学 /36
句法学 /36	文艺理论 /36	汉语语音学 /36
写作 /36	英汉互译 /72	英汉互译 /72
中国文化史纲 /36	西方文化 /72	中国文化概要 /54
外国文学史 /36	外国文学史 /36	应用语言学 /36
教育学原理 /36	跨文化交际导论 /36	跨文化交际 /36
教育心理学 /36		英语语音 /18
形式逻辑 /36		英语语法 /36
		文学概论 /54
共计：288	共计：288	共计：378

表3显示：三所高校设置了不同课程名称的专业必修课，有的课程名称虽不一样，但课程的内容差别不大，如 A 校的汉字学和 C 校的现代汉字学，A 校的写作和 B 校的汉语写作等；但有的课程是各自独有的，如 A 校的形式逻辑，C 校的文学概论、B 校的文艺理论等；至于其他的课程有的高校是放在专业选修课里开设，如 A 校专业必修课中的教育学原理和教育心理学，C 校和 B 校都放在专业选修课中开设。这说明 A 校比较重视学生教育心理学方面的知识传授和逻辑思维能力的培养；B 校重视学生英汉互译能力的培养；C 校重视文学理论知识的介绍和英语知识的学习。

（三）专业选修课方面

在专业选修课方面，三所学校开设的课程数量差距很大。A 校共开设了32门专业选修课供学生选择，其中汉语类的课程有

16门：现代汉语语音学专题、现代汉语词汇学专题、汉语语法分析方法、语用学、语义学、音韵学专题、汉语修辞学、社会语言学、语言应用理论与实践、语言学及应用语言学系列专题、汉语言文字学系列专题、语言学与应用语言学论文导读、汉语语音史概要、汉语词汇概要、汉语语法概要、语言与文化专题；外语类的课程有6门，包括5门英语和1门二外：英语口语（四）、英语翻译（1、2）、英语泛读（1、2）、英语专题讨论（1、2）、外贸英语、第二外语（1、2）；教育教学类的课程4门：对外汉语教学系列专题、普通心理学、教育科学研究方法、中外教育史；文化文学类的课程6门：中外文化交流史、中国文化要籍导读、宗教与文化、英美文学史（1、2）、西方文明史（1、2）、社科文献检索。

　　B校共开设了53门专业选修课供学生选择，其中汉语类的课程有7门：现代汉语词汇研究、汉字概论、训诂学、现代语言学专题研讨、汉英语言对比、中西语言学名著选读、翻译学导论；英语类的课程有4门：综合英语阅读（1、2）、涉外应用文写作、商务英语、高级英语口译；教育教学类的课程有9门：对外汉语语音教学、对外汉语词汇教学、对外汉语语法教学、对外汉字教学、第二语言教学论、第二语言测试与评估、对外汉语教学心理学、对外汉语教学技术、对外汉语课堂研究方法；文化文学类的课程有33门：文体与文体翻译、中西文化比较（双语）、美国文学史及作品（英）、跨文化交际导论（双语）、英国文学史及作品（英）、英译中国文学作品选读、当代中国（双语）、人类学与文艺、中国思想文化、传统应用文的阅读与写作、中国哲学与文化（英）、东方文学与文化、西方文论、中国古典小说导读、古典文学与民俗文化、电影艺术欣赏、欧美电影专题研究、文学批评学、朗读与演讲、英语文学经典导读、英译中国文化（双语）、中法文学比较、中国文化对外传播研究、中国文学古今通论、社会性别与女性发展、中国文学批评史、中国传统图像的文化象征、女性文学研究、日本文化与社会、中国文学经典研读、中国非物质文化遗产研究、诗的鉴赏与翻译、20世纪西方美学经典著作导读。

C校共开设13门专业选修课供学生选择，其中汉语类的课程有4门：现代汉语专题、汉语词汇学、汉语语法学、《说文解字》导读；英语类的课程有1门：英美概况；教育教学类的课程有4门：教育学、教育心理学、教学设计、现代技术教育基础；文化文学类的课程有4门：语言与文化、古代文献导论、宗教文化、综合练习（TEM4）。

从三所高校开设的专业选修课程和数量来看，A校比较重视语言类的课程，B校开设的课程偏向于文化文学类，C校开设的课程类型和数量比较均衡。这说明A校培养的对外汉语专业的学生主要面向教育教学，而B校和C校培养的对外汉语专业的学生不仅面向教育教学，而且也面向涉外的相关领域，B校涉及面比C校更宽一些。

除了以上课程之外，三所高校都设置了一些实践性的教育教学环节：学年论文、毕业论文、毕业实习、社会实践、军事训练等内容。

通过对三所高校的课程设置进行对比分析，发现其均存在以下几个方面的问题：（1）三所高校培养方案的制订缺乏对人才知识能力培养的标准依据，导致各自的培养目标、人才规格、知识能力结构、课程体系的构建等之间的内在逻辑性不强。（2）对外汉语专业无论是名称还是内涵都不能与时俱进，过去培养的学生主要是在国内从事对外汉语教学，现在大量的学生以各种途径到不同国家从事汉语教学，特别是国家汉语国际推广领导小组办公室每年都要派大量的志愿者到不同国家和地区任教，这就要求我们除了开设英语课之外，要有针对性地开设一门或两门外语。（3）虽是同一个专业，但学科定位和培养目标不完全一致，导致课程设置各有侧重：A校重语言教学，B校重语言教学和翻译，C校重语言文学。（4）三所高校设置的汉语类和英语类的课程与对外汉语专业不匹配，它们都是重英语、轻汉语。（5）文化课只注重理论，不注重实践和体验性的教学，没有开设武术、舞蹈、音乐、剪纸、戏曲等有中国文化特色的实用课程。（6）教学方法和实践类的课程较少，培养出来的学生专业性不强。

四、对外汉语专业本科课程设置的思考及构建

通过对三所高校对外汉语专业本科培养目标、学时学分和课程设置的对比分析，发现A校开设的课程是为培养对外汉语教学方面的人才而设置的；B校开设的课程与主要的课程设置都不是完全针对对外汉语教学的，还包括涉外工作方面的，甚至与英语专业比较接近；C校开设的课程除了针对对外汉语教学外，还针对涉外的领域开设。这说明设置对外汉语专业本科课程时，定位很重要，即我们培养的人才属于学术型的还是应用型的，还是二者结合的；从就业情况看，是培养专门从事对外汉语教学的人才

还是包括涉外领域的；从社会发展看，是培养国内对外汉语教师，还是培养国际汉语教师。这些定位的不同都会影响到课程设置的内容。因此各高校在设置对外汉语专业本科课程时，应考虑以下几个方面的问题：

（一）把握国际汉语教师标准及其要求

2007年11月国家汉语国际推广领导小组办公室出台了60名中外对外汉语教学专家共同研制的国际汉语教师标准。该标准包括五个模块十条标准，模块一：语言基本知识与技能（1.汉语知识与技能，2.英语知识与技能）；模块二：文化与交际（3.中国文化，4.中外文化比较与跨文化交际）；模块三：第二语言习得与教学策略（5.第二语言习得与学习策略）；模块四：教学方法（6.汉语教学法，7.测试与评估，8.汉语教学课程、大纲、教材与辅助材料，9.现代教育技术及运用）；模块五：教师综合素质（10.教师综合素质）[1]。每个模块下均有相应的主标准和次标准，每个次标准下又有与之相应的知识点、能力点和技能点等方面的具体要求。例如，模块一：语言基本知识与技能，标准1：汉语知识与技能，标准1.1教师应掌握汉语基本知识。基本知识：（1）汉语语音基本知识，（2）汉语词汇基本知识，（3）汉语语法基本知识，（4）汉字基本知识[2]。

如果对外汉语专业本科培养出来的人才是专门为了从事对外汉语教学的话，那在制订培养方案之前，一定要认真阅读和吃透国际汉语教师标准及其具体要求，方能制订出更加科学合理的培

---

[1] 国家汉语国际推广领导小组办公室《国际汉语教师标准》，北京：外语教学与研究出版社，2007年。

[2] 同①。

养方案。

（二）确定对外汉语专业本科培养目标

如何确定对外汉语专业本科培养目标，是课程设置中的首要环节，它关系到人才基本规格、知识结构和能力结构的制订，涉及学时学分的分配和课程设置的内容。那么，在以国际汉语教师标准为依托的前提下，还应以各高校培养方案指南为指导，结合对外汉语专业的特点，贯彻落实以教师为主导、以学生为主体的教学理念，强化课程体系的内在逻辑性，注重知识、素质、能力三位一体的培养；给对外汉语专业本科这一阶段培养的人才一个准确定位。范例如下：

本专业培养具有基本的汉语和外语知识技能、良好的文学文化知识素养、基本的教学研究能力以及跨文化交际能力等教师应具备的综合素质，能够胜任对外汉语和国际汉语教学、中外文化交流以及继续深造的人才。

（三）制订人才基本规格、知识结构和能力结构

根据确定好的培养目标的内涵，制订出人才的基本规格，即对外汉语专业应该具有什么样的素质，应该符合该专业的哪些标准和要求，要符合这些标准和要求，应掌握哪些方面的知识，应具备哪些方面的能力。根据国际汉语教师标准，特制订以下人才基本规格、知识结构和能力结构。

1. 人才基本规格

（1）热爱对外汉语教学和国际汉语教学。（2）具有良好的思想品德和较强的责任感，勤奋求实、勇于奉献。（3）掌握基本的汉语和外语知识，具有一定的语言理论功底，掌握和体验中外文化文学知识，具有良好的人文素养和专业素养，受到教学

方法技巧的专门训练。（4）英语达到大学英语四级合格标准。（5）具有良好的心理素质和健康的体魄，通过教育部规定的《学生体质健康标准》测试。

2.知识结构与能力结构

（1）掌握汉语基础知识和基本技能。（2）具有扎实的英语基础和英语听、说、读、写能力。（3）具有教师基本的职业素养，具备从事对外汉语教学和国际汉语教学的能力。（4）具备从事对外文化交流的能力。（5）掌握现代教育技术，具备运用计算机的能力。（6）具有团队意识、协作精神及人际沟通能力。（7）具备教师综合素质。

（四）合理分配学时学分

要合理科学地设置该专业的课程，必须先对该专业应具备的知识和能力结构在学时学分上做一个合理的分配。根据国际汉语教师标准，特制订学时学分分配比例为：模块一，语言基本知识与技能（60%）；模块二，文化与交际（15%）；模块三，第二语言习得与教学策略（5%）；模块四，教学方法（15%）；模块五，教师综合素质（5%）。

（五）具体课程设置

课程设置应体现专业培养目标、人才基本规格、知识结构和能力结构，因此，设置课程应具有较强的体系性和逻辑性。课程设置的构建应采用多级分类法，具体框架和课程设置可参阅表4。

表4　对外汉语专业本科课程设置参考表

类别	类型1	类型2	课程名称
必修课	公共必修课		计算机基础理论、计算机基础上机、公共体育（1—4）、马克思主义基本原理、毛泽东思想和中国特色社会主义理论概论（上、下）、民族理论与民族政策、中国近现代史纲要、思想道德修养与法律基础、文献检索及工具书使用
	专业必修课		现代汉语(上、下)、语言学概论、古代汉语(上、下)、中国古代文学(上、下)、中国现代文学、中国当代文学、外国文学、综合英语（1—4）、英语阅读（1—4）、英语听力（1—4）、英语口语（1—4）、英语基础写作（1—2）、普通话训练、对外汉语教学概论、对外汉语教学法
选修课	专业选修课	汉语/外语类	汉语语音学、汉语文字学、汉语词汇学、汉语语法学、汉语音韵学、汉语修辞学、训诂学、《说文解字》导读、"普通语言学教程"导读、"句法理论的若干问题"导读、语义学专题、语言学史专题、语言学前沿讲座、第二外语
		教育教学类	教育学、心理学、对外汉语语音教学、对外汉语词汇教学、对外汉语语法教学、对外汉语修辞教学、对外汉语汉字教学、对外汉语课型教学、第二语言习得专题、现代教育技术基础、应用写作
		文学文化类	《论语》导读、唐诗导读、宋词导读、鲁迅研究、陶渊明诗歌导读、现代散文名家名篇导读、当代小说名著导读、电影中的20世纪中国文学、外国文学名著导读、中国古典文献学概要、中国文化概论、中国节日文化、中国审美文化专题、跨文化交际、社交礼仪、影视艺术概论、艺术概论、美学原理、民俗学

（续表）

类别	类型1	类型2	课程名称
选修课	公共选修课	跨专业选修类	普通统计学、逻辑学、中国概况、武术、中国民族舞、书法训练、中国音乐、中国近现代史、世界近现代史
		实践环节类	政策教育、创新教育、军事教育、社会实践、能力训练、写作训练、专业见习、毕业实习、学年论文、毕业论文、就业指导、节日体验

第七节　对外汉语专业"现代汉语"的课程特点[①]

我们在对外汉语的专业课——对外汉语教学通论和教学法的教学中经常遇到这样的情况：很多学生的现代汉语底子很不扎实，课堂上还要不断重复现代汉语的内容，这阻碍着教学的顺利进行。对外汉语专业的学科性质决定了学生从业后要具备较高的专业素质，特别是作为教学基础的现代汉语知识。这使对外汉语专业的现代汉语课和中文本科具有很大差别，不只是"主干基础课，是语言学概论的先修课，是理论性和实践性都很强的必修课"[②]，更是本专业其他课程如教学通论、教学法等的必要基础，有更强的实践性。本节根据研究者相关课程的教学经验，从教学目标、教学内容、教学方式和课程测试四个方面加以讨论。

[①] 本节摘自孙春颖《对外汉语专业现代汉语课教学的探索与实践》，《语言文字应用》2006年第4期。
[②] 马庆株《信息时代高校语文教育刍议》，《中国大学教学》2002年第Z1期。

一、确定教学目标

教学目标是教学过程中必须首先明确的问题。高校中文系现代汉语的目标是要"使学生比较全面系统地了解并掌握有关现代汉语的基础知识和基本理论。要强调把学生已有的对母语现代汉语的感性认识提高到理性认识的高度，借以提高理解和运用语言的能力，为他们将来进一步深造或从事语言文字工作打下扎实的基础。要培养学生对现代汉语语音、词汇、语法和修辞以及文字进行正确分析的基本技能。教学目的还包括贯彻落实新时期国家语言文字工作的方针政策，落实宪法'国家推广全国通用的普通话'的规定，向学生进行热爱祖国语言、为维护祖国语言的纯洁和健康而贡献力量的教育，进行辩证唯物主义和历史唯物主义语言观的教育，进行勤奋严谨求实创新的学风教育"[①]。而在以培养对外汉语教学师资为初衷和基本任务的对外汉语专业讲授现代汉语时，还要尽可能培养学生的综合能力，使其在未来的教学中能够胜任对留学生的教学工作。由此，我们认为，对外汉语专业现代汉语课的教学目标就是立足于汉语作为第二语言的教学，培养学生运用现代汉语知识进行教学的能力。具体一点说就是：（1）系统掌握现代汉语语音、词汇、语法、文字及语用的基本规则，熟知汉语作为第二语言学习有哪些优点，更重要的是熟悉对外汉语教学的重点和难点；（2）能正确使用现代汉语普通话，并能够运用现代汉语理论知识解释汉语言语现象；（3）能运用汉语理论知识从事对外汉语教学，包括知识讲授、设计练习、

---

① 马庆株《信息时代高校语文教育刍议》，《中国大学教学》2002年第Z1期。

适当举例等；（4）能发现学生在汉语语音、词汇、语法等方面使用上的偏误，并进行分析、指正；（5）能够从比较中进行归纳。

二、教学内容

从对外汉语专业现代汉语课的教学目标出发，其教学内容应包括以下几个方面：

（一）立足于对外汉语教学的现代汉语本体知识

"汉语作为第二语言教学"的性质决定了应把现代汉语的各种规律作为教学的核心内容。要培养合格的对外汉语教师，首先必须帮助对外汉语专业学生搭建合理的面向对外汉语教学的现代汉语知识体系。传统现代汉语课上所讲的汉语语音、词汇、语法等要素的规律固然重要，但我们还必须把汉语作为第二语言教学时的重点和难点及文化语用规则等内容纳入教学范围，既要关注汉语和其他语言之间的差异，也要注意语言之间的共性。下面举例说明（篇幅有限，我们不能在这里穷尽列举所有的扩展内容，每个方面只能简单说明）。

1. 语音

汉语中的很多语音是人类语言共有的，但我们更强调汉语语音和其他语言的差异。像汉语中一些有标记的语音，如 zh、ch、sh、r 和 j、q、x，ü 及带 ü 的韵母，再如语流音变中作用特殊、发音较难的儿化等等，都是一般外国人在语音学习阶段的难点。对学生的要求就是能准确说出每一个音素的发音部位、发音方法，并且学会用手势模拟舌位、画图等方法来说明如何发好那些难发的音,能详细说明儿化等音变的发音方法及规律。

2. 词汇

汉语中有很多词可以通过语素义来理解词义,这无疑为学习者减轻了负担。但也有不少词,包含贬义(如"狗")、文化特征(如"贵""令")等语用义,或反映认知因素(如"红眼病""穿小鞋")、中国社会政治特点(如"指示"),还有一些随社会发展而出现的新词新义(如"话吧""PK")以及熟语、成语等,成为理解和使用的难点。让学生学会引导留学生利用语素义理解词义,注意适当指出常见的附加意义是现代汉语课词汇教学的重点。

3. 语法

这里要突出的是外国学习者普遍出现偏误的语法现象,如"把"字句、"被"字句、比较句、连动句、兼语句、存现句、趋向补语、时量补语、形容词作谓语、形容词的重叠及用法、"A(一)点儿!"祈使句式、非施事或受事宾语、动词为中心的名词性结构等。我们的目标就是使学生获得针对具体现象尤其是学习者的偏误进行合理分析并解决的能力。国内对外汉语专业一般都很重视语法教学,并专门开设了对外汉语教学语法作为延伸,此处不再赘述。

4. 文字

现代汉语教材基本上都是从汉字的特点、构造、部件及汉字的整理和规范化等方面来增加以汉语为母语者的汉字知识。除笔画、笔顺、现代汉字构造等内容在对外汉语教学中有一定的用处,其他都很难和具体的教学实践相联系。我们更强调汉字的笔顺、结构、字形与读音的关联、类推学习等问题。还必须告诉学生,很多汉文化圈国家的学习者能够书写繁体汉字，对他们应采取不同于欧美学习者的、更有针对性的教学方法，如同部类推、同音比较记忆等；侧重点也应该在教他们如何把已掌握的繁体字转化为简化字，并建立汉字的母语读音与汉语读音间的联系等。如让学生尝试分析韩语汉字表，同现行汉字以及繁体汉字进行比较后找出重点难点，探索有效的教学方法。

5. 文化语用

有些现代汉语教材设置了"语用"这一章节，关注语言信息的整个传递过程及其中各种发生作用的因素、制约规则；而大部分教材都只谈"修辞"，侧重于信息发出者为了实现有效表达而进行的言辞修饰。实际上，对外汉语教学中一般不会把语用单列为一门课，但像中国人的问候和告别、话题、道歉、请求之类的语用问题却都会随着语法的深入而突显出来，教师必须把文化和语用的规则渗透到语言要素的教学里。所以，我们的现代汉语课既要讲"修辞"，又要对语用因素有所涉及，让学生有备无患。

（二）语言教学的能力

上面已经谈到，作为对外汉语教师应该具备一定的语言教学能力。对外汉语专业的学生不能只把现代汉语作为提高自身第一语言运用能力的重要补充，更要能就汉语的结构规则和使用规律进行第二语言教学。因此，现代汉语教师还要培养学生下列几种能力：

1. 正确发音（指普通话语音）、讲解语音知识、听辨发音和纠正语音偏误的能力。

2. 解释词语的概念意义和语用意义、列举词语搭配、辨析近义词及形近词的能力。

3. 简单而有条理地讲解语法点、指出各种语法偏误、说明原因并进行纠正的能力。

4. 准确传授汉语语用规则并引导学生正确运用汉语的能力。

5. 从汉语修辞的角度判别留学生写作、会话方面的不恰当表达并加以纠正的能力。

6. 教写规范汉字、分析汉字造字法和结构方式的能力。

7. 从语言现象中总结规律和根据语言规律适当举例说明的能力。

（三）语言研究的方法

并非所有的学生在毕业后都能够从事对外汉语教学工作，而且就算从事教学工作，也要进行一定的科学研究。因此，让学生掌握语言研究的方法也是现代汉语课十分必要的内容。这需要教师潜移默化地进行引导和训练，在学习中激发学生发现问题、分析问题和解决问题的积极性，自然而然地掌握语言研究的方法。

三、教学方式

长期以来，中文系的学生对现代汉语课都很难有较大的兴趣，原因就在于教师往往局限于教材，联系实际也不够。很多教师都在积极探索如何改进高校的现代汉语教学，冯艳（2004）[①]主张采取灵活多样的教学方式，贯彻讲练并重。张雪涛（2005）[②]建议"教师在编写教案时，应对选用的现代汉语教材进行教学内容

---

① 冯艳《现代汉语课堂教学方式新探》，《教学研究》2004年第5期。
② 张雪涛《现代汉语教学改革论析》，《语言文字应用》2005年第3期。

上的整合，做到有取、有舍、有详、有略。把每个章节的知识点串成线，连成片，结成网，形成一个完整的知识体系"，精选具有典型性、知识性、科学性、趣味性的新鲜例句，注意锤炼自己的课堂语言等。李文斌（2003）[①]提出要根据专业因需施教，但没有提及对外汉语专业的现代汉语教学。根据教学实践，我们认为，对外汉语专业的现代汉语课可以采用自主学习、讲练结合、注重实践、勤于提问相结合等方式，以不断激发学生学习的兴趣，促使其自主学习、巩固知识。

（一）自主学习，善于总结；讲练结合，突出重点

我们认为，现代汉语的本体知识应主要通过讲授和自学两种途径进入学生的知识系统，自学为主，讲授则是点睛之笔。学生人手一本教材，教师可以事先规定自学内容，课上解答学生自学时的难题后，指出该部分在对外汉语教学中的重点和难点、汉语学习者容易出现的偏误等，便于学生在将来的教学中轻松应对这些问题。

以历来让汉语学习者和教师都有些头疼的"把"字句为例。在布置自学的任务时，我们让学生先思考这样几个问题：（1）"把"字句的形式结构是怎样的？有哪些特点？（2）"把"字句表述了怎样的意义？（3）"把"字句通常在什么情况下使用？（4）如果让你来教留学生，该从哪些方面入手？

学生要先凭自己的语感回答，再对照教材，结合"把"字句的特点及我们开列的近年来关于"把"字句的研究成果（主要是论文，其中也包括儿童语言发展中的"把"字句研究）来回答以上问题。学生在自学后对"把"字句都明显有了更为深入的理解。

---

① 李文斌《与时俱进，搞活现代汉语教学》，《高教论坛》2003年第4期。

课堂上我们再通过分析一些留学生在使用"把"字句时出现的偏误现象,如"我们把房间装饰""他不把教室打扫干净"等,以提示学生去发现为主,教师予以必要补充,总结出外国人学习"把"字句的重点和难点。类似的还有"'他没有我高'和'他不比我高'有什么区别?比较句有哪些特点?""'如果……那么……'这样的复句怎么教?"等问题。这样从对外汉语教学中常见的一个个具体问题出发,共同分析、总结,最终形成一个包括语音、词汇、语法、语用、汉字各方面重点难点在内的系统列表,作为今后教学的参照[①]。

(二)学以致用,注重课堂教学实践

学生的课堂教学实践是为学生能达到前述语言教学的能力而设置的。实践的内容可以是让学生在充分自学后讲授现代汉语的基本规律。如句法成分这一节,事先指定几名学生,每人准备一种句法成分,分别从定义、可以充当该句法成分的词语、语义特点、特殊说明、是否存在争议或问题等方面着手。内容要充分、有条理,不能照本宣科,且要适当举例说明(所举之例应为自己所造或平时积累的语料)并板书。这种实践的目的是使学生牢固掌握汉语本体知识,培养学生归纳、演绎及逻辑思维的能力,使之具备教师基本的授课素质。

实践的另一种形式是有针对性地运用汉语规则分析具体问题。讲方音辨正时,可以让学生先对照自己的方言,了解容易出现错误或缺陷的声、韵、调,然后以小组形式互相听音、辨音、

---

① 很多关于对外汉语教学的研究成果中都较为详尽地阐述了留学生学习汉语的重点和难点,此处不再详列。

纠错。若能请留学生作为交流对象，让学生在交际中自己发现留学生容易出现偏误之处，会取得更好的教学效果。在一次总结留学生语音学习难点的课上，我们请了两位韩国留学生来阅读一篇他们没有学过但没有生词的课文，然后让中国学生指出韩国学生语音上有哪些不地道之处，进而归纳韩国人学习汉语语音的难点。这次课上学生们都积极思考、踊跃发言，课堂气氛异常活跃。我们也可以同时邀请不同国家的留学生，让学生试着通过比较找出不同母语背景的学习者语音失误的类型及国别差异，便于今后有区别地进行教学。

创设对外汉语教学课堂情境，要求学生就某个知识点为"留学生"讲解，既要让"留学生"理解，又要判断"留学生"是否真正掌握了所讲授的语言知识，这也是一种有效的实践方式。学生不仅要有分析能力和授课素质，还要具备设计练习、听辨（包含语音、词汇、语法、语用在内的）各种偏误并及时准确地加以纠正的能力，体会到如何在对外汉语教学中设法使用简单的语汇而非术语来讲解复杂现象。

每项实践都可以让其他学生来客观评判实践者的优缺点，以达到所有人共同提高的目的，让学生对现代汉语产生一定的兴趣，为今后对外汉语教学法课程的开设埋下伏笔。

（三）带着"有色眼镜"学习

所谓"有色眼镜"，是指怀疑的眼光。我们提倡学生把一切观点都当作假设，而非结论，多问"合理不合理"或是"为什么"。

目光首先放在我们所使用的现代汉语教材上。现行的教材存在着许多带有作者主观认识的判断，我们要求学生在通读教材时不断地质疑：这些论述到底科不科学？适不适合我们对外汉语教学的实际？是否有些例句不够恰当？还有哪些地方可以再进行更细致的分类？如果"我"是编者，这本教材中应该有哪些地方需要修改？等等。我们还建议学生将多种现代汉语教材放在一起比较，找出各教材在相同问题上的不同阐释，并思考哪种更具合理性。习惯了带着问题看教材，学生也会慢慢地将带着问题的目光放到各种语言现象和语言理论上，无论是与留学生交流，还是看电视、报纸或学习其他语言理论，都会有意识地去寻找问题，并试图去解决这些问题。记录和积累下来的问题和讨论结果可用来写作课程论文。这有利于学生形成良好的学习习惯，激发学生汉语本体研究的兴趣。

"有色眼镜"不仅要用在现代汉语教材中，还要在众多的对外汉语教材中发挥更大的作用。已经出版的对外汉语教材种类繁多，水平也参差不齐。就是同一本教材，也会既有优点又有不足。我们在课上会拿一些教材给学生看，让他们对对外汉语教学的内容有一个感性认识，同时对这些教材予以评价，这也是现代汉语本体知识和教学能力的一种实际应用。举个例子来说。一般初级阶段汉语教材在第一册前几课都会出现这样一些对话：

（1）A：你好。

　　　B：你好。

（2）A：你忙吗？

　　　B：我不忙。

可是实际生活中我们互相问候的时候，真的会这样说吗？学生们的答案都是否定的，还列举出中国人问候的很多方式，像"吃了吗？""去哪儿？"等。这时就可以引导学生思考：遇到这样的课文该怎样讲？是就事论事，还是适当扩充？扩充的话，应该到什么程度？在文化差异的作用下，常有留学生问："为什么中国人那么喜欢打听别人的私事（指问他们去哪儿、做了什么）？"我们让学生来解答，说明其中包含的文化因素，以及该何时渗透到课堂中。此外，对外汉语教材中生词的选择和解释、语法的导入和操练等都是值得深入讨论的。带上"有色眼镜"，学生就会获得更多适用于对外汉语教学的知识和能力。

（四）学会举证

例句是留学生理解汉语知识的最佳途径。作为汉语教师，必须具有适当举例说明的能力。现代汉语教师可就某些知识点让学生想例句，也可以布置学生在课后根据知识点到文学作品中去搜集相应的语料；还可以要求学生在接触留学生时，留心观察他们使用汉语的情况，把特殊现象记录下来，然后在课堂上进行交流。每讲到一个现代汉语知识点时，都提示学生去回顾这些语料，用所学习的理论来解释这些具体的语料。这样既为学生将来的教学积累大量的例证，又能调动其学习的积极性，还能帮助他们养成勤于思考的习惯。

（五）现代汉语本体研究和对外汉语研究专题介绍

现代汉语本体研究和对外汉语研究是互为补充的。开设专题介绍现代汉语和对外汉语研究的最新动态，如语法方面的三个平面、小句中枢、配价等理论，现代汉语语音、词汇、语法、汉字与对外汉语教学关系等研究成果，一是可以使学生在未来的科研活动中避免重复研究，二是有助于学生应用最新理论，也可以借此鼓励学生参加科研活动。我们建议在条件允许的情况下，以班级为大单位分成若干小组，由班级干部组织，固定时间来系统地阅读教师开列的现代汉语和对外汉语方面研究成果，并就此进行小组讨论或大组讨论。

（六）开展调查和讨论

这一项可以作为现代汉语课程的有益补充。要求学生在课外同留学生交流时注意留学生在汉语学习过程中还存在哪些课堂上没有介绍过的难点，按国籍、汉语水平、年龄、性别等分别归纳后形成调查报告，在课上适当的时候交流和讨论，自己提出解决的办法，并由大家一起分析这些办法的可行性，还可以从中找出现代汉语本体研究中亟待解决的课题。经过这样的调查和讨论，学生虽然刚进入专业学习，却已经对未来的教学对象有了一定的了解，也能够积累较为充实的语言材料，有利于今后的教学实践。

（七）尝试比较

通过比较找出语言之间的异同点，对于汉语作为第二语言的教学无疑是非常有益的。我们可以从引导学生把汉语同他们比较熟悉的英语进行比较开始，进而鼓励他们学习其他语言并从中发现一些规律。比较可以由语法扩展到语用和文化。这样既能加深学生对现代汉语知识的理解，也可以让他们知道，应该针对不同语言背景的学习者选择教学重点。比较也不应局限在不同语言之间。在汉语内部也有很多需要比较的内容，如相近的语音、同（近）义词、形近词的比较，同义句式的比较，等等，这样才能更好地解决汉语教学中的许多问题。

四、课程测试

根据对外汉语专业的基本定位，本课程测试的重点应在对现代汉语本体知识的应用上，尤其要和对外汉语教学紧密结合。可采用听音辨音、分析病句、区别同义词或形近词以及就某个知识点要求学生安排讲解的先后顺序等实践性较强的题型。我们近两年的试卷中有一道综合考察性质的评改题：选取一段留学生写作原文，要求学生综合运用学过的现代汉语知识修改其中词汇、语法、修辞、汉字、语篇衔接等方面的偏误，并说明理由。如：

骑自行车说起来十分容易，但是并不是一件轻而易举的事情。我下了很大的功夫才学会。

我忘不了刚到北京的那一天。在从机场到学校的路上，我发现这么多自行车。那时候我很奇怪，我没想到这么老的男女人也骑自行车。大学生、中学生和小学生都骑自行车穿来穿去。我一辈子都没见过这么多的自行车。

几天以后，我开始明白了自行车很有用在北京，我每天去五道口买东西还是去上课，走路很远，如果有自行车就方便多了。我很想买一辆自行车。但是，我有两个问题：第一个是，我是一个很怕的人。第二个是，我一辈子没骑过自行车，那怎么办呢？现在开始学真不好意思，那不要了吧。但是，每次我的同学去参观或者去玩儿都骑自行车去，我不得不坐在后面，但是很不舒服，而且我很怕。我从心里很想学骑自行车。

有一次天已经黑，我站在窗前看看外面没有人，顷刻借了我的同屋的自行车去试一试。差不多半个小时的时间，我一动也不动，两三天就是这样。最后我说，我是个没用的人，一辈子也把自行车不会[①]。

[①] 乔惠芳、赵建华《外国留学生汉语写作指导》，北京：北京大学出版社，1995年。

这篇习作里，有语法错误，如"了"的用法、"把"字句的运用等；有词语使用的问题，如"这么老的男女人""一辈子（没骑过自行车）"等；也有篇章衔接方面的问题。这就能比较全面地考查学生对汉语本体知识的掌握程度、发现问题的能力、分析和解决问题的能力、快速反应的能力等。此外，考核可以采用灵活多样的形式，除了闭卷考试外，前述的课程论文、调查报告等都可以作为总评成绩的组成部分。

五、余论

本节提到的不少教学方法是为了使学生在掌握汉语本体知识的同时学会教授这些本体知识的方法。有学者提出，这些本体知识教学法是应该在现代汉语课上教授，还是应该放到对外汉语教学法课程中？这是个很值得讨论的问题[1]。研究者认为，在对外汉语本科的教学中，现代汉语同对外汉语教学通论、教学法就像生物界的生态链一样，是互为基础、互为补充、环环相扣却又各有侧重的[2]。现代汉语课讲具体语言要素如何教授，对外汉语教学法则更突出如何培养留学生各种语言技能和言语交际技能，这二者并无冲突[3]。学生在现代汉语课上掌握的本体知识教学法实际上成为对外汉语教学法学习的基础，避免了两门课之间不

---

[1] 此为成都会议上的讨论意见。
[2] 三门课的课程建设问题也将是我们今后研究的一个重要课题。
[3] 实践表明，对外汉语教学法的目的主要是使学生从总体上把握适用于对外汉语课堂教学的教学方法，如一种方法可以适合哪些语言要素的教学，如何上好综合、听力、说话、阅读等课型，如何培养留学生汉语听、说、读、写、用的技能等。

必要的重复,有利于学习者构建一个较为完善的对外汉语教学法体系。

需要补充的是,承担现代汉语教学任务的教师本身应当既有汉语本体研究与讲授的能力,又有丰富的对外汉语教学经验及研究能力,否则难以抓住关键、引导学生。

随着对外汉语学科的日渐发展,在对外汉语专业的本科教学方面的诸多问题也逐渐暴露出来,特别是在教师素质培养方面,有很多值得我们思考的问题。希望通过本研究能够引起对对外汉语本科课程教学的重视,不断改革和创新教学方法,编写出适用于对外汉语专业的现代汉语以及其他专业课的教材。

图书在版编目(CIP)数据

汉语作为第二语言教学的课程研究/李晓琪主编.—北京:商务印书馆,2019
(商务馆对外汉语教学专题研究书系.第二辑)
ISBN 978-7-100-17920-1

Ⅰ.①汉… Ⅱ.①李… Ⅲ.①汉语—对外汉语教学—教学研究 Ⅳ.①H195.3

中国版本图书馆 CIP 数据核字(2019)第 246871 号

权利保留,侵权必究。

汉语作为第二语言教学的课程研究
李晓琪 主编

商 务 印 书 馆 出 版
(北京王府井大街36号 邮政编码100710)
商 务 印 书 馆 发 行
北京新华印刷有限公司印刷
ISBN 978-7-100-17920-1

2019 年 12 月第 1 版 开本 880×1230 1/32
2019 年 12 月北京第 1 次印刷 印张 13½
定价:45.00 元